律师职业伦理与行业管理
（第二版）

Professional Responsibility and Regulation

【美】 德博拉·L. 罗德（Deborah L. Rhode） 著
小杰弗瑞·C. 海泽德（Geoffrey C. Hazard, Jr.）

许身健 等译

知识产权出版社
全国百佳图书出版单位

图书在版编目（CIP）数据

律师职业伦理与行业管理／许身健等译 . —北京：
知识产权出版社，2015. 6
ISBN 978-7-5130-3389-3

Ⅰ. ①律…　Ⅱ. ①许…　Ⅲ. ①律师—职业道德—美国—
英文②律师制度—美国—英文　Ⅳ. ①D971. 265

中国版本图书馆 CIP 数据核字（2015）第 050681 号

This translation Professional Responsibility and Regulation Concepts and Insight Series (Second Edition) by Deborah Lynn Rhode and Geoffrey C. Hazard, Jr., is published and by arrangement with LEG Inc., d/b/a West Academic Publishing.

责任编辑：牛洁颖　　　　　　责任校对：董志英
文字编辑：常玉轩　　　　　　责任出版：刘译文

律师职业伦理与行业管理（第二版）

【美】德博拉·L. 罗德（Deborah L. Rhode）
　　　小杰弗瑞·C. 海泽德（Geoffrey C. Hazard, Jr.）　著
许身健　等译

出版发行：知识产权出版社有限责任公司　　网　址：http：//www. ipph. cn
社　址：北京市海淀区马甸南村 1 号　　　　邮　编：100088
责编电话：010-82000860 转 8109　　　　　责编邮箱：niujieying@ sina. com
发行电话：010-82000860 转 8101/8102　　发行传真：010-82000893/
　　　　　　　　　　　　　　　　　　　　　　　　　　82005070/82000270
印　　刷：北京富生印刷厂　　　　　　　　经　销：各大网上书店、新华书店
　　　　　　　　　　　　　　　　　　　　　　　　　　及相关专业书店
开　本：880mm×1230mm　1/32　　　　　印　张：11. 75
版　次：2015 年 6 月第 1 版　　　　　　　印　次：2015 年 6 月第 1 次印刷
字　数：304 千字　　　　　　　　　　　　定　价：45. 00 元
ISBN 978- 7- 5130- 3389- 3
京权图字：01-2015-1126

致玛丽·泰(Mary Tye)

　　谨以本书献给玛丽·泰,深切感谢她为准备本书手稿而付出的宝贵贡献。

目 录

1

第一章

法律职业及其管理

一、职业的概念

由于本书是一本介绍法律职业的著作,了解"职业内的成员身份"有何含义应当是书中的一个首要问题。现在被人们认作"专业人士"的行业,在 2000 多年前就已存在,但"职业"这个术语本身和职业团体的一些显著特征是直到 16 世纪时才开始出现的。"职业"一词来源于拉丁语"professionem",本意为公开的宣告。在演进发展后,该词成为了对某些行业进行描述的术语。新进入该工作领域的成员们需立誓宣布:他们将投入与这个博学的工作使命相关的理念和实践中去。

当代在定义"职业"时通常会强调其特殊专业技能和道德责任,而这两者又衍生出其他一些关键的特征来,如自我管理、法定资格、行为准则、行业协会以及垄断特定的工作等。美国律师长期以来就以他们的"职业"而感到自豪。根据美国律师协会一份著名的报告,"职业人员"是指"从服务公众的精神出发去寻求博学的艺术"的人。[1] 出于同样的原因,律师们对律师职业特征的丧失和"法律沦落为一门生意"的状况也一直持忧虑态度。在一个世纪之前,美国的一位评论家就注意到了当时广泛流传的评论,即律师界已经丧失了"良好的尊严感"并已经"被商业气息所玷污"。[2]

在最近 20 年,受法律服务市场竞争和商业性质渐浓的影响,也因为人们认为对于律师的职业管理在萎缩,认为律师是垄断行业的

---

[1] American Bar Association (ABA) Commission on Professionalism, "In the Spirit of a Public Service" A Blueprint for the Rekindling of Lawyer Professionalism 3(1986).

[2] American Lawyer, quoted in Deborah L. Rhode, In the Interests of Justice: Reforming the Legal Profession 1 (2001). See also Geoffrey C. Hazard, Jr. & Angelo Dondi, Legal Ethics: A Comparative Study 45 (2004).

这种担心表现得越来越强烈。法院、立法机关、雇主和行政机关也越来越多地分享着律师行业组织管理其成员所作所为的权力。律师职业竭力禁止非律师身份的竞争者进行"未授权的法律执业",但市场的压力和技术的进步使这一努力化为徒劳。职业内部专业化程度的进一步细化,也提出了如下的问题:将律师们作为一个单个的、统一的群体对待,对其施以同样的教育和管理标准,是否是有意义的?

在传统做法中,对于法律执业活动的管理是在各州的层面而非国家或地区层面(欧洲的做法)上来进行的。在现代,跨越司法辖区界限的法律执业活动日渐增多,对于州、国家来说都是如此。"多司法辖区的执业活动"已经与律师工作中其他模糊的界限混合起来。在许多国家中,律师所做的大部分工作并不是只有律师协会的成员才有权去做,也不会仅在法律职业下的各个群体之间进行分配。例如,在欧洲和拉丁美洲,公证员享有准备特定法律文件的权利,同时他们也比美国的公证员享有更高的地位和公务责任。在日本,许多从事商业或专门职业的人接受过法律教育并履行法律任务,然而这些人中只有大约两成通过了律师考试并能在法庭中代理当事人诉讼。[3] 在其他国家,不是律师的人一般也被允许出具法律意见,或在跨行业的合伙企业中与律师合作。由此造成的一个影响是:国际会计师事务所已经取代律师事务所,成为全球最大的法律服务提供者。

本书第九章重点关注美国律师的管理问题。我们现在要重点讨论的是对人们心中关于律师行业的传统认识所带来的那些挑战。对于传统认识的批评有各方面的原因。首先,在专业性和公益精神上,像法律这样的行业与那些未拥有"专业"(professional)地位的职业相

---

[3] 参见 Rhode,同前注,第 119 页。

比真的存在本质的区别吗？来自左翼和右翼的评论家对此都表示质疑。并不是所有的法律执业都比那些不具有"专业"地位的职业——例如投资银行业、信息技术业——需要更多的技能或培训。此外，在构建行业规范和制定成员政策时，律师职业群体所表现出的私利特征亦未有明显的差异。大型民意调查显示，许多公众对于律师行业宣传的公益精神都存有质疑。不到 1/5 的美国人认为律师的道德水准"非常高或很高"。3/5 的人则认为律师是"贪婪的"，而 4/5 的人认为律师的工作是其他人收取更少报酬时亦能完成的。[4] 律师行业对于其专业性的豪言壮语，在大多数观察者看来，仅仅是一种对其经济保护主义和自我膨胀意识的粉饰。[5]

　　然而，对于律师行业的领袖们来说，这些近来的市场潮流和民意调查并不能让他们放弃对行业特殊地位的追求，反而成了他们重塑职业人士职业形象的动因。为了达到这一目标，各州和地区的律师协会进行了众多职业化的举措，包括召开会议、委员会，建立中心和礼仪规范等。这些努力带来何种实践效果尚是一个可以探讨的问题。然而，在这些努力背后的愿景却肯定是值得留存的。即使存在一些其他局限，律师行业对于追求职业精神的专注，对于

　　[4]　同前注，第 4 页，Roper Center for Public Opinion Research, Callup Poll, Dec. 1, 2005；Gary A. Hengstler, "Vox Populia The Public Perception of Lawyers：ABA Poll" A. B. A. J., Sept. 1993, at 60；Randall Samborn, "Anti-Lawyer Attitude Up," National L. J., Aug. 9, 2993, at 20；Stephen Budiansky, Ted GEst, & David Fisher, "How Lawyers Abuse the Law" U. S. News & World Report, Jan. 30, 1995, at 50；Gallup Poll Releases, Nov. 1999.

　　[5]　经典的保守主义观点可参见 Milton Friedman, Captalism and Freedom 144-149（1962）。另参见 Richard Posner, Overcoming Law 37-38, 91-93（1995）。左翼人士的批判观点请参见 Rhode, 同前注，第 1-22 页，第 135-141 页，第 207-208 页；Russell G. Pearce, "Law Day 2050：Post-Professionalism, Moral Leadership, and the Law-as-Business Paradigm", 27 Fla. St. U. L. Rev 9（1999）；Richard L. Abel, "The Contradictions of Professionalism", in Lawyers and Society：The Common Law World 186-243（Richard L. Abel & Philip Lewis, eds. 1989）.

法治和追求司法公正仍然起到了巨大的作用。在美国历史上,在每一项重大的公共事业的前沿,都能看到这些受到职业精神鼓励的律师的身影。他们在提供公益法律援助、保护个人自由和以独立力量制约政府滥用权力上的努力,成为世界各国律师行业的楷模。许多人选择将法律作为事业,至少一部分原因是为了促进社会的公正,而律师的职业身份恰恰就是和他们这个目标相一致的。

二、职业规范:法律,道德和法律伦理

在探讨律师管理的书中"法律伦理"是一个关键概念。这个词常常会和"职业责任"替代使用,用于描述律师行业的基本准则。我们需要提出的一个基础性问题是:法律伦理中"伦理"的含义是什么,它与"律师法"之间又有何关系。

在定义"伦理"(ethics)一词时,许多学者会追溯到两个拉丁词:ehikos(意为遵循风俗)和 ethos(意为特质)。而"道德"(morality)一词则来源于拉丁语 mores,意为特质或风俗习惯。在现代社会,这两个词的含义都已与其原意相差甚远。哲学家们通常认为"伦理"即是对道德的研究或特定社会中的惯常规范(社会的特质),而"道德"所涉及的则是普遍的是非原则。[6] 然而,由于哲理原则与惯常规范概念上有交叉之处,许多当代的理论学家认为"伦理"和"道德"在一般意义上的区分不大,因而将两词互换使用了。

从某种意义上来说,法律伦理的概念可突破法律行业自身的限制,其传达、演绎着比来源于宗教和哲学传统中的道德更为广泛的道德概念。从另一种同样条理清晰的角度来说,法律伦理仅仅指一种

---

[6]　G. W. F. Hegel, Phenomenology of Spirit 266-94 (A. V. Miller trans. , 1977);
John Hartland-Swann, An Analysis of Morals (1960).

规范的形式,包括适用于法院、立法机关和行政机构的所有强制性规则。不论从何种意义上,法律伦理都是与律师的现实工作息息相关的。法律行业的行为准则不仅决定了律师是否可持续进行执业,也帮助律师们去塑造自身的职业道德身份。

大多数当代的道德哲学在适用于法律执业时都会因以下两大重要因素而受限制:首先是对于普遍原则的追求;其次是对于作出规范性裁判中所需的基本事实的假定。然而,在律师的现实工作中,对于事实的了解总是不充分的,而事实的背景也各不相同。另外的一个关键事实是:法律伦理也牵涉法律实务。"律师"不是一个简单的描述工种的词语,而是拥有法律规定的权利义务的法定职业,例如,律师应履行为委托人保密的职责。道德哲学的核心传统可能会引出宏观上的一些问题,但在给予律师实务中具体问题一个明确的解答上,道德哲学则仍有所不足。[7]

通常认为,功利主义和义务论(或权利论)是与法律伦理最为相关的两大哲学传统。功利主义的经典理论认为,道德上正确的行为也是大多数人创造最大利益的行为。该理论认定,所有人的幸福是同等重要的。义务论一词是从希腊语中 deon(亦即义务"duty")一词衍生而来,在义务论中,道德上正确的行为是符合普遍的(universal)、可推及的(generalizable)的义务原则的。伊曼努尔·康德(Immanuel Kant)作为主要的义务论理论家,认为一个道德上合理的行为必须满足一个终极的道德原则——绝对命令(categorical imperative)。康德从两个方面解释了这一原则:首先,每个人"仅依据能成为普遍法则的那项格律而行动";其次,"将他人视为目的,而不可将他人仅仅视

---

[7] 参见 Geoffrey C. Hazard, Jr. ,"法律实务和道德哲学的局限",载《法律实务伦理》75,77(Deborah L. Rhode, ed. , 2000).

为一种手段"。[8] 在适用义务论原理时,哲学家们尽力去寻找那些符合普遍化、一般化、尊重他人特征的义务。这种义务的典型形式有忠诚义务(信守承诺、禁止欺骗),善良义务(乐于助人、禁止伤害)以及公正义务(对不同的个案予以同等对待)。由于以上义务都对应相应的权利,义务论的结构通常也被称为"权利基础论"(rights-based theory)。

功利主义和权利基础的方法都被用于解释法律伦理的问题,然而也都在相关方面上受到了一些批评。功利主义的一个问题在于:客观地发现、衡量和比较某一特定行为与其他行为所造成的后果有何不同是很困难的。其次的一个问题是,该理论无法保护个人权利以对抗多数人的偏好,也无法对各种偏好作一本性上的区分,例如将那些建立在非理性、偏执、上瘾性的偏好与那些以社会利益价值为着眼点的偏好区分开来。[9] 出于同样的原因,义务论理论也受到指责,认为其缺乏明确性。在遇到一些牵涉相互抵触价值的伦理困境时,例如,对于明显有罪的委托人的权利保护和无辜的第三人的权利保护中如何选择,像绝对命令这样的原则就全然无济于事。当我们面对着哪一规则应当被推及、哪一个人的权利应当被优先保护的问题时,推己及人及尊重个人权利的要求就明显起不到任何作用了。[10]

在一些特别的法律伦理问题中,以上局限会表现得更为明显。

---

[8] 参见伊曼努尔·康德《道德形而上学原理》第 46 页(Immanuel Kant),Foundations of the Metaphysics of Morals 46(Lewis White Beck, trans. 2d ed. 1990)。

[9] 参见萨缪尔·舍弗勒《后果论及相关评论》(1988 年版)、阿马蒂亚·森和伯纳德·威廉斯《后果论及其他》(1982 年版)、《集体选择与社会福利》(1970 年版),J. J. C. 斯马特和伯纳德·威廉斯《后果论的是非争论》(1973 年版)。

[10] 参见萨缪尔·舍弗勒《后果论及相关评论》(1988 年版)、阿马蒂亚·森和伯纳德·威廉斯《后果论及其他》(1982 年版)、《知识与政治》(1975 年版)、《伦理简史》(1966 年版)。

这方面具有代表性的例子是本书第六章中将更为详尽讨论的一个经典难题,即为了避免对第三人造成严重损害,律师是否应当披露委托人的特定秘密。从权利基础论和功利主义出发,我们都可能认为理应对委托人秘密予以广泛保护;然而,我们也可以出于同样的原因批判这种保护。

权利基础论支持保密义务,其论点建立在对社会价值和委托人行为的若干假设上。第一个假设是,法律系统的首要目标在于保护个人权利。在一个发达的工业社会中,人们拥有一系列法律权利如正当程序权利、隐私权、缔约权),这些权利都可能受到政府或其他私人利益的侵犯。侵权的预防和补救常常需要律师的协助,除非委托人愿意提供全部的相关信息,否则律师便无法提供充分的代理。如果缺乏对委托人交流信息的保密保证,许多人就无意寻求法律援助,或者是不愿透露关键的事实。而保护这种秘密不仅能保障普遍的法律权利,更是对特定的具体权利(specific entitlements)的保护,例如对刑事被告人的宪法性保护。如果律师披露委托人的可供定罪的信息,那些有被控告罪行的人就无法充分行使宪法第六修正案中规定的律师辩护权,以及第五修正案中规定的禁止自证其罪的权利。

对于宽泛的保密制度,批评者的回复如下:首先,他们认为对刑事被告宪法性权利的考量并不能成为否定对他人的民事保护的理由,对于个人自由和隐私的考量也不能解释公司或组织也可以受到广泛的保密保障或庇荫。为什么委托人(特别是公司委托人)的权利总是要优于他人的权利,这个问题并不是不证自明的,在他人的健康、安全利益受到威胁时就更是如此。此外,目前的保密规则是模糊并存在例外情形的,至于进一步缩小对委托人秘密的保护是否会影响委托人的行为,针对这一问题进行的研究显示可能并非如此。[11]

---

[11]　参见下文第六章中的讨论。

另一个出于功利主义的、支持广泛保密规则的理由是：广泛的保密规则为遵守法律规则提供便利，促成了最多数人的最大利益。可获知保密信息的律师能为委托人就其法律义务提供咨询，从而促成法律纠纷的适当解决。然而，针对以上种种理由，对广泛的保密保障持批判态度的人则反驳道：为防止第三人受到损害而允许律师进行一些披露，不会对律师有益的辩护角色(counseling role)形成重大侵犯。保密保障规则的例外已经存在，而大多数人不了解这些例外的范围。不论律师的伦理义务有多么严格的范畴，多数委托人仍然拥有充分的理由去信任他们的律师。

关于这些论点的是非曲直，在本书第六章中将会有更充分的探析。而我们此处要做的，仅仅是强调伦理理论在解决法律伦理问题时的局限所在。抽象的道德原则对于架构相关问题可能有所帮助，但问题的解决一般还须依赖具体的信息，即特定伦理决定将带来何种影响，以及在特定情境下如何调和相互抵触的道德诉求。在上文提到的保密一例中，最重要的是了解不同的披露规则将对委托人的行为产生何种影响，了解如何在受到该规则影响的委托人利益和第三人利益之间进行权衡。然而，我们事实上无法获知这种信息。在对该问题的辩论中，正反双方对辩论的推进都建立在无法得以证实的假设之上。

但是，我们不能因此认为道德理论是无意义的，也不能因此认为我们应当采取完全相对主义的观念来看待伦理问题。极端形式的相对主义认为，我们无法在客观基础上证实一套伦理信仰相对于另一套伦理信仰具有优越性。相对主义的诱人之处，在于它对普世真理保持一种明智的怀疑态度，同时对文化差异也持有一种聪明的宽容态度。在相对主义者们看来，对于事实的分歧和对于道德观念的分歧存在本质的区别。人们在实证经验上的信息一致能使他们达成对于事实的一致看法，但在道德诉求问题上要获得这种信息则困难得多。因此,在职业责任这个语境中,我们缺乏一个客观的基础去认定不同的保密规则会如何影响律师和委托人之间的关系,或者在委托人需求和其他受该规则影响的人的需求之间不知道如何进行衡量。一般来说,伦理判断在某种程度上是"主观"的,而这在事实判断中并不存在。此外,不同文化中的伦理信念千差万别,就拿最明显的例子来说吧,当代美国人认为可憎的行为——严刑拷问、压迫女性和杀婴行为,在其他一些社会中则是普遍可接受的。

正如相对主义的批判者们所评论的,对于事实主张也可能存在疑议,但很少有人会得出"不可能存在一个使人信服的答案"的结论。在很多社会中长期存在"地球是不是平的"这一争论,但这不妨碍我们去相信地理学中存在正确主张的可能性。此外,也很少有人会认同依据相对主义的逻辑而得出的结论,从而认为普世的道德原则不能对种族灭绝、恐怖主义等这类行为作出一个评价。[12] 长期以来,我们就拥有建立在一定的基本道德前提的、实质的一致看法。在拥有充分的信息、有机会作出不偏不倚和利益无涉的判断的前提下,大多数人会对诚实、善良、公平等这些核心的基本原则持赞成态度。尽管在一些特别的案件中——也包括在法律伦理的问题中——仍然会存在是否应当适用这些原则的争论,但总是会有一些观念比其他观念看起来更具有说服性——它们总是更合理、更开明、更具有内在的一致性。

不论律师们在何种情况下、以何种方式去处理相对主义的哲学争论,他们都必须在经过深思熟虑后才形成一个伦理判断,本书探讨的正是这一类型的伦理判断。律师们的挑战在于,他们不能放弃道

---

[12] W. Bradley Wendel, "Teaching Ethics in an Atmosphere of Skepticism and Relativism",36 U. S. F. Law Review 711 (2002); Morris Ginsburg, On the Diversity of Morals, in 1 Essays on Sociology and Social Philosophy 97-129 (1956); Michael Moore, "Moral Reality", 1982 Wis. L. Rev. 1061, 1088-1096.

德信念,但也不能打着道德的旗号去藐视其他一切。在许多法律伦理问题中,持有各种高尚原则的律师们对于这些原则在一些疑难案件中的要求却不能认同。尤其是在那些存在价值冲突、事实不清的案件中,在职业角度上最为负责任的做法可能会要求律师去接纳一些不同的意见。本书以下各章中关注的重点问题,就是如何在面对冲突、模糊之时作出一个思虑周全的判断。

三、律师法

在美国,对律师职业的管理规范是非常多的。约束美国律师的种种正式和非正式的规范,大多数是来自行业自身的约束,但有一些也会受到其他形式的规范的影响。在这中间,最为重要的权威力量来源于以下几处:

法院

长期以来,司法部门在法律执业领域一直都享有一种"固有的权力",这种权力的渊源来自一种认识,即认为律师是属于法院的人员。在美国,这种司法权是建立在宪法对于政府权力分立的规定之上的。司法监督权的行使,有时就简单地呈现于普通的裁判实例中。例如,法院对律师在玩忽职守、费用纠纷、利益冲突等方面的管理,就是在适用合同法、信托法和其他的一些原则。

此外,在适用普通的程序规则和伦理规范方面,司法部门也有权威地位。实际上,每个州的最高法院对律师执业准入、执业纪律和非法执业都进行着管理。相比起来,联邦法官在法院体系内的执业准入、执业纪律和法院行为的规范方面,则享有着一种固有的权威,甚至是立法的权力。联邦法院采用的实体标准主要是伦理规范,以及该法院司法辖区内的普通法。虽然程度各不相同,联邦和州法院都或多或少地执行着那些与其监管权力不相冲突的立法规定。

律师协会

法院常常会将其管理职责的履行指定或委派给律师协会。大约2/3的州实行的都是"一统性的"律师制，即律师需成为州律师协会的成员后，方可进行执业。在一些州，由律师协会对执业准入、自律组织进行管理，各州司法部门的监督权则是名义上的。其他的州则有单独的管理主体，这些主体也接受司法审查。不论是何种情况，自律委员会中虽然也常有一些非律师的代表，但行业内的成员则享有控制权。有组织的律师协会一般会通过委员会推荐和游说的方法塑造相关的伦理标准。

除开各州律师协会外，许多律师还从属于国家的、地区的，以及其他各种行业组织，这里面也包括一些围绕执业领域、政治及法律、种族、性别和民族问题而建立起来的行业组织。在这些组织中最大的一个，就是代表了全国约40%的执业律师的美国律师协会（ABA）。

伦理规范

律师协会的一项主要活动就是起草伦理规范并由法院予以通过。美国律师协会起草的三部规范构成各州伦理规则的基础，即《司法道德准则》（1908年制定）、《律师职业责任示范守则》（1970年制定，1981年修订）、《律师职业行为示范规则》（1983年制定，2003年修订）。到2005年时，美国所有的州最高法院，除6个州（包括加利福尼亚州）外，都在与州律师组织协商后采用了基于《律师职业行为示范规则》的标准。[13] 加利福尼亚州采用的是一个独特的机制：律师管理委员会依法拥有直接颁布规章的权力，加利福尼亚州最高

---

[13]　《州伦理规则》，ABA/BNA《律师执业行为手册》，2005年4月20日，第273页。

法院则拥有审批权。加利福尼亚州最高法院通过的《律师职业行为示范规则》吸收了美国律师协会规则的内容,但在一些地方有所改动。加利福尼亚州立法机关通过的许多商业和职业管理规范中也有一些适用于律师的规定。

几乎在所有的辖区中,律师伦理规则都经过了州最高法院的通过并取得了法律的地位。少数一些辖区,法院则仅仅认可这些规则的指导价值,所以司法和律师自律程序中都可以适用这些规则。伦理规范仅仅是为了设立律师自律的标准,规范明确表示,其目的并不在于设立民事责任的基础依据。[14] 尽管如此,大多数法院在律师不尽职的案件中仍然会适用律师行业组织内的成文规则。在 20 世纪 80 年代末和 90 年代,许多州和地区的律师行业也采用了民法中的一些规则。这些规则大多情况下被当作自愿适用的规则,但其中也有少数已经被法院认可或通过。

四、其他有权制定管理规范的机构

其他制定规范标准的机构主要还包括律师伦理委员会、立法机关、行政机构、专门的律师组织和法律雇主。各州、地方和国家的律师委员会作出的裁决在界定律师的伦理责任上发挥了非常重要的作用,但这种作用现在则有所弱化。一直以来,这些裁决一般用来回应律师的咨询,试图详细解释规范。然而,随着法院在律师自律、律师玩忽职守和律师资格等方面向更积极的角色转变,律师志愿组织对于如何避免垄断行为也越来越关注,律师伦理委员会的影响力也就

---

[14]　《律师职业行为示范规则》中的引言部分对于该规则的"范围"作出的声明是:其"不要成为追究律师民事责任的依据",《职业责任规范基础声明》中也有同样的免责声明。

有所减小。[15] 与此同时，立法和行政机构的作用却在扩大。一般说来，法院允许这些机构制定一些行政管理的标准，以及确立符合司法规定的行为准则。诸如工人赔偿董事会、税收委员会等行政机构，已经允许符合特定资格的非律师在其行政程序中代表当事人。特定的一些机构，如证券交易委员会、国内收入署，也有权制裁那些在其行政程序中出现违反职业伦理行为的律师。

以上错综复杂的管理主体机构，在多元管辖权的实践中变得更为复杂。许多律师的工作跨越州或国界，因而也就受到不止一种伦理规则的约束。尽管美国律师协会的《律师职业行为示范规则》为解决各州规则之间的冲突树立了原则，但在实践中如何落实这些原则也是一个问题。[16]

其他律师组织也发挥着重要的规范性作用。各州的律师资格考官董事会有权决定律师行业的准入标准和程序，他们管理的范围包括律师资格考试，道德和性格的要求，以及外州律师的准入程序。对于执业者、法院、律师委员会以及伦理规则起草者来说，其他的职业组织所颁布的律师标准也是一种重要的指引。在这些文献中最为综合和重要的，是美国法律研究院所编的《律师法重述》。其他的一些规范还有美国律师协会的《刑事司法管理的有关准则》，以及美国婚姻律师学会的《行为准则》。

最后，法律工作场合中的正式和非正式规则也具有影响地位。雇主们常常会设置有关伦理问题的具体政策、程序、委员会或顾问人

---

[15] 在美国政府对美国律师协会的反垄断诉讼以庭外和解方式告终后，受到该案的影响，美国律师协会伦理委员会因此发布了一个关于其规则对律师并不具有强制作用的声明。ABA Comm. On Ethics and Professional Responsibility, Informal Op. 1420 (1978).

[16] 见美国律师协会《律师职业行为示范规则》第8.5条。在第五章中我们会提到，美国律师协出于推荐跨辖区执业的目的，特别修改了其《律师职业行为示范规则》，为特定情景下跨越各州界限的执业提供便利。

员。例如,许多大型的律师事务所、公司法务办公室和政府机构都精心制作了关于处理伦理问题(如利益冲突)的体系。雇主们的政策通常是对伦理管理准则的吸收和补充,也常常能体现出其他机构的管理权,如在关于玩忽职守的责任政策中就体现了保险公司的要求。

同样重要甚至更为重要的是那些非正式的规则。一系列广泛的文档和证据都证明了"同伴影响"(peer influence)在伦理行为中的重要性。[17] 律师对于"得当的行动"的认知感,很大程度上取决于工作环境中既有的标准。在律师遇到伦理方面的决策问题时,出于适应环境、成为团队成员和捍卫团队声誉的需要,总是一种非常强大但又不总被他们充分自知的力量。在不同的环境下,这种影响可能会造成强化、重塑、压制道德承诺的后果。

在如此复杂的规范性环境、如此交叉重叠(甚或是互相冲突)的执业规范体系中,如何在道德、法律层面"正确地行事"是一种实际存在的挑战。而这种挑战正是本书研究的主题。

---

[17] 参见以下论著中的引证材料:Deborah L. Rhode, Where Is the Leadership In Moral Leadership, in Moral Leadership: The Theory and Practice of Power, Judgment, and Policy 29, 32 (ed. Deborah L. Rhode 2006); Linda Trevino and Gary R. Weaver, Managing Ethics in Business Organizations; Social Scientific Perspective (2003); Bradley Wendel, "Informal Methods of Enhancing the Accountability of Lawyers",54 U. S. Car. L. Rev. 967 (2003); Fran Zemans & Victor Rosenblum, The Making of a Public Profession 172 (1984).

第二章
美国法律职业及律师管理结构

一、职业起源

英美传统

    律师的执业活动可追溯至 2000 多年前。在公元前 4 世纪中叶的希腊,一些辩护律师为庭审中的当事人辩护,法律顾问们则负责处理商业事务,起草立法建议案。然而,这些个体并未形成一个现代意义上的"职业"团体。据传闻,当时尚无正式的执业伦理标准,也缺乏系统的教育以及行业自律。提供法律相关服务时不得收取任何报酬,但一般可以接受一些馈赠。[18] 在此之后的罗马,开始出现了一些具备职业化特点的法律辩护、法律咨询的实践。在公元后 1~3 世纪,围绕着罗马各大城市的法院,新出现了一些具备正式培训和自律标准的辩护律师协会。然而,随着神圣罗马帝国的灭亡,这种职业传统也渐渐衰落了。[19]

    在英格兰,直到诺曼征服之前,解决争议的非正式渠道是公众压力,正式渠道则是通过酷刑和通过宣誓断讼的审判法。酷刑这种裁判方式是建立在"上帝之佑"(divine intervention)的基础上:被控诉人被置于危险之下(如水淹、火烧),该情况下的后果则被认为是上帝指示该人是否有罪。另一种审判程序则与以上两者都不同,这里,最为关键的一点即被控诉人的诚信,是建立在一定数目的宣誓者的誓言基础上的。一位宣誓者如果能准确无误地背诵出经文,则其宣誓也

---

[18]　See Thomas Holto, Preface to Law: The Professional Milleu 2-4(1980); Douglas M. MacDowell, The Law in Classical Athens (1978); Robert J. Bonner, Lawyers and Litigants in Ancient Athens: The Genesis of the Legal Profession 200-13, 218-43 (1927).

[19]　J. A. Crook, Legal Advocacy in the Roman World 172-75 (1995), Wolfgang Kunkel, An Introduction to Roman Legal and Constitutional History 105-16 (J. M. Kelly trans. 1973); Hans Julius Wolff, Roman Law: An Historical Introduction 95-117 (1951).

是有效的。传统意义上,英美国家最早的法律职业者都是那些大家认为能流利地宣誓的人,他们不会在宣誓时忽然打喷嚏或结巴起来。[20]

随着时光流逝,出现一种越来越职业化的现象。大陆和英格兰的宗教法庭(不仅对宗教事务进行裁决,也裁决各种民事案件)在事实、法律辩论方面建立了更为理性的程序。同时,诺曼人的侵入带来了他们决斗的审判传统、"审判团"的调查和庭审机制,以及更为广泛的宗教法庭管辖权。由于裁判形式日渐复杂,辩论律师的作用越来越重要。[21] 再次,在经济活动日趋复杂的形势下,人们越来越需要提供法律文件、交易和商业纠纷方面的协助,对于律师的需求也在扩大。在这些领域的法律执业者也逐渐演进为以下两类。第一类是可进行庭审代理的大状(大律师)(barrister);为获取这一身份,他们必须先进入英国的四大法律学院之一,随后还需在执业大律师指导下进行实习。第二类是提供其他形式法律协助的普通律师(solicitor),其受到职业协会、法庭规则及一些立法法案的约束。

为树立法律行业的"绅士职业"形象,实践中对从业人员的准入进行了限制。在很长一段时期内,人们认为"不合宜"的群体,包括天主教徒、生意人、记者和女性,都被排除在律师职业之外。同样起到过滤工具作用的还有阶级:成为一名大律师所需要的教育和确立执

[20] S. F. Milsom, Historical Foundations of the Common Law 28 (1969); Marion Neef & Stuart Nagel, "The Adversary Nature of the American Legal System: A Historical Perspective", in Lawyer's Ethics: Contemporary Dilemmas, 73, 75-80 (Allan Gerson ed. 1980); Henry S. Drinker, Legal Ethics, 12-14 (1953).

[21] Theodore F. T Plucknett, A Concise History of the Common Law 216-17 (5th ed. 1956). See also Geoffrey Hazard and Angelo Dondi, Legal Ethics: A Comparative Study, Ch. 1 (2004); Herman Cohen, A History of the English Bar and Attornatus to 1450, 18-35 (1929); Roscoe Pound, The Lawyer form Antiquity to Modern Times (1953); J. H. Baker, "The English Legal Profession 1450-1550", in Lawyers in Early Modern Europe and Americ 16 (Wilfrid Pres ted. 1981.")

业中的花费,是那些家境富裕的人才能承担的。尽管成为一名普通律师的标准要宽松一些,但冗长的实习要求和选择性的推荐网络对于女性申请者来说,以及对来自经济和种族上居于劣势地位群体的候选人来说,无疑是一种阻力。直到 20 世纪后半叶,这种情况才有所好转。[22] 近年来,英国律师职业中的多元程度大为提升,大律师和普通律师之间的区别也已经模糊。

对于那些在美国定居下来的殖民者来说,他们在这片土地上输入英国法律传统的愿望不是那么急切。部分殖民地甚至试图对律师采取绝对禁止政策,要么是禁止他们与法院打交道,要么就是禁止向法律服务支付报酬。这种敌意态度有着多层次的原因:许多殖民地居民在英国时曾是政府迫害的对象,他们对法院人员仍然保有强烈的不信任感。商人和土地主们一般都不希望他们经营的事务受到法律和律师的干扰。一些宗教和政治领袖对于引入法律以管理其权力以及在处理律师可能会催生的那些难题方面,也同样抱着谨慎畏惧的态度。阶级歧视也产生着作用。由于总与那些少数的高收入人群联系甚密,律师常常会受到诽谤。

律师行业准入资格及其歧视做法

然而,正如历史学家劳伦斯·弗里德曼(Lawrence Friedman)所总结的,"最终说来,律师确是一种必要之恶"。[23] 在一个还处于发展阶段的经济中,法律规则和机构的演进提升了法律技巧的功用,而随之而来的就是法律执业队伍的壮大。这个群体的培训可谓良莠不

---

[22] Michael Birks, Gentlemen of the Law (1960); W. J. Reader, Professional Men: The Rise of the Professional Classes in Nineteenth-Century England (1966); Deborah L. Rhode, "Moral Character as a Professional Credential", 94 Yale L. J. 491, 494 – 95 (1981).

[23] Lawrence M. Friedman, A History of American Law 83 (1973).

齐甚或是草率鲁莽的。除了极少的几所短命而终的学校外,法学院是直到 19 世纪末才出现的。在律师组织尚处于成型的阶段里,主要的职业准备方式是实习,而这种方式是存在诸多缺憾的。许多极具潜力的律师被培养成为平庸的书记员,无聊的例行公事被奉为宗旨,正式的指导却鲜有提供。[24]

　　律师职业的准入标准虽然零星地有所设置,但在 20 世纪之前,这些标准中很少有强制性的。到 1800 年时,许多州的律师都必须有一些简短的准备性学习经历,但即使是这些最低程度的要求,在杰克逊总统的民粹主义时代,都基本消失殆尽了。正如本书第六章中所指出的,当时的律师资格考试常是敷衍了事,很多考试仅仅是口头的,考试内容也仅是几个基础的提问,互相寒暄几句而已。[25]

　　并非所有的申请人都能从这种开放的资格准入制度中受益。尽管直到 19 世纪末前,正式的行业准入要求都非常松散,但是在教育、实习、雇用中存在着种种非正式审查的做法。这些做法带着强烈的阶级、种族、民族以及宗教的歧视性色彩。1869 年,第一个黑人法学学生从法学院毕业,同一时期,许多黑人占多数的学校纷纷开设了法学硕士学位课程。然而,在重建时期后,这些课程项目鲜有存在。有估计认为,在本世纪中叶,黑人占律师行业的比例不到 1%,在 60 年代时该比例仍然在 2% 之下。[26]　在律师行业内同样未获得充分代表名额的还有其他的一些种族。在 19 世纪 30 年代时,出现了一系列

　　[24]　James Willard Hurst, The Growth of American Law: The Law Makers 285 – 94 (1950); Friedman, 见前注,第 96 页。

　　[25]　Len Yang Smith, "Abraham Lincoln as a Bar Examiner", 51 Examiner 35, 37 (1982). 另参见 Hurst, 见前注,第 282 页。

　　[26]　Geraldine Segal, Blacks in the Law (1983); Water J. Leonard, "The Development of the Black Bar", 407 Annals of the Amer. Acad. Of Pol. And Soc. Science 134, 136 – 43 (1973); Kellis E. Parker & Betty J. Stebman, "Legal Education for Blacks", 407 Annals of the Amer. Acad. of Pol. and Soc. Science 144 (1973).

法律诉讼反对法律教育中的这种隔离政策。在这类诉讼的压力下，属于少数群体的"隔离但平等"的法学院开始建立起来，最终，先前的白人学校也被要求进行融合。尽管这些正式的政策有所转变，但由于缺乏足够的经济援助、支援行动、招聘行为和一个友好的学术环境，少数群体进入律师职业仍然存在着种种阻力。来自雇主、委托人和律师协会的歧视进一步加剧了有色人种的准入难度。[27]

同样普遍的还有宗教和民族方面的偏见。19 世纪末 20 世纪初，一些大学仍然实行犹太学生限额准入制。在鼓吹提高职业准入标准上，律师行业的许多先锋人物也是始作俑者，他们希望通过这种方式将移民和下层阶级的人们排除出去。同一时期内，在一些州的律师道德委员会和重要的律师事务所中，反犹太主义和本土保护的倾向也非常明显。[28]

对女性的歧视在当时也是无处不在。在殖民时期，通过为丈夫代理或获取大律师权力的方式，一些女性也从事着各种法律行为。[29] 然而，随着律师行业准入标准在 18 世纪晚期逐渐成型，女性越来越难以在法律事务中担任代理人。在内战后，女性教育、政治觉醒和改革活动都激起了人们对于建立在性别基础上的准入标准的质疑。1867 年，爱荷华州成为美国第一个向女性颁发律师许可证的州，1872 年，霍华德大学首次将法学院学位授予一位女性毕业生。

---

[27] 参见前注所引用材料以及 Jerold S. Auerbach, Unequal Justice: Lawyers and Social Change in Modem America 106″07 (1976).

[28] Robert Stevens, Law School: Legal Education in America from the 1850s to the 1980s at 100–01 (1983); Rhode, supra note 5, at 500–02.

[29] Karen Morello, The Invisible Bar: The Woman Lawyer in America 1638 to the Present (1986); Derorah L. Rhode, Justice and Gender: Sex Discrimination and the Law 20–24 (1989); Deborah L. Rhode, "Perspective on Professional Women", 40 Stan. L. Rev. 1163 (1988). See generally, Barbara J. Harris, Beyond Her Sphere: Women and the Profession in American History (1978); Marylynn Salmon, "The Legal Status of Women in Early America: A Reappraisal", Law and Hist. Rev. 129 (1983).

实践中,女性执业者受到的对待却是不被欢迎。在 1873 年的一例著名判决中,美国联邦最高法院维持了禁止玛格丽特·布伦特(Myra Bradwell)进入律师行业的判决。布雷德利大法官(Justice Bradley)的并存意见(concurring opinions)中对两性"各自领域"的普遍假定作出了一个总结:"女性天然和固有的羞怯和虚弱,使得其从事某些市民生活职业明显不合适……妇女的至高无上的天命和使命,是完成作为妻子和母亲的高贵而仁慈的职责。这也是创世主之法。"[30]对许多法院来说,"女性的特质"看来并不太适合去面对"法庭冲突"。[31]

到 19 世纪末 20 世纪初,持续的政治、法律努力使得多数州都确立了女性拥有正式的法律资格准入权,但非正式的屏障仍然很严重。直到 1972 年,美国律师协会认证的法学院才全部实现对女性申请者的准入开放。在 20 世纪上半叶,女性占律师职业比例不到 3% ,有色人种的女性则更少。在薪资、聘用、升职和人员配置中的偏见随处可见。[32]

执业情况

在 20 世纪初之前,律师们都在其个人办公室或在只有 2~3 名成员的律所工作。执业的性质也常常因人因地而异。律师总是特别善于"发现新的工作形式和工作方法",也是造成这种情形的部分原因。[33] 当律师们被其他的服务提供者,如房地产经纪人、会计和银行家排挤出一个领域时,他们一般都能发现新的大陆。然而,不论是在行业内还是行业外,获取高额报酬、控制竞争都是一种长期的挑战。正如一位 19 世纪中期的执业者感叹的,"但愿我创收的速度能

[30] Bradwell v. State, 83 U. S. 130, 141 (1872) (Bradley, J. concurring).

[31] In re Goodell, 39 Wis. 232, 243 (1875).

[32] See Rhode, Justice and Gender, supra, note 12, at 23; Cynthia Fuchs Epstein, Women in Law 79-95 (1981).

[33] Friedman, 同前注, 第 634 页。

比得上收案速度的一半！"[34]

比起其他国家的律师来说，美国律师在保障其法律服务市场方面仍然是非常出色的。一个根本的原因在于法律在美国社会中居于核心地位。在此有一个关键性的司法判例，是1803年联邦最高法院的马布里诉麦迪逊案。在该案中，马歇尔法官声明："解释法律显然是司法部门的权限范围和责任。"[35]既然司法部门是解释法律的主体，而律师的角色本也来源于司法的地位，因而，司法审查（也包括宪法审查）的核心地位也就界定了律师在美国体系中的作用。在我们的政治决策中，"来自法院的挑战"拥有非常自然的一席之地。

相应的，法律职业在公众生活中的地位也非常之高。有鉴于此，亚历西斯·托克维尔有一段关于律师是美国"天然的贵族"的著名描述。他注意到，与其他国家相比，美国的律师拥有的权力比较大，而贵族世袭阶级、军队、教会和行政部门拥有的权力则相对较小。这种权力的配置一方面反映了美国文化中法律的重要地位，另一方面也强化了这一地位。正如托克维尔著名的论述所说，"在美国，几乎所有政治问题迟早都要变成司法问题…… 由于大多数公职人员都曾经或仍是法律执业人，他们也将其职业中的习惯与技术带入了对公共事务的管理中。"此外，托克维尔认为，造成律师核心地位的另一个原因，涉及律师充当各阶级之间的"连接链"（connecting link）的能力。"从出身和利益上"来看，他们归属于"人民"，但"在习惯和品位"上他们又属于贵族。他们"对秩序和正规程序的热爱"使得其与上层阶级结成了同盟关系；但中产阶级及上层中产阶级的出身又使得其与普通的市民成为了同盟，这建立起一种社会影响力中必需的

---

[34]　参见 Maxwell Bloomfield, "The Texas Bar in the Nineteenth Century", 32 Vand. L. Rev. 261, 270 (1979).

[35]　Marbury v. Madison, 5 U.S. (1 Cranch) 137, 177 (1803).

信任关系。[36] 联邦最高法院的路易斯·布兰德斯大法官（Justice
Louis Brandeis）曾在哈佛大学法学院做过一次著名的演讲,他指出:
在美国建国初期,几乎"每一个伟大的律师都是政治家,同时,所有大
大小小的政治家也都有律师身份"。[37]

　　托克维尔先生和其他律师业的领袖对律师的描述是尊贵的,但
律师是否真正做到如此则不得而知。至于今天的律师们能在多大程
度上做到如此,也是一个有待探讨的问题。正如本书第一章提到的,
公开的民意调查反映出,民众普遍缺乏对律师的伦理和正直感的信
心。和二手车推销员比起来,律师们的得分仅仅略胜一筹。然而,公
众对于律师行业的负面印象丝毫没有影响到众多学生报考法学院,
也未使律师们丧失进入领导层的机会。在政府、商业、学术和非营利
机构的重要职位上,都有不少人是来自律师行业。考虑到美国公众
生活中法律仍然会持续核心地位,律师行业的成员在政府部门和私
营经济中都仍将保持较大的影响力。

二、律师行业管理结构与职业协会

　　一旦律师在当地实践中成为一个关键群体,他们就会形成自己
的职业组织。独立战争过后的美国主要大城市,普遍出现了自发性
的律师行业协会,其职能主要是社会性的,但有时也在职业准入和职
业自律方面起到重大作用。在 19 世纪初期,行业准入标准越来越宽
松,协会的管理职能也处于休止状态;但在 19 世纪末时,出于形势的

---

　　[36]　Alexis de Tocqueville, 1 Democracy in Amerca 第 273－280 页(H. Reeve 翻译,
P. Bradley 版本,F. Bowen 1989 年修订) (1835 年第一版)。同时参见 Geoffrey C.
Hazard Jr. "The Future of Legal Ethics", Yale L. J. 1239 第 100 页(1991 年)。

　　[37]　Louis D. Brandeis, "The Opportunity in the Law" in Business-A Profession, 第
329－330 页 (1914 年)。

几点需要,这种职能又有所复苏。当时,行业领袖们不仅将律师协会当作与其他行业精英交往的途径,同时也将其看作提升伦理标准、抗衡市政腐败、打击无照执业、抑制行业竞争的手段。[38] 美国律师协会于 1878 年在萨拉托加斯普林斯成立,其最初任务之一就在于起草《伦理准则》。同时,协会还以促进廉正、限制公开的商业行为为目标。在《伦理准则》附随的一份报告中,提到了一系列"降低律师在公众心目中的崇高职业地位"的执业行为,包括商业广告、招徕生意等,这些都属于《伦理准则》禁止的范畴。在行业领袖们看来,一批新晋的律师缺乏"稳定的伦理操守和理想",这给律师职业带来了沦为"生意人之流"的威胁。要扼住这些"对金钱渴求"的"偷摸之手",需要的就是制裁。[39]

然而,正如批评家们所说的,限制竞争的禁止性规定与其说是阻止了对利益的追求,不如说是仅仅限制了这种追求的方式以及受益者。就算不进行公然的商业宣传活动,律师行业中交际较广的律师仍然可以通过业务和社会网络来吸引委托人。对于广告和招徕的禁令仅仅限制了不知名的律师们向地位卑下、低收入的委托者提供服务的机会,而这些人群正是无法获得法律支持、不知如何去寻求法律支持的人群。[40] 此外,其他一些早期的伦理规则有其设定目的,例如要求遵守律师行业确定的最低费用标准,都是为了减少行业内部的竞争。美国律师协会的《操作指南》向现有委托人推荐的最低收费标准是以昂贵的皮夹形式呈现,其彰显着一种"身份和富贵"。[41]

律协的其他活动更注重的是公众利益。律师行业推崇法律改革

[38] Hurst,见前注,第 286-289 页;Auerbach,见前注,第 62-67 页。

[39] 美国律师协会,Report of the Committee on [the] Code of Professional Ethics, 1906 American Bar Association Reports 600, 604.

[40] Auerbach,见前注,第 64 页;Philip Shuchman, "Ethics and Legal Ethics: The Propriety of the Canons as a Group Moral Code", 37 Geo. Wash. L. Rev. 244 (1968)。

[41] Deborah L. Rhode, In the Interests of Justice: Reforming the Legal Profession 169 (2000).

和司法独立,追求减少腐败、减少政策和司法任职中的不公偏袒。到20世纪末时,律师行业组织还支持其成员为贫困人士提供法律服务和公益活动。[42] 在过去的两个世纪中,律师们在每一项主要的社会改革运动中几乎都起到了前锋作用,很多律师已经将公众服务当作他们自身职业责任的一部分。

然而,随着律师职业日渐更大、更专业、更多样化,也更为利润驱动,其在内部意见的统一、代表公民的立场等方面面临着越来越大的压力。早期行业协会成立的初衷,即律师曾经是并应当一直是"上层职业"的设想,在今天的法律市场中已经难以为继。竞争和消费主义渐浓,打破了原先对于商业化的限制,也使营利与否成为衡量职业成就的一个重要因素。

尽管有以上一些变化,律师仍然将担任公众利益活动中的引领力量。同时,职业内的多样化使得行业协会在某些问题上的认识更加丰富灵通,而在诸如机会平等、消除歧视方面,有完善组织的律师行业在不断推进的社会变化中始终处于前沿地位。

三、职业内部的多样性

自19世纪60年代开始,女性、少数种族和少数民族在律师职业中的代表开始有了一个较大的增长。新晋律师行业的女性从60年代的3%开始增长,到21世纪初时已经达到了50%;少数种族的比例也从1%增长到20%。这一职业中男同性恋和女同性恋的比例是否有所变化则仍然不是很清楚,因为他们当时还处于传统的隐蔽状态,

---

[42] Robert W. Gordon, "The Ideal and the Actual in the Law: Fantasies and Practices of New York City Lawyers, 1870-1970", in The New High Priests: Lawyers in Post-Civil War America 52-53, 56-59, 65-66 (G. Gawalted/., 1984); Deborah L. Rhode, Access to Justice 59-66 (2004).

但能公开自己性别取向的人则大大增多了。[43] 虽然有着以上的这些进步,但女性和少数群体占据的大部分职位仍然处于职业地位和报酬机制的底层,而在上层领域则鲜有代表。例如,虽然女性占法学院毕业生的一半和律师职业的约 30%,但是,在律师事务所合伙人、法学院校长、"财富 500 强"法律顾问中,女性所占比例则不到1/5。[44] 少数种族占到律师人数的 10%,但在律师合伙人和"财富1000 强"企业的法律顾问中,少数种族只占 4%,且 40% 的律师事务所中都没有有色人种的合伙人。[45] 与相当水平和职位的其他律师相比,女性和少数种族群体的工资水平在实质上偏低,而同性恋工资的偏低情况则是公开的事实。[46] 与具备相似专业背景的男性相比,

[43] William N. Eskridge, Jr. and Nan P. Hunter, Sexuality, Gender and the Law (2d ed. 2004); Deborah L. Rhode & David Luban, Legal Ethics 98 - 100 (4th ed., 2004); Leigh Jones, "Smaller Firms More Up Front About Their Gay Employees", Nat'l. L. J., Dec. 12, 2005, at 12.

[44] Paula Patton, "Women Lawyers: Their Status, Influence, and Retention in the Legal Profession",11 William & Mary J. Women & Law 173, 174 (2004);美国律师协会职业女性委员会 American Bar Association Commission on Women in the Profession, Current Glance of Women and the Law 1 (Chicago: ABA Commission on Women in the Profession, 2003);美国法学院协会 Association of American Law Schools, Statistical Report on Law School Faculty and Candidates for Law Faculty Positions (2004-2005).

[45] Elizabeth Chambliss, Miles to Go, Progress of Minorities in the Legal Profession 5, 2 (美国律师协会各种族和民族委员会 American Bar Association Commission on Racial and Ethnic Diversity in the Profession, 2005);全国律师实习协会 National Association of Law Placement, NALP, Women and Attorneys of Color at Law Firms (2004).

[46] Chambliss,见前注,第 5 页;David B. Wilkins & G. Mitu Gulati, "Why Are There So Few Black Lawyers in Corporate Law Firm? An Institutional Analysis", 84 Cal. L. Rev. 493, 503 (1996); Darryl Van Duch, "Minority GC's Are Few, Far Between", The National Law Journal, Oct. 18, 1999, at Al; Kathleen E. Hull & Robert Nelson, "Divergent Patterns: Gender Differences in the Careers of Urban Lawyers", 10 Researching Law 3, 51 (American Bar Foundation News, Summer 1999); The State Bar of California, Report and Recommendations Regarding Sexual Orientation Discrimination in the California Legal Profession 1 (1996).

女性成为合伙人的难度是男性的一倍。涉及少数种族、同性恋律师们的有限数据也表明,在招聘和晋升中,这些群体也受到了极其严重的差别对待。[47]

　　历史模式是造成以上差异的部分原因。律师的职业地位提高,普遍是与其经验的积累成正比的,而在律师行业里,女性在经验丰富的律师中所占比例相对较小。另一个原因则在于,女性在调节工作和家庭责任之间所面临的困难。拥有研究生学历和职业学历的女性有 1/5 未能进入雇用劳动力大军,而同等文凭的男性中,这一比例只有 5%。[48]

　　同时还有一些其他影响的因素。对现存问题的严峻性缺乏认识,是造成问题的部分原因。非常讽刺的一点是,在该问题上最近所取得的改善却对进一步的改变形成了阻碍。大家普遍的认识是:屏障已经落下,女性和少数群体的地位在上升,我们已经基本上根除了歧视现象。不论出现何种种族和性别上的差异时,我们都会将其归结于个人选择或能力的原因。

　　在此,非常关键的一点在于如何定义"歧视",以及采纳何种群体对"歧视"的定义。很多律师认为,歧视是指公然和故意的偏见,而这种歧视在他们所在的职业场所中是很少明显存在的。对比起来,在另一些律师眼中,偏见以更为细微的形式存在着,例如,下意识的种

---

[47]　参见 State Bar of California Report, 见前注；Rhode & Luban, 见前注, 第98-110 页。See also Symposia：Homophobia in the Halls of Justice：Sexual Orientation Bias and Its Implications Within the Legal System, 11 Am. U. J. Gender, Social Poly & L. 1 (2002), particularly Amelia Craig Crammer, Discovering and Addressing Sexual Orientation Bias in Arizona's Legal System, 11 Am. U. J. Gender, Social Poly & L. 25, 31 (2002).

[48]　Claudia Wallis, The Case for Staying Home, Time, March 22, 2004, 51,53；另参见 Sylvia Ann Hewlett and Carolyn Buck Luce, Off Ramps and On Ramps：Keeping Talented Women on the Road to Success, Harvard Business Review, March 2005, 43-45, 作为调查对象,拥有职业、研究生或本科荣誉学位的女性中, 有 40% 曾经有过失业遭遇,其原因基本是家庭因素。拥有同等文凭的男性中,只有 10% 曾经有过失业经历。

族和性别偏见、非正式的支持网络和职业发展机会的缺失、工作和家庭政策的不完善。从这个角度出发,大多数法律工作职业都需要进一步改善。在过去 20 年里,大约有 60 份针对律师职业内的偏见情况进行的调查研究,调查显示,在看待歧视问题上,不同种族和性别之间存在着巨大的认识差异。2/3~3/4 的女性律师表示经历过性别偏见,但只有 1/4~1/3 的男性律师表示他们曾见过这种偏见。[49] 约 2/3 的黑人律师认为少数种族在招聘和晋升中会受到不公正的待遇,但只有一成的白人律师认为此种情况属实。[50] 在合伙人的竞选问题上,同样存在着巨大的种族、性别之间的认知差异。[51]

心理学研究和实证调查都显示,差别对待仍然是普遍的。造成这种情形的部分原因在于,性别和种族偏见的影响、大多为潜意识内的。与白人、男性同行们相比,女性和少数种族常常被预设为缺乏竞争力。在传统认识上不被青睐的群体会发现,人们总是随时准备指出他们在犯错,而他们的成就则常被归因于运气或特殊照顾。[52] 同样的,女性的传统角色特征与职业成功所需的特征之间存在冲突,使其长期处于一个进退维谷的境地。女性不是被指责为太过草率,就是被认为决断力不足,在男性身上被认作决断力的因素,在一个女性

---

[49] 参见 Rhode 书中引用的材料,见前注, 第 39 页。

[50] Arthur S. Hayes, "Color-Coded Hurdle", 85《美国律师协会期刊》,第 56 页 (1999).

[51] Abbie F. Willard, Perceptions of Partnership：The Allure and Accessibility of the Brass Ring 33 (华盛顿：National Association for Law Placement, 1999).

[52] Deborah L. Rhode, The Unfinished Agenda：Women and the Legal Profession 15 (ABA Commission on Women and the Legal Profession, 2001); Martha Foschi, "Double Standards for Competence：Theory and Research", 26 Annual Rev. Soc. 21 (2000); Wilkins & Gulati, 见前注, 第 557, 571 页; Chambliss, 见前注, 第 85 页; David A. Thomas & Karen L. Proudford, "Making Sense of Race Relations in Organizations", in Addressing Cultural Diversity in Organizations：Beyond the Corporate Context 51 (Robert J. Carter, ed. 1999).

身上就被认为是过于粗鲁。[53]

与以上传统的偏见力量缠绕在一起的,是其他的认知偏颇。人们倾向于注意和回忆那些与他们之前的认知一致的信息,而非与其相悖的信息。[54] 一些律师认为他们同行中的少数群体是通过平权举措而非择优选择获益的,在他们脑海中,对这些群体犯错的回忆会比他们的观察和知觉来得更为迅速。认为妈妈上班族疏于事业贡献的律师,就会记得她们提前下班而非加班工作的时候。此外相关的一个问题,是心理学家们称为"公平世界"的常见偏见。[55] 人们愿意相信,每个人都会得到他们应得的,而其所得也是本应如此。人们调整他们对行为的认知,以适应他们能看到的结果。如果在显要职位上的女性和少数群体的人数偏少,人们在心理上最为简易的一种解释就是,这是因为他们缺乏必要的品质或努力。

然而,对此更为合适的解释应当是:不利的偏见、种族或性别方面的骚扰、指导网络和委托人机制的不足、僵化的工作地点制度都可能阻碍这些人在职业上的发展。一系列广泛的调查发现,人们在与那些在重大方面(如种族、性别上)相似的群体相处时,会感觉更为舒适,也更愿意帮助那些与其有相似背景的人。律师中的女性、少数群体和同性恋常

[53] Deborah L. Rhode and Joan Williams, "Legal Perspective on Employment Discrimination, in Sex Discrimination in Employment: An Interdisciplinary Approach" (Faye Crosby, Margaret Stockdale, and S. Ann Ropp, cds, forthcoming); Rhode, Unfinished Agenda, 见前注, 第 15 页; Peter Click and Susan T. Fiske, "Ambivalent Sexism", in 33 Advances in Experimental Social Psychology 115 (M. P. Zanna, ed. 2001).

[54] Linda Hamilton Krieger, "The Content of our Catergories: A Cognitive Bias Approach to Discrimination and Equal Employment Opportunity", 47 Stan. L. Rev. 1161 (1995); Deborah L. Rhode, "The Difference. 'Difference Makes' in The Difference Difference makes: Women and Leadership 3, 30-32 (Deborah L. Rhode, ed. 2003)"; Willard, 见前注, 第 93 页。

[55] Melvin J. Lerner, The Belief in a Just World: A Fundamental Delusion vii-viii (1980).

反映他们被排斥在顾问团、合作机构和商业发展团体之外。[56] 同样的,许多人也经历着种族和性别方面的骚扰。[57] 此外,由于女性在家庭责任方面的分担通常更为繁重,她们为僵化的工作机制付出的代价也就更大。虽然理论上许多法律行业的雇主允许并可以提供兼职的工作制,但是实际上只有4%的律师能自由选择行使这一权利。[58]

与以上问题同时存在的,是在问题的解决中所面临的阻力。很多受到偏见的人并不愿直接面对对抗,而歧视赔偿诉讼在人身和经济上的代价都是非常高昂的,提起诉讼的原告面临着将他们的弱势公之于众的风险,而极少数能赢得诉讼的人则极可能被人冠以"找碴闹事者"之名而影响其一生。[59]

---

[56] ABA Commission on Women in the Profession, Visible Invisibility: Women of Color in Law Firms (2006); Ida O. Abbott, The Lawyers' Guide to Mentoring (2000); Rhode, Unfinished Agenda, 见前注, 第16页; Rhode & Williams, 见前注; Chambliss, 见前注, 第84页; Catalyst, Women in Law (2001); Willard, 见前注, 第54—58页。

[57] Deborah L. Rhode & Jennifer Drobac, Sex-Based Harassment: Workplace Policies for Lawyers (ABA Commission on Women in the Profession, 2002).

[58] 参见前注Patton著作中的引用文献, 第189页; Deborah L. Rhode, Balance Lives: Changing the Culture of Legal Practice (ABA Commission on Women in the Profession 2001); Deborah L. Rhode, "Balanced Lives for Lawyers", 70 Fordham L. Rev. 2207 (2002).

[59] Brenda Major & Cheryl Kaiser, "Perceiving and Claiming Discrimination", in The Handbook on Employment Discrimination Research: Rights and Realities (Laura B. Nielsen & Robert Nelson, ed. 2006); Laura B. Nielsen & Robert Nelson, "Scaling the Pyramid: A Sociological Model of Employment Discrimination Litigation", in Handbook of Employment Discrimination Research: Rights and Realities 3 (Laura B. Nielsen & Robert Nelson, ed. 2005); The Special Committee on Lesbians and Gay Men in the Legal Profession, "Report of Findings from the Survey on Barriers and Opportunities Related to Sexual Orientation", 51 The Record 130 (Association of the Bar for the City of New York, 1996); Thomas & Proudford, 见前注. 关于这类诉讼费用的历史案例, 请见 Paul M. Barrett, The Good Black: A True Story of Race in America 59 (1998); Deborah L. Rhode, "What's the Sex Got to Do With It?: Diversity in the Legal Profession", in Legal Ethics: Law Stories 233 (Deborah L. Rhode & David Luban, ed. 2006).

　　如何才能最好地应对以上问题存在争议,其中最具争议性的问题之一,就是在招聘和晋升中对于有色人种律师的特惠待遇。反对此种平权举措的人认为,这种做法无疑维持了一种种族意识,而这是社会应当予以根除的。他们还担心这种待遇中暗示着有色人种的律师需要得到特殊的优待,从而使实际问题并未得以解决。与他们的观念相反,支持积极政策的人们强调的却是不作为的代价。在他们眼中,只有通过保障少数群体在关键职位中占有关键性的地位(a critical mass),法律职业才能成为一份在形式和实质上都实现了平等的工作。在一些特定背景下,"特殊"的待遇正是为了抵消那些弱势群体所面临的特殊障碍。

　　以抵消下意识偏见、调节家庭责任为目标而施行的女性特殊待遇,也是另一个备受争议的问题。例如,在对于多样性培训的价值、兼职政策应采取的形式以及是否有必要建立专门的女性社交网络方面,律师们都持有不同的意见。[60]

　　不论以上问题采取的是何种解决方式,与其他国家比起来,美国对于少数群体的对待是非常友好的。当代,仍然有许多国家的法律体系中的有效行业准入基本是依赖于家庭背景。[61] 在我们的国家,多数律师对于机会平等的潜在目标是认同的。法律行业对自身的认识前提是:律师的成功是建立在成果和专业勤勉的基础上的。身份和背景上的差异并不会给职业机会带来任何影响。

　　美国的律师们同样认同,至少是在原则上认同多样化和均衡生

　　[60]　关于以上策略的讨论,参见 Rhode, Unfinished Agenda, 见前注,第 34 – 35 页;Rhode, "Difference", 见前注;Rhode & Drobac, 见前注;Susan Bisom-Rapp, "Fixing Watches with Sledgehammers: The Questionable Embrace of Employee Sexual Harassment Training by the Legal Profession", 24 U. Ark. Little Rock L Rev. (2001) 147; Kimberly D. Krawiec, Cosmetic Compliance and the Failure of Negotiated Governance, 81 Wash. U. L. Qu. 487 (2003).

　　[61]　Hazard and Dondi, 见前注,第一章。

活的价值。具备不同背景的人群应当在律师行业内有充分的代表，这一点应当是首要考虑的；这种优先考虑的目的在于，对法律问题有一个多样化的认识角度，在形式和实质上创造法律决策过程中的公平，为美国社群的所有群体提供平等的法律服务。这种均衡应当在职业和个人委员会中得以广泛实现。改善招聘和实习的现状，缓解因压力过大而导致的机能失调，这些政策在解决就业和家庭问题方面的努力证实了其花费是有效的。[62] 平等的机会和均衡的生活，这些都是与全体律师利益攸关的一个问题。

---

[62] Rhode，见前注，第 41－44 页、第 47 页；Deborah L. Rhode，Profits and Professionalism，33 Ford. Urb. L. J. 49，第 66－68 页(2005).

第三章

法律执业的形式和经济学

一、执业结构

"法律执业"这个词语,是一个涵括了一系列广泛职业行为的抽象概念,统领这些行为的因素是:法律人的参与。的确,执业律师们所从事的活动各不相同,除了毕业于法学院、拥有律师资格身份这两点外,我们很难将他们之间的共同经历找出来。相似的教育背景、同等的正规身份可使他们有着一些共同的兴趣和追求,但这很容易被日常经验的差异所推翻。"法律人"也包括那些未执业的法学院毕业生,包括那些从事政治、新闻、管理、司法、法学教育、政府和非营利组织等事业的人。这些人的法律背景构成其社会面貌和角色中很重要的一个因素。在欧美国家里,从法学专业毕业的大学生从事以上种种其他职业的比例相比其他国家而言还更高一些。

"执业律师"的工作也有差异,存在于其核心功能、实体领域和执业背景等各个方面。用分析的眼光来看,律师的基本功能是提供有关法律权利的建议和辩护。从以上核心功能出发,衍生出更多跨越不同实体领域的专业服务。这其中,必要的综合技能包括对实体和程序法的掌握、对法律体系,如法院和政府机关的了解,以及其他人际、分析、写作和语言能力等。根据律师的全部职业技能中所偏重的技能或实体领域的种类,我们可以方便地对其进行分类。因此,我们总会提到诸如诉讼律师、劳动调解员,税法和证券专家等。

差异也存在于"执业环境"中,该"执业环境"的概念包括地区(小城镇、大城市地区等)、工作环境(个体律师、小律所律师、大律所律师、政府律师等)、职业经验和地位(高级律师、初级律师等)。另外一种不同的分类方法是以律师的基本委托人群为基础,依据律师进行职业帮助对象而进行的,这些委托人群包括贫困人士、底层人士、小公司、大企业、政府机关等。

　　美国的律师职业在以上各种维度上都存在着巨大的差异性,而在过去的半个世纪里也发生了巨大的变化。美国 1950 年的律师数量约为 20 万,平均每 695 人就对应着一名律师。在 21 世纪初时,这个数量增长至 100 万,每 265 人就对应着一名律师。今天,大约 3/4 的律师是私营律师,其中个人执业(48%)和公司执业(52%)基本是各分一半江山。大中型律师事务所中的律师人数所占比例有所增加,这些律师事务所自身的规模也在增长。19 世纪 50 年代,律师人数在 50 名以上的律师事务所只有 50 多个,而现在,在律师事务所中工作的律师中,超过 1/4 的所在的律师事务所都是 100 人以上的,而其他的律师中,约 25% 是在 2~4 人的执业机构,约 30% 所在的律师事务所为 5~20 人,20% 所在的律所人数为 21~100 人。[63]　在律师事务所工作的律师事务师中,有 1/3 的非合伙律师,剩余的则是合伙人,以及在不设置非合伙人律师的律师事务所中的律师们(lawyers in firms with no associates)。[64]　在非私营律师中,大约 8% 的执业是在私营经济领域,10% 是为政府工作,3% 在司法机关,1% 在学术机构,剩余的 1% 则是在法律援助、公设辩护律师和公益服务领域。5% 的律师处于退休和停业状态。

　　律师履行的功能也是千差万别的:从为普通市民提供普通法律问题的咨询,到精心设计"大型法律"并购项目,从参与跨国诉讼到代表不同委托人的利益参与政府机关的程序,如此等等。渐渐的,律师趋于专业化,不论他们在体系内如何流动,这种变动基本上都不会偏离他们初始时的执业领域。

　　专业化所带来的是职业内部的明显分层。这种分层大致对应着各种不同的执业类型,从更细化的角度说,则对应着不同的委托人类

　　[63]　Clara Carson, The Lawyer Statistical Report 8(American Bar Association, 2004.
　　[64]　Id., at 9.

群。约翰·海因茨(John Heinze)和爱德华·劳曼(Edward Laumann)的一个经典研究发现,一个职业基本可分为两个半球:[65]一个半球的委托人来自个人和小企业,而另一个半球的委托人则是诸如公司和政府部门的大型机构。很少有律师能穿越这两大半球之间的赤道,而为大型机构提供服务的职业人相比服务于其他委托人的来说,在职业内拥有更高的地位。公司对于服务的需求一直是最强劲的,现在,已经有60%的私营执业者是在为商业委托人服务。[66]

二、执业状况:均衡生活与底线

在过去的半个世纪中,法律执业的大变化还表现在其他方面。对于多数律师而言,律师工作的竞争越来越激烈,商业化特征增强,花费的时间也日趋增长。账单按小时收费方面的要求大为提高,许多律师每个星期至少要工作到55~60小时。[67] 技术革新也加快了律师的工作步伐,律师们越来越被要求保持持续的可联系状态和立即回复。律师被手机、邮件、传真和传呼机牢牢绑在了工作上,没有片刻停歇。因此,大多数律师感觉到自己没有足够的自由支配的时间,而将近一半的律师认为他们没有足够的时间和家庭共处。[68] 这种格局很大程度上也影射着其他白领职业工作中的变化。

---

[65] Id. , at 6-7.

[66] John P. Heinze, Edward O. Laumann, Robert L. Nelson & Ethan Michelson, "The Changing Character of Lawyer's Work: Chicago in 1975 and 1995" 32 Law & Soc. Rev. 751, 765 (1998).

[67] Deborah L. Rhode, Profits and Professionalism, 33 Fordh. Urb. L. J 44, 64-66 (2006); Judith N. Collins, Nat'l Ass'n for Law Placement, Billable Hours: What Do Forms Really Require? (2005). 参见 Deborah L. Rhode, In the Interests of Justice 35 (2001)。

[68] 参见下书中的引证研究:Patrick S. Schiltz, "On Being a Happy, Healthy and Ethical Member of an Unhappy, Unhealthy and Unethical Profession", 52 Vand. L. REv. 871, 888-95 (1999).

尽管在工作时间延长的程度和原因上,不同执业领域的律师存在着一些差异,但他们普遍都出现了一些机能失调的模式。其中一大失调存在于工作行为方面。疲倦至极、体力透支的律师们为委托人提供的服务效益一般都偏低,而工作负荷过大也是造成律师自身压力强度偏高、药物滥用和其他健康问题频发的一个重要原因。[69] 除此之外,过长的工作时间和僵化的工作时间给那些承担较大家庭责任的律师提出了另外的问题。由于女性分担着更为繁重的家庭责任,她们为争取职业机会要付出的努力也就更大。缺乏适当的弹性工作时间制度和退出机制,也是女性频繁地面临"玻璃天花板"(晋升障碍。——译者注)的原因之一,这也给雇主们造成了过多的摩擦和招聘成本。[70] 最后,正如本书第九章中所指出的,过多的按小时收费账单缩减了公益工作的时间。律师们因此失去了在他们本应致力的公益事业上的机会,也失去接受培训、参与庭审、参与交流的宝贵机会。

律师职业提出的要求越来越高,这是全球化趋势大背景下的一部分。职业内部和各行业之间的激烈竞争增强了工作压力,且这种竞争并无任何消退的迹象。同时存在的问题还有:发达工业国家中,利润总是具有优于并削减任何其他价值的地位。但是,对于薪酬不低的职业来说,这种优先地位可能常会难以自证:利润榨取了用于家庭、朋友、公共服务和个人兴趣的时间,而人们最终会发现,他们从以上领域获得的满足感,比因加班工作而获得的递增收入更多。[71] 在

---

[69]　参见 Deborah L. Rhode, Balanced Lives: Changing the Culture of Legal Practice 21 (ABA Commission on Women in the Profession, 2002); Rhode, "Profession and Professi0nalism",见前注,第 66 页。

[70]　Rhode,见前注,第 21 页;Catalyst, Women in Law: Making the Case(2001);另请见第二章中的讨论。

[71]　有关本文及注解所描述的这种难以自证的、短暂的优先地位的更多讨论,请参见:Rhode, "Profits and Professionalism",见前注,第 72-74 页;以及 Rhode, In the Interests of Justice,见前注,第 29-38 页。

一些执业领域,越来越多的律师执业者在质疑他们的高薪工作是否真的物有所值。

越来越多的证据表明,金钱在增进个人幸福感上的作用比我们常常想象的要小得多。研究者们不断发现,对于律师这个收入水平的个人来说,薪酬上的变化对其满足感很难产生什么影响。[72] 同样的,不论在哪个执业领域,薪酬和成就感之间也并无联系。大律所薪酬较高的非合伙人律师是最为不满的人群,而那些收入相对较低的学术领域、公共利益和政府机关的雇主的不满感却是较为少见的。[73] 财富和满足感之间并无直接关联的一个原因是:高收入能购买的物质并不能产生长期的幸福感。欲望、期待和攀比标准的增长速度往往和他们被满足的速度一样快。心理学家们注意到,通过购买一些不是必需品的东西所达到的愉悦感总是转瞬即逝,比不上很多通过其他因素而促成的幸福感,例如在加强个人与家庭、朋友和社会的关系以及有意识地奉献于更高的社会目标而获得的快乐。[74]

然而,几个动因的存在使得人们得以去高估金钱的价值。一个动因就是经济状况下降的状况令人难以接受。律师们最初选择这份薪酬较好的工作时有其目的,在于获得训练、名望或是为了偿还他们

---

[72] David G. Myers & Ed Diener, Who is Happy?, 6 Psychol. Sci. 12, 13 (1995); Juliet B. Schor, The overspent American 9 (1998); Robert H. Frank, Luxury Fever 72, 112-113 (1999); Matthew Herper, Money Wont's Buy You Happiness, Forbes, Sept. 21, 2004, 请见 http://www.forbes.com/technology/science/2004/09/21/cx_mh_0921happiness.html,最后访问时间:2005 年 11 月 25 日。

[73] NALP Found. & The American Bar Found., After the JD: First Result of a National Survey of Legal Careers, 8, 10 (2004); Boston Bar Ass'n Task Force on Prof. Fulfillment, Expectation, Reality & Recommendations for Change, Aug. 15, 1997, http://www.bostonbar.org/prs/fulfillment.htm.

[74] Martin E. P. Seligman, Authentic Happiness 9 (2002),其认为持续的幸福感更多来源于在人际关系中的参与以及生命的意义感,而非短暂的快乐,前者主要依赖于人们去发挥个人能力并作出更广的社会贡献。另参见 Herper,见前注。

求学期间的贷款。他们慢慢习惯了这种地位可以带来的生活方式,[75]但是,他们在为获得高收入而投入了必要的工作时,会产生一种较强的被剥夺感,而这种被剥夺感又进一步促成了他们强烈的需要。长时间工作的律师们觉得自己有权享受能使他们的生活更为舒适、快乐的物质和服务。这种补偿性消费的模式可能是万劫不复的。许多律师能接受极度劳累和超负荷工作时间的原因,部分在于他们需要支付那些他们极少有时间去享用的,属于他们自己或家庭的"额外消费"。然而,奢侈渐渐可能变成了一种需要,这样一来,律师们也就无从选择一种更能让人满意的、在个人、职业和公共服务追求之间实现均衡的生活了。

相似的,对于相对地位的追求也会以相同的方式和同样的方向发展。对于许多个人,包括律师们而言,金钱是衡量成就和尊严的一个重要尺度,而消费则是成功和社会地位的标志。人类的本性中深深烙印着彰显和展示的渴望,在美国这个日渐物质化的文化中,自我价值往往与资本价值挂钩。[76] 收入在很大程度上是"在地位上的需要",人们认识中的自我收入是与他人比较后的相对结果。[77] 个人收入状况的频繁公开,使得人们非常简单就能进行相对地位的攀比,但却又难以胜出。[78] 正如经济学家们所说的那样,这种军备竞赛般的比拼中,往往是赢家少败家多。实际上,顶层是不存在的。看起来勤奋有余的律师们会发现,总有人比他们赚得更多。

---

[75]　John R. O'Neil, The Paradox' of Success 132 (2006); William R. Keates, Proceed With Caution 126-27 (1997).

[76]　Richard Conniff, A Natural History of the Rich 145 (2002).

[77]　Robert H. Frank, How Not to Buy Happiness, Daedalus, Spr, 2004, at 69,79.

[78]　正如《美国律师》的前任编辑斯蒂芬·布瑞尔所说的,"要让一个年收入25万美元的快乐合伙人瞬间变得哀怨满腹,只需让其在阅读法律期刊中的律师事务所工资排名中发现他的同学的收入是30万美元"。Steven Brill, "Ruining" the Profession, Am. Law., July-Aug. 1996, at 5.

以上动因塑造的优先价值不仅是律师个人的,也是他们的雇用者——律师事务所们所持有的。由于几乎每个人用于衡量价值标尺的最高处都是金钱,那么,人们在报酬最大化上达成共识,就比在其他价值方面达成共识来得更为简单,例如,减少工作小时、给公益事业留一些空间等。牺牲利润而采取其他工作奖励的律所,可能存在一种风险,即挽留不住那些偏爱高报酬的优秀合伙人和律师。一旦建立起了高标准的薪酬水准,就很难再将其降低。人们认为下降的趋势是非常痛苦的,为维持高收入而需要的工作量导致人们有一种被剥夺感和特权意识,这又推动着欲望的增长,要求更多经济报酬。即使是那些刚进入律所时金钱追求不高的、具有强烈的正义奉献意识的律师,也会逐渐陷入这种报酬循环中。就算这些律师不能实现他们真正想要去追求的公益事业,他们也至少想要从他们现在的事业中得到一份好的薪酬回报。

尽管有着以上种种因素,但仍有一些执业者并不把高收入当作主要的优先价值。他们长期工作的动力是工作能够带来趣味和挑战。这类律师工作成瘾,而且认为同僚们也和他们有同样的感受。

对于真正想要一些不同生活的律师们来说,虽然不存在一个简单的答案,但他们总是有一些真正的选择的。对现有工作制度不满的律师们可以联合行动起来或用脚投票。竞争压力也许不可避免,但不论是个人律师或机构里的律师,都可以重新定义他们所要竞争的目标。对地位的追求是根深蒂固的,但职业文化会改变地位的衡量价值,而执业者也能根据他们自己对于成功和自我价值的定义而生活。

三、私营部门:个人执业,以及大小律所中的律师执业

在过去的 20 年,在私营部门执业的律师人数比例从 2/3 上升至

3/4。如前所述,这些律师在一系列不同的背景中执业,其报酬和挑战也各不相同。

个人独立执业的律师们占三成,他们追求的一般都是诸如灵活、独立、拥有委托人联系、无须牵涉办公室政治等因素。[79] 个人执业的律师们往往对自己的案件量和时间表拥有更多的控制权,他们中还有一些人在家里办公,从而减少了成本,也避免了一些家庭和工作之间的矛盾。然而,这些优势所对应的代价常常是更多的孤立感、不稳定的经济状况、挑战较少的案件,以及较低的收入和地位。[80] 同时,缺乏指导和后援支持、小规模经营中需要同时服务现有委托人和发展新委托人,这也会带来一些压力。为将这些困难最小化,和其他律师进行合作办公,分享设备和推荐网络是一个不错的方法。同时,越来越多的律师协会也设立了专为这些个人执业律师设计的支持团队,准备了相关的教育材料。[81]

在该职业领域的另一端,是那些在 50 人以上的律师事务所中执业的律师。正如前文所述,在过去的半个世纪中这类律所的数量和规模都呈迅速增长。现在美国最大的律所拥有遍布世界 35 个国家的 2000 多名律师。大型律所一般都是金字塔结构,并有一种天然的扩张欲望。在这种机构中,顶层的合伙人监督和推广非合伙律师们的工作,他们以自身的技能、经验、声望和关系获利。年轻律师因其工作接受律所的授薪,同时交付给律所一定的费用以换取培训和竞

---

[79]　Carron Seron, The Business of Practicing Law: The Work Lives of Solo and Small-Firm Attorneys 12, 79−80 (1996).

[80]　Seron, supra note 13, at 80; Kimmel, supra note 13, at 12−13; Clyde Jay Eisman, "The Ups and Downs of Practicing Alone", N. Y. L. J. , Nov. 12, 1999, at 24.

[81]　Jill Schachner Chanen, "Solace for Stressed Solos", ABA J. , Aug. 1999, at 82.

选合伙人的机会。[82] 如果一个律所的招聘和推广并非仅仅是为了填补那些离职合伙人的空位(合伙人和律师们往往也都不那么赞成设置这样的限制),那么扩张就是不可避免的。

扩张的趋势同时还受到了文化的影响:人们往往将规模视为地位的衡量标准,认为最大的律所就是最好的律所。此外,由于能跨越不同领域和司法辖区为委托人提供全方位的服务,大型律所的竞争优势和经济规模都是不可小觑的。

这些大型律所一般是由各个部门和团队组成的松散化的联合结构,这些部门和团队分别由一位高级合伙人领导、由一个管理委员会协调管理。在少数律所中的管理委员会下还设有非律师的管理人员。为了避免在向各个委托人提供服务时产生利益冲突,协调是必需的。在本书第八章中介绍的相关利益冲突是大型律所需要长期注重的问题,这限制着他们的扩张和范围。

选择在大型律所工作的律师们有着如下几点考虑:大型律所普遍能提供高收入地位、慷慨的福利和服务支持、有益的公益法律服务机会,以及在优秀的高级律师指导下在复杂案件中工作的机会。尽管存在着上升空间上的不足,进入律师职业的许多新人仍会为了偿还学费欠债、获得宝贵的培训和阅历而选择这些大型的律所。但是,相应的代价可能是超额的工作时间、僵化或不确定的工作时间计划,以及不受自己控制的案件量、过多的程序化工作等。在一些非合伙人律师和合伙人过多的律所中,过分监督、缺乏指导和缺乏委托人联系、严格限制的上升机制都会使得律所内摩擦不断、怨声四起,这对于所有人来说都是一种消耗。[83]

---

[82] Carson, supra note 1, at 8–9; Marc Galanter & Thomas Palay, Tournament of Lawyers: The Transformation of the Big Law Firm 94–100 (1991).

[83] Rhode, supra note 7, at 35–37, 41–42; National Association of Law (1998) Placement, Keeping the Keepers; Strategies for Associate Retention in Times of Attrition).

规模的扩张同样带来了行政成本和非人性化管理成本的提高，也产生了为多余的律师提供业务来源的压力。[84] 尤其是在那些特别大的律所中，律师数量数以百计，遍布多个办公室，其流失率非常之高，如何维系律师的合作意识和忠诚就变成了一个难题。然而，现在，许多律所和律师协会正在加大力度解决这些问题，提高律师们尤其是初级律师们的生活质量。许多律所对之前的两层体制和淘汰体系作出了灵活改变，设立了更为丰富的律师身份，如终身非合伙律师、非股权合伙人，"特邀顾问"职位和临时的合同制律师等。总体说来，这些职位产生了很多需求，大型律师事务所的盈利能力也仍然强劲。

其他的私营执业者在小型律所(2~12名律师)或中型律所(12~50名律师)工作。这些律所的领域和结构可谓千差万别。最小的律所类似个人执业模式：几名律师聚集于一处，共享空间、工作人员和支持服务，并在必要时互相为案件提供后援帮助。许多这些律所的执业人员可谓"无所缺憾"：他们的执业有趣且可盈利，在这个小小办公室里的专业人员在很大程度上还能控制自己的工作时间。一些附属于全国知名律所的地区性小律所专门为贫困人士提供低成本的日常服务。他们也曾努力去发展"布洛克"式(H&R Block)的法律执业，但这种尝试现在看来是以失败告终了。显然，管理此类执业行为所需的技巧需要在独立的背景下完成。此外的一些中小型律所专门提供特定领域的"精品"服务，有些也提供一般服务。他们或因自我选择或因能力所限，都在有限的规模中停留了下来。

在接下来的这个世纪里，私营执业结构将如何演变仍然是一个

---

[84] Robert L. Nelson & Laura Beth Nielsen, "Cops, Counsel, and Entrepreneurs: Considering the Role of Inside Counsel in Large Corporations", 34 Law& Soc'y Rev. 457 (2000). See also Carl D. Liggio, "A Look at the Role of Corporate Counsel-Back to the Future Or is it the Past?" 44 Ariz. L. Rev. 621 (2002).

开放的问题。大多数专家预测,由于律所们需要适应更为激烈的竞争、适应全球市场,我们将面临的是一个不断变动的实验性阶段。正如本书第十章所提出的,跨学科和跨司法管辖的执业需求将刺激法律服务机构的发展,增加其多样性。然而,来自利益冲突规范的要求也将限制律所的规模。对于均衡生活的关注也将对律师工作结构产生一定的影响,律师的执业时间和身份将因此变得更为灵活。

四、机构中的法律顾问

尽管过去的半个世纪中,为私营企业工作的律师在律师行业中所占比例较为稳定,但其绝对数量和地位都有很大的提升。自 20 世纪 80 年代以来,在向商业和机构性委托人提供一系列基本的法律服务、选择和管理外聘律师、实施法律合规项目、预防法律问题等方面,企业法律顾问所起到的作用越来越大。从一名律师到数百名律师,法律部门的大小各异,而其执行的任务也根据雇主的性质和营业范围的不同而千差万别。小型的房地产企业需要的服务鲜有超出财产、合同、税收等常规问题的,而一家跨国公司则总会遇到几乎所有类型的法律问题。

律师在机构中地位的提高存在着诸多方面的原因。从律师们个人的角度来看,委托人的内部法律部门所提供的职位有诸般好处:与个人执业的情况比起来,这里对律师工作时间的要求会更可控;内部律师还无须承担压力在兼顾多个委托人需求的同时还需要努力发展新委托人。从机构的角度来看,依靠内部的法律顾问可以大大减少其成本:内部律师对雇主的结构、职工情况、文化和目标都非常熟悉;他们也不需要将其注意力分散于各个委托人之间;由于不存在按小时收费制度的刺激,他们也不会在不必要的工作上收取费用。在 20世纪 80 年代和 90 年代初,许多企业开始将基本的日常工作交给本企业的法律部门,而外聘律所则主要负责偶发的或更为专业的需求。然而,近年来,随着外聘律所的收费变得更为低廉,而企业又都面临着缩减人员和外包非核心职能的压力,这种趋势有所放缓。律师个人在企业内部就职的一个明显劣势在于:律师必须依赖于一个委托人,而该委托人对于法律服务的态度会根据其管理和经济情况的变化而产生转变。

作为企业法律顾问的律师,其身份成为委托人的雇主。在此意义上说,该律师的角色似乎缺乏律师职业的一个决定性特征——自主权。但是,在实践中,企业法律顾问享有的独立性差别可能非常大。如果律师所在的是一个复杂的机构,例如,在一个多事业部门的跨国公司,该律师和其雇主公司之间的关系可能就像外聘律师事务所一样千变万化。由于许多机构是权力分散、利益竞争的结构,律师在其中所做的最重要工作之一,可能是决定由谁担任委托人的发言人。这种权力的分散化常能使得律师拥有较多的自由和商议的能力。尽管他们缺乏一些外部律师拥有的自主权,但他们对委托人的熟知度往往也能扩大他们的影响力。

企业法律顾问在特定机构和特定环境中所扮演的角色,是其个人偏好和环境因素的一个综合反映。根据一个对于当代企业法律部门的最为系统的研究,企业内部律师通常会形成三种不同的角色。大约1/5的律师将他们的功能大致描述为"守门人":他们的工作很大程度上是"建立在规则基础上的",侧重于评估法律风险,监测法律合规以及批准法律行为。大约50%的第二类律师认为其角色主要在于提供咨询:律师工作不仅需要确保企业在法律界限内行事,也包括通过创造法律策略将企业的商业利润最大化。大约有1/3的最后一类律师认为他们就是企业家:他们的重点工作在于协助商业规划,特别是那些具有法律意义的商业规划。

无论选择的是何种角色,企业法律顾问在保护机构法律利益,但同时也要维护自身与管理层和其他雇主的关系,在此方面他们常常会面临特殊的挑战。在接下来的第六章和第八章中,对于这些可能在保密、利益冲突等语境中出现的挑战将进行具体探讨。

五、公共部门的律师:政府服务、法律援助和公益法

在政府部门工作的律师占律师总数的约 10%,其提供的服务类型也同私营执业一样千差万别,其中包括咨询、参与民事和刑事案件诉讼、实施立法和行政规划等。这些工作跨越不同的实体领域,涵盖了大多私法性质的专业。

所有的政府律师都具有相同"执业背景",即为政府所聘用。除了这个相似外,其他则是许多重大的差异。例如,在人口稀少的农村辖区里,一名地方检察官可能负责当地所有的公共法律工作(常采取兼职工作的方式),这包括刑事公诉、申请贫困儿童抚养费以及担任地方委员代表工作等。另外,一个大城市的地方检察办公室可能包括几百名专长各异的律师。不论是州或地区,都有着难以计数的政府、部门和委员会,他们的法律问题各具特色,因此也拥有专长不同的法律顾问。许多政府机关聘用私人律所为其提供部分或绝多数的法律工作,而专门从事这类工作的律师表面上既可归为私营执业,亦可归为政府服务。除了以上种种在各州、各地区政府进行的法律服务外,实际上大约还有 25000 名受聘于联邦政府的律师进行着各色各样的法律工作。

尽管政府律师的委托人通常是其服务的政府,但这也并不是绝对的。公共辩护律师和民事法律援助律师传统上都对他们所帮助的委托人具有忠诚责任。然而,当律师代表"政府"时,他们与委托人的关系与私法语境下并非完全相同。这类法律代理机构通常在自身的司法辖区内享有对一些事宜的独立权力。正因如此,地区检察官对

于对谁提起公诉拥有自由裁量权,而无须向其他任何政府官员负责。公诉人的委托人仅仅是比喻意义上的。用另一种方式表达,即他们集委托人权力和律师代理于一身。这种独立权并非完全绝对的。政府的律师也需遵守他们可能并不认同的法律和行政政策,高级官员还需对选举和委派他们的人负责。初级律师亦须接受监督者的指导,而这些监督者对政策的解读看起来往往是有问题的。许多政府律师受聘于特定的机关,例如公立医院、大学等,因此,他们在该机构中与上级的关系是和私营企业中的法律顾问相似的。

不论如何,为政府工作的吸引力一方面在于其相对独立的地位,此外也包括更可能实现的较好福利、可控制的工作时间,以及无须承担竞争和业务扩展的压力。相应的代价则是较低的工资和职业上升机会的限制。如本书第八章中所指出的,由于有以上种种利弊,公共和私营部门之间设置了一扇择业的旋转门。这种结构的优势在于,对于那些优秀的律师来说,政府树立了其公信力和吸引力;然而另一方面,这也带来了忠诚和利益冲突方面的问题,我们在接下来的章节中将予以探讨。

正如在本章起始部分所述,大约有1%的律师职业人员在法律援助、公益辩护、公益机构中工作。"公益"是一个较新的术语,但这个概念根源于先前就存在的公民权利、公民自由运动,以及为贫困人士提供的法律服务。公益法委员会,即现在的正义联盟将"公益组织"定义为"将其至少30%的资源贡献于未被充分代表的少数群体在公共政策领域的利益、免于承担纳税义务的非营利组织"。标准委员会据此估测,截至20世纪70年代,美国只存在25个公益组织,其中的全职公益律师不足50名。到20世纪90年代时,公益组织数目增长至200个,其雇用着1000余名律师。[85] 此外,许多未享受免税待遇

---

[85] Nan Aron, Liberty and Justice for All: Public Interest Law in the 1980's and Beyond (1989). See Deborah L. Rhode, Access to Justice 66-68 (2004).

的法学院、法律诊所和私人事务所也提供相关事宜的代理。越来越多的保守型法律基金会也认为它们自身就是公益组织,虽然它们代表的群体往往已得到基金会所赞助公司的充分代表。[86]

公益组织的资金通常来源于各种综合的渠道:政府和基金会的资助、会费、私人捐助以及法院给予的律师费用。公益组织的工作跨越广泛的领域,包括环境法、消费者法、贫困问题、移民问题、公民权利、妇女权利、同性恋权利、残疾人权益、公民自由问题等。尽管人数不多,但公益律师的社会影响是巨大的,他们一方面谨慎地将自身资源用于必要之处,另一方面则寻求着私人律师以及非法律行业的组织与联盟的帮助。

政府补贴的法律援助项目有较为悠久的历史,但在 20 世纪 60 年代和 70 年代里,其数目和目标都实现了巨大的增长。同公益律师一样,公民法律援助律师面临的法律需求也是非常广泛的,他们对于如何分配其援助也享有较大的自由裁量权。在第六章中的材料中,我们会看到,如何恰当地行使这一裁量权长期以来就是一个充满争议的问题。非常具有讽刺意味的是,法律援助律师在法庭的高效率竟然引致了立法机关的消极反应。在里根政府时期,针对联邦资助法律服务标准的案件和当事人,议会通过了第一个财政削减及限制方案,而这还只是一系列该类方案的开始,在 90 年代里,更新一轮的限制也陆续通过。[87] 这些举措意在降低公益律师薪酬和支持以限制律师们的目光不被救贫法等所吸引。

公设辩护服务也经历着同样的财政管制。在许多此类律所,律师们的工资极其微薄,案件量则不受控制地增长。一些辩护人每年要负责 500 个重罪案件,这种情况下他们很难有时间或资源去进行

[86]　Aron,见前注,第 78 页。

[87]　参见前注 Rhode 书中第 58-64 页及下文第八章的内容。

事实调查和庭审准备。[88] 此外,越来越多的司法辖区开始通过竞标的形式分配贫困人群的辩护案件,这使得问题更加错综复杂。律师们为了赢得代理合同必须降低其收费标准,此做法也贱卖了他们的代理效率。[89]

尽管面临着以上种种困境,许多公设辩护人、法律援助组织和公益人士仍然保持着高度的专业素养和奉献精神。经济报酬也许很低,但心理上他们是满足的。在这些执业领域的律师们,在代理和代表此司法体系中其他人不愿代理的案件和当事人时能获得一种心理的满足感,他们也值得得到更好的经济援助。在实现这一援助的过程中,律师行业应当在游说议员立法、公众宣传方面发挥其应有的关键作用。

[88] Rhode,见前注,第11-12页、第123-130页;Bruce Green, "Criminal Neglect: Indigent Representation from a Legal Ethics Perspective", 52 Emory L. J. 1169, 1179-83 (2003).

[89] 见前注中的引用材料。

第四章

法律职业的"宪法性"
功能

一、法治和个人权利

作为一种历史事实,法律职业在那些以"法治"为基础的政体中得到了最充分的发展。其中,"法治"既包括公民权利的法律保障,也包括个人和公司组织对其财产享有的所有权和管理权。"法治"意味着法律权利应当是事先就得以规定的,且得以公平地适用。任何法律制度要完美地达到这一要求都是不可能的,但当代的发达国家多少都算接近了这一目标。

一般认为,个人权利的概念包括言论自由和思想自由、免于遭受任意监禁、免于遭受不合理搜查与没收、免于程序不公待遇的自由。近年来,免于受到种族、性别、宗教信仰和民族歧视的自由也被认为是个人权利的内容。此外,个人权利还包括财产所有权,参与雇用、货物、服务等契约交易的权利。从以上个人权利衍生出来的还有结社权,例如参与教会、私人非营利组织、商业合伙以及政党的权利。

二、律师与个人权利

如果没有充分的认可和执行程序的保障,个人权利只能沦为形式。尽管仍还有极少数的政体认为,单是法官就足以保障个人的权利,但所有自称为"法治"的政体都承认个人在诉讼中的委托代理权,以及就非诉事务向律师咨询的权利。政府在法律执行和行政管理方面也对律师有很深的依赖。实际上,法律服务是保障法治和个人权利方面的关键因素之一。

这种法治和律师角色之间的实用性关系提出了一些持续的、重大的宪法问题:律师在庭审以及其他法律事务中的介入,何时是一种正式的规范因素,何时会成为过度的"技术性细则"? 公众应在多大程度上为那些无力承担律师费用的人提供法律援助及经济补贴? 以上问题,包括法律服务的分配问题,都是第九章的关注所在。但是,另外一个可能不那么宪法性的问题是关于律师角色的争论。那些能为律师付费的个人和机构为何有权接受法律代理? 尤其是对于商业公司和富裕的个人来说,他们高价聘请法律天才进行法律代理的正当性何在?

三、公司律师

在现代的政治体制下,公司聘请律师促进其经营的做法是被大家所认可的。事实上,各种规模的公司都会定期聘请律师协助其减轻公司纳税义务、监控公司法律责任,以及保护公司在雇主、委托人、供应商、债权人、股东以及政府关系中的利益。大公司里的法律顾问人数都相当可观。公司法律事务是大部分大型独立律所的主要业务。小律所中的业务则大多为财产和商业业务。

然而,在当代关于律师职业伦理的讨论中,对于如人们所述的律师为商业组织和富人阶层提供了过多法律协助的现象,出现了一些质疑的声音。律师行业自我宣称的主旨之一,是其独立于委托人利益、将法律职业和商业行为分离的声明。职业内关于"法律执业是一门职业而非一桩生意"的说法就反映了这一点。[90] 但是,律师工作的大部分都是在为商业提供服务,知名律所里就更是如此。诸如,亚历山大·汉密尔顿、丹尼尔·韦伯斯特、亚伯拉罕·林肯这些行业领

---

[90]　See American Bar Association Commission on Professionalism, In the Spirit of a Public Service: A Blueprint for the Rekindling of Lawyer Professionalism, (1986); see also sources cited in Deborah L. Rhode, In the Interests of Justice: Reforming the Legal Profession 1 (2000).

袖也都是从商业委托人处获得其主要收入。

四、对公司资本主义的批判

在对于律师公司执业的传统批判声音的背后,是对公司资本主义及其法律制度构成(包括私人契约,尤其是在当代商业中非常普遍的格式合同,以及大型商业组织的集中)的批判。在全世界都已经非常普遍的反对全球资本化的游行活动中,在近年来伴随着公司丑闻而出现的谴责中,这种批判获得了最鲜明的体现。19世纪时,马克思和其他主要共产党人都在其著作中阐述了该种批判的根源。

这些批判其实并非什么新鲜事。公司资本主义带来的,是残酷的竞争、劳动的商品化、为了守住"盈亏底线"而对普世价值的牺牲,以及森严的官僚体系、在有钱人和强势商业利益的驱动下对于法律规则的操纵。律师职业对这种批判的多数内容仍应当予以严肃对待。律师界自身和外部的评论家对公司的法务情况也表达了许多类似的担忧。[91]

出于本书篇幅和笔者专业知识的局限,我们无法对以上批判作出一个综合性的答复。然而,从宪法角度对该批判进行反驳的大致思路是非常简明的:个人有权利拥有财产、缔结合同以及参与经济生产;个人有权为实现其个人目标去寻求法律协助;有权寻求法律协助则包括有权寻求最高效的法律协助;实现个人目标的有效手段是以组织的形式进行合作;公司是一种成熟的合作组织的形式。就其本

---

[91] 最为著名的评论家及著作包括:Louis D. Brandeis, Business: A Profession 329-43 (1914); Harlan Fiske Stone, Law and Its Administration (1924); and Jimmy Carter, Speech to the Los Angeles Bar Association, May 4, 1978.

身而言,公司有权代表其所有者和管理者去雇用最有效的法律协助。[92]

　　然而,这种从宪法出发的推断逻辑中的每一步都是有争议的。财产所有权并不必然引申出当前这种对公司实体的所有权和经营权;缔结合同的权利并不能使得那些由强势一方横加的格式合同成为合法合同;参与组织性活动的权利并不能为跨国企业的所有活动提供正当依据,诸如此类。通过比较的方法,我们能解读此中存在的逻辑漏洞,例如,试图比较以下两个合同的履行情况:一个是由平等交易双方在某种程度上达成合意的合同,一个则是由一方律师准备的而对方没有阅读或者难以理解的格式合同。通过这种比较,我们可以看到更为深刻的一个当代政治议题:现代社会应该如何构建,权力应该如何行使。

　　随着跨国公司的日趋壮大,以上争论的重要性越来越明显。资本主义企业对于具有重大社会意义的问题产生着实质性的影响,这包括就业、环境、商品和服务的提供、健康、安全、股东的金融安全等。[93] 跨国组织的重要性源于两方面:他们创造了有效满足市场需求的方法,并创造出了实现以往未达到的高效管理的方法。国际经验表明,企业能实现和协调最有效的合作,而这种有序的协调又能达成最高成本效益的劳动力、成分和领导人员之间的匹配,随后,产出上的最高成本效益将带来更丰富的商品和服务。然而,如何分配这些商品和服务还是一个问题。尽管有着以上种种好处,但如何管制企业活动、如何分配企业利益的问题仍悬而未决。正

---

　　[92]　In Upjohn Co. v, United States, 449 U. S. 383 (1981), the leading American case recognizing the corporate attorney-client privilege, the majority opinion offers a summary form of this analysis.

　　[93]　Milton C. Regan, "The Professional Responsibility of the Corporate Lawyer", 13 Georgetown J. Legal Ethics, 197,206 (2000).

是在解答这些问题方面,来自公私部门的律师们发挥着非常重要的作用。

五、替代方案的可行性

在考量公司行为、考量协助公司的律师角色的合法性问题时,关键的问题往往在于我们所采取的比较对象。很少有人会觉得企业规模变小是一种可行的替代方案。这种方案实现的结果很可能是普遍的低效率,以及世界范围内人们生活水平的降低。第二种可能性,即由国家掌握主要企业的所有权。这种做法总体上已经被证明与良好的经济和政治结构不相符合。在有些体制下,管理者享有对财政和政治的垄断权,异议和创新也常常处于压制中。而资本主义的一个主要优势就是,经济权利的分散性使得政府权力能得以限制。

对于当代评论家们来说,对资本主义批判的唯一可行的答复就是更有效的管理。然而,此处最主要的问题一直都是:商业因素会在多大程度上俘获管理者。"裙带资本主义"的渗透力量总是腐蚀性的。资本主义的关键问题抑或基本问题在于政府对公司私利性质的控制能力。其中,政府保护个人权利免于受到公司扩张的影响,以及政府对公司活动的利润进行平等再分配的能力是人们关注的重中之重。

在宪政国家中,以上问题的提出、争论和解决都是以法律规则的形式进行的,而律师全程参与了这一过程。在公共部门里,不论是在起草法案的立法机关中,还是在制定和施行规章的行政机关中,抑或执行以上法律规定的法院里,律师都发挥着举足轻重的作用。在私营部门,法律顾问和外聘律师们协助委托人进行现行法律的解释、施行,或对其提出质疑。这些职业角色之间的关系总是错综复杂而相互依赖的。一些律师的职业生涯可能曾跨越公私两类部门，在不同的情况下他们还将迈入这扇"旋转门"。然而，不论身处何种位置，即使他们对于具体的法律解读、法律适用可能存有不同的意见，律师们都投身到法治事业。他们的职业和生计也依赖于其献身的法律原则和法律程序。

第五章

基本的职业规范

管理美国律师的伦理规则,展现了指导律师执业的几大核心价值。这些价值及其相应的义务包括独立、称职、忠诚、保密、坦荡,以及个人操守和职业行为中的正直。以上义务履行的范围扩展至包括委托人、法院和公众。在世界各地的其他法律体系中,相似的责任要求也同样存在,不同之处仅仅在于施行的形式、各种价值的不同优先等级。

一、职业责任:职业管理与职业判断中的独立性

独立是律师职业伦理的基本规范之一,这一含义有两个维度。首先,律师职业应当独立于政府的控制。正如美国律师协会《律师职业行为示范规则》的序言中所述:"独立的律师职业是保证政府依法办事的一支重要力量,因为法律权力的滥用更容易受到其成员的执业权力并不依赖于政府的职业的挑战。"极权政体制度清楚地表明,受到国家过多管理和控制的律师行业不能有效地保护个人权利、制约官员渎职以及保证正当程序。为少数委托人和弱势事业辩护的律师需要获得免于政治反对的保障。

职业独立面临的第一大威胁来自政府中的政治部门,它与司法部门相异。对于律师行业来说,法院往往是比立法或行政部门更为适宜的一个管理权威,而法官们也常常借助职业独立的概念来说明他们对律师行业的监督权。因此,美国的法院在管理法律执业上一直享有天然的权威,立法或行政机关只有在遵守司法机关监督权的基础上并经司法机关允许,才能行使具体的管理权。[94] 在行使其天

---

[94] Charles W. Wolfram, Modern Legal Ethics 32–33 (1986). For a critical historical overview of the inherent power doctrine, see Charles W. Wolfram, "Toward A History Of The Legalization Of American Legal Ethics-II The Modern Era", 15 Geo. J. Legal Ethics 205, 210–18 (2002).

然权威时,法院将许多日常的准入、自律机制方面的管理权授予律师协会,或者授权给那些以独立名义存在的、与律师协会关系密切的机构。

这种自我管理结构中同时包含着一定的义务承担,正如《律师职业行为示范规则》序言中所写到:

> 法律职业的相对自主权也同时产生了自治的特殊职责。该职业有责任保证其制定的有关规则孕育于公共利益,而不是为了促进律师业狭隘的、自私的利益。每个律师都有责任遵守《律师职业行为示范规则》。每个律师也应当为使其他律师遵守这些规则而提供帮助。疏忽这些职责,将会损害这一职业的独立性及其所服务的公共利益。

律师职业在履行其自我管理责任中的表现如何,是一个尚有争议的问题。对此,我们在接下来的章节中将根据具体规则、在管理结构的背景下予以探讨。但是最基本的问题在于:律师组织缺乏对公众的责任,这一点是否会对其践行管理的过程产生不利影响。一位批评者这样写到:

> 问题并不在于法律组织的政策会明显地表现出自私自利,因为对管理享有控制权的律师和法官们一般都希望同时促进公共利益和自身职业利益。问题反而是在于"管道视野"以及不充分的责任机制。不论其动机如何好,律师、曾经的律师们在管理其他律师时,其视角总脱离不了自身的经济、心理和政治背景。如果没有外来的

制衡,这些决策者往往无法看到职业利益和社会利益产生冲突之处……保护律师行业不受政府控制显然具有重大的价值,缺乏独立性律师的国家很难实现个人权利的保障,也难以制约官员渎职。但是,行业自治和政府控制并非我们非此即彼的选择。许多国家在拥有独立律师行业的同时,也对其自我管理权施加了许多制约因素。政府在增强律师责任方面的更多举动,并不意味着他们能轻易地报复律师行业,也不会构成适当的司法监督中的严重威胁。[95]

　　管理成本也是需要考虑的一个方面。要实现对庞大而分散的美国律师行业的有效管理,其成本比起现有状况下的花费来说要高昂得多。律师组织不愿为这种更严密的监督付费,政府机关也不愿承担这笔费用,虽然他们在银行和证券管理中承担了相应的昂贵代价。美国法律制度应该加强或补充现有的对律师组织的监督程序,这个问题我们会在接下来的章节中探讨。

　　职业独立的另一个重要维度在于:律师能够独立代表委托人作出决策,而不受到不当的外部影响。这种外部影响包括来自司法或政府官员的压力、其他委托人或潜在委托人的利益,来自同事、雇主或其他为律师代理提供经济支援的第三方的影响,以及律师自身在经济、意识形态和名誉上的利益。为免于受到以上各种因素的干扰,许多道德要求和法律原则因而诞生了。美国律师协会《律师职业行为示范规则》第 2.1 条载明的基本准则阐明:"在代理委托人时,律师

　　[95]　*Deborah L. Rhode, In the Interests of Justice: Reforming the Legal Profession* 143-45 (2000). *See Geoffrey Hazard and Angelo Dondi, Legal Ethics: A Comparative Study, ch.* 4 (2004).

应当运用独立的职业判断,提供坦率的建议。"《律师职业行为示范规则》和《律师职业责任示范守则》中还包括许多细化的利益冲突管理指令,在本书第八章中将对其进行讨论。

　　然而,并不是所有影响职业独立的因素都受到了细化管理或外部监督。律师往往愿意维持一种良好的工作关系,不论是与委托人还是其他并不必然与委托人冲突的其他人,都是如此。从这些关系中可能引发的一些偏好通常是难以禁止或监督的。例如,律师在法官、律师和其他潜在业务来源面前保持一个良好声誉的愿望,可能会影响其在特定案件的目标追求和立场。对于企业法律顾问来说,他们的声誉和生计都交托给了一个委托人,因而在保持自身独立方面也会面临一些特殊的问题。出于此点,德国等一些国家对于职业独立有着如下规定:被雇用的律师无权得知那些依法不予披露的秘密。与此相似,日本等许多国家里,在法院出庭的律师不得受雇于私人机构。[96]

　　相比之下,美国则没有这种绝对禁止的律师伦理规则。美国对于律师职业独立性的维护,是针对不同的执业形式制定一些细化要求,通过这种方式最大程度地减小外在的不当影响。

二、对委托人的责任:忠诚、称职及保密

　　律师与委托人之间是委托代理的法律关系。代理关系中的几个基本职责包括:忠诚、称职、保密。作为代理人,律师在知识和影响力上的地位使得其有机会利用、胁迫委托人或擅自替委托人做主。对

---

[96] German Code of Legal Ethics, "Protection of Professional Independence", Richtl § 40. 接受法律培训后在企业法务部门工作的个人构成一个独立的职业 Syndikusanwalte,他们不能加入律师行业。参见 David Luban, "Asking the Right Questions," 72 Temp. L. Rev. 839, 853 (1999).

于委托人所决定的利益保持忠诚，这就需要律师具备一定的自我抑制能力，而这也是律师角色中非常核心的一点。

当然，律师可以在帮助委托人定位自身利益方面起到重要作用。一个忠诚的律师的最宝贵价值之一，在于他能提供对于委托人决策最重要的那些意见，这些意见不论在法律或道德角度都是严丝合缝的。这一咨询程序将促进委托人在考虑其长期目标和伦理责任的基础上，去重新权衡其短期需求。但是，正如《律师职业行为示范规则》第1.2条中明确指出的：最终意义上，律师"应当遵循委托人就代理的目标所作出的决定……应当就追求这些目标所要使用的手段同委托人进行磋商"。如果委托人"坚持进行律师认为是令人厌恶的或者律师对此有根本性分歧的行为"，那么，根据《律师职业行为示范规则》第1.16条和既定判例法的规定，律师此时有权退出代理。如果委托人需要律师提供刑事犯罪或欺诈行为方面的协助，或委托人的任何行为会触犯职业行为规范时，律师必须退出代理。

实际上，退出代理并非一个有吸引力的选择。代理关系的结束可能以争吵和律师费的流失告终，也可能带来名誉损失、合同纠纷，甚至是律师不当执业的诉讼等后果。为了避免陷入这种困境，律师一般预先就会将那些可能带来伦理困境的委托人、案件和工作任务筛选出去。这项工作如果完成得好，律师就能提供有效的协助，就能将对委托人的忠诚义务和自身的经济、名誉利益统一起来。

在代理个人案件时，委托人和律师常常是直接接触的关系，伦理问题也总是会露出些端倪。例如，律师对于委托人提供的文件是否真实、是否在事后窜改过，可能会得到一手信息。当然，一些委托人也会欺瞒律师，但这并不是轻易就能做到的。然而，在委托人为机构和群体的时候，由于其成员之间有各种关系冲突，又难以判断谁的陈述是为了委托人的利益，这时的情况就复杂得多了。本文第七章中提到，在委托人为机构的情况下，律师名义上是向管理层负责，但他们最终履行职责的对象应当是该组织。根据《律师职业行为示范规则》第1.13条,如果该律师得知该组织的雇主正在从事可归责于该组织的违法行为,则该律师此时应当具有维护该组织的最大利益而行动的义务。该种义务包括尝试让该雇主重新考虑其行为、将该事务提交给该组织的最高权力机构以及退出代理。依据《律师职业行为示范规则》第1.13条注释的规定,在该组织是政府机构的情况下,律师可能拥有更为广泛的尽职和补救该种错误行为的义务,因为这时律师们的义务并不仅仅是对于特定官员、机关而言的,而是针对于整个政府。当委托人是一个群体时,例如当处于一个集体诉讼中时,律师应向整个群体尽到职责。群体成员之间的重大利益冲突应当提交裁判庭决定;必要时,应当将群体细分并在各个分支群体中实行分别代理。

　　对委托人忠诚还意味着要能胜任代理事务。《律师职业行为示范规则》第1.1条规定:"律师应当为委托人提供称职的代理。称职的代理要求律师具备代理所合理必需的法律知识、技能、细心和准备工作。"该条的注释部分另外指出,"当必备的称职水平通过适当的准备就能达到时,律师也可以接受代理"。这些标准在具体情形中的要求如何,我们在第七章中会有所讨论。然而,通常来看,该规定的重大意义在于:律师只接受那些他们有足够的专业能力去有效处理的案件,或者在不增加委托人费用的前提下就能达到必备称职水平的案件。这是律师的一项伦理义务。个人委托人在评估律师资质是否能满足其所需服务时,其能力是有限的,这就使得称职义务有了特别重大的意义。在千姿百态的情形中所需的丰富技能和实体法知识,并不是经历三年法学院教育和通过了律师资格考试的所有律师都能具备的。在专业化程度越来越高的当今时代,律师的一项重要能力就是意识到自己在专业技能方面的有限性。

　　另一个紧密相关的职业规范是保密义务。承诺不披露在代理过程中获知的信息,是向委托人保持忠诚的一个核心内容,也是称职的法律协助的前提。委托人对其隐私有一个基本预期,这是确保律师和委托人关系中的信任和坦率的关键。《律师职业行为示范规则》第1.6条是这样界定这一核心义务的:"除非委托人作出了明知同意,以及为了执行代理对信息的披露已经得到默示授权外,律师不得披露与代理委托人有关的信息。"《律师职业行为示范规则》同样规定了一些重大例外情形,我们会在第六章中对此进行更为充分的讨论。当律师认为他们"为了防止委托人的罪行导致即将发生的死亡或重大身体伤害"而必须这样做时,才可以披露委托人的信息。在为了制止庭审中的欺诈、阻止委托人对第三人的欺诈,以及在与委托人的纠纷中需要进行索赔或辩护时,律师亦可以进行信息的披露。

在第六章中我们会提到,保密规则的适当范围问题是美国最具争议的法律伦理话题之一。是否应允许以阻止委托人实现其欺诈为目的而进行秘密披露,美国律师协会就该问题有过屡次辩论。各州的律师协会也有过类似的论战,但现在几乎所有的州都允许或者要求在这种情况下进行披露。[97] 在 2002 年,美国议会通过了一项联邦立法,即《萨班斯-奥克斯利法案》(Sarbanes-Oxley Act),该法案要求上市公司的律师在得知委托人存在欺诈行为时必须作出一些纠正措施,这些措施中也包括内部报告:律师必须"寻找上层",向公司管理层和董事会寻求相应的纠正措施。[98]

保密义务问题在美国引起的讨论比在任何其他国家都要多,这

---

[97] 参见 Deborah L. Rhode & David Luban, Legal Ethics, 265–75, 284–97 (4th ed. 2004).

[98] 参见 William Duffey, "Corporate Fraud and Accountability: A Primer on the Sarbanes-Oxley Act of 2002", 54 South Carolina L. Rev. 405 (2202); Su-san Koniak, "When the Hurleyburly's Done: The Bar's Struggle With the SEC", 103 Columbia L. Rev. 236 (2003).

其中一个简单的原因在于,这个国家的学术界和法学界对于律师职业责任问题给予了比任何其他国家都更充分的关注。导致这种强烈关注的另一个原因是律师在美国生活中居于核心地位,以及保密义务与美国公共事务中普遍认可的公开价值存在抵触。在一个重视信息自由的社会,在政府文件应当得以详细审查的社会,律师对于保密提出的诉求似乎是格格不入的。公众对于"公开"的需求鼓励着法律执行机关去限制律师与委托人关系中的特权,这在对"白领"犯罪的调查中表现得尤为明显。[99] 在缺乏开放性传统的那些国家,对于保密保护的争议则较小。其次,美国要求更广披露的争论,也与这个国家中频频出现的对于律师不当执业行为的诉求有关。律师行业组织自身也不愿接受对其赋予更多裁量权的披露规定,他们担心律师在披露委托人秘密时若不慎,或未能正确行使这些规定,则会承担民事责任。

关于保密的这场辩论事关律师职业和公众两方的实质利益,尽管保密保护的合理范围可能仍然是一个值得争论的问题,但保护委托人秘密的基本责任却是确定无疑的。为了提供有效的代理,律师们需要了解委托人可能的负面信息。正是出于这种了解的需要,他们需要作出保证,未经委托人同意不披露这类信息。

三、对于司法体系和法治的责任

《律师职业行为示范规则》的序言中对于律师作为法院人员的基本义务做了规定:

> 律师的行为应当遵循法律的要求,无论是为委托人

---

[99] Lance Cole, "Revoking Our Privileges; Federal Law Enforcement's Multi-Front Assault on the Attorney-Client Privilege", 48 Vill, L. Rev. 469 (2003).

提供职业服务，还是在律师业务或者个人事务中均应如此。

律师应当对法律制度和那些为之服务的人——包括法官、其他律师和公务人员——表示尊重。

作为公民，律师应当追求对法律、对法律制度的适用、司法和法律职业服务质量的完善。

《律师职业行为示范规则》第8.4条对这种义务作出了进一步阐述：

> 律师在职业上的不当行为包括：
>
> （1）违反或者试图违反《律师职业行为示范规则》；
>
> （2）从事了有损于律师的诚实性、可信性以及其他作为律师之适当性的犯罪行为；
>
> （3）从事了涉及不诚实、欺诈、欺骗或者不实陈述的行为；
>
> （4）从事了有损于司法的行为；
>
> （5）明示或者暗示有能力对政府机构或者政府官员产生不当影响；
>
> （6）故意帮助法官或司法人员从事违法有关司法行为规则或者其他法律的行为。

《律师职业行为示范规则》第3.3条则规定了具体的"坦于法庭"义务：

> 律师不得故意从事以下行为：

（1）就事实或法律向裁判庭作出虚假陈述；

（2）明知在有管辖权的司法下去存在直接不利于其委托人并且对方律师没有发现的法律依据，而不向裁判庭公开该法律；

（3）提交律师明知虚假的证据。

此外，正如第六章中所指出的，许多司法辖区制订了关于律师作为法庭人员的细化责任及义务性礼仪规范。这些规范的范围包括礼仪事宜（如着装、准时）和庭审技巧（如威逼证人、反对辩护行为）等多方面，这些理想的标准对于律师行为的影响程度仍有待商榷，但他们显然告诫着律师，对于基本的礼仪诚信职业规范，他们有义务遵守。

许多法律伦理方面的专家相信，律师有义务坚守法治，而这也是公正社会和高效市场的基础。这种义务必然也牵涉对于第三人利益的关注，对于诚实、公平交易等在高效法律和商业程序中的核心价值的认可。[100] 以下的章节中我们将主要讨论的是这些价值在具体实践中的内容，以及如何实现其与委托人责任之间的平衡。

――――――――――

[100]　Deborah L. Rhode, "Moral Counseling", Fordham L. Rev. (2006); Geoffrey C. Hazard, Jr., "Lawyers for the Situation", 39 Val. U. L. Rev., 377, 388-90 (2004); Robert Gordon, "A New Role for Lawyers?: The Corporate Counselor After Enron", 35 Conn. L. Rev. 1185 (2003).

第六章

对抗制、保密和
非诉讼解决机制

一、对抗制的前提

美国司法制度的特征是"对抗性","对抗"这个术语蕴含了多种含义。在狭义上,它是指相对立的当事人在解决其争议的诉讼中调查、组织、出示证据以及法律依据的诉讼制度。在某种程度上,特别是与法国、德国、意大利、西班牙为显著特征的大陆法系国家的纠问制度是截然相反的。在纠问制度中,法官在开庭陈述后尤其是在询问证人以及阐释和决定、双方陈述问题时有更强的控制力。

"对抗制度"广义上或者说暗含着把个人对抗的法律权利放在优先的地位。这种优先很明显不仅仅是在诉讼中(在获取证据的权利或者是对对方当事人或证人的交叉询问),而且是在立法、行政程序和合同谈判中。因此,在许多立法机关的听证会看上去类似审判活动,行政程序也通常借鉴民事诉讼的模式。在合同谈判中,特别是在主要的商业交易中,美国的律师与其他国家的律师相比,通常发挥着更大的作用且更忠于己方的利益。

"对抗性"最后的内涵包含了与对方律师相互作用的特性。与其他国家的法律程序相比,美国的这种制度有一特点,虽然双方当事人之间针锋相对,但是与此矛盾的是与对方律师还有更多的合作。在欧洲、加拿大、澳大利亚和亚洲,特别是大陆法系国家的民事法律事务与美国相比更具"礼仪",但也少有各种合作。[101] 通常来讲,美国的公众对司法制度深信不疑,绝大多数人认为司法虽有缺陷,却是世界上最好的。[102] 这个信任建立在两个主要的前提之上。第一个前提是源于功利主义的原则,对抗的出现是发现真相的最好方式,它能够

---

　　[101]　Geoffrey Hazard and Angelo Dondi, Legal Ethic：A Comparative Study 67－69 (2004).

　　[102]　American Bar Association, Perceptions of the U. S Justice System 59(1999).

使最大多数的当事人获得公正的结果。第二个前提,源于道德上的权利本位原则,对抗的过程对个人权利提供了最有效的保护。

对对抗制的辩护和批评

认为对抗制度是发现真相的最好方式的观点建立在几个核心假设上。最充分的阐述是由富勒(Lon Fuller)和约翰·兰德尔(John Randall)撰写的报告,这份有影响的报告出现在美国律师协会和美国法学院协会举办的一个联席会议上。大体上,几个核心假设如下:

- 对胜诉的期望将会激发对手尽最大的力量挖掘案情,而在讯问制度中,裁判者缺乏这种竞争的动机。
- 证明需要假设,裁判者在建立证明体系时,他们最初的假设易影响他们最后的决定。
- 依赖于一个独立的法律职业人员去证明事实,会对法官的权力形成制约。
- 竞争性的并由诉讼主体控制的程序,其优势要超越其劣势。[103]

派别性(忠诚于己方利益)的信仰是支撑美国基本社会和经济结构的世界观的一部分。起草了职业行为模范规则的美国律师协会主席罗伯特·库塔克(Robert Kutak)认为,对对抗制度的认可反映出在其他情形下"建立竞争"的根深蒂固的价值观。[104]

---

[103]　American Bar Association and Association of American Law Schools, "Report of the Joint Conference on Professional Responsibility", reprinted in 44ABA Journal 1161 (1985). See Geoffrey C. Hazard, Jr., Ethics in the Practice of Law 120-35(1978).

[104]　Robert J. Kutak, "The Adversary System and the Practice of Law", in The Good Lawyer: Lawyers' Roles and Lawyers' Ethics 172,174(David Luban, ed,(1983).

然而支持对抗制度的这种观点也引起了广泛的批评。第一也是最显而易见的是,柏拉图几个世纪以前指出,辩护人不是真相的寻求者而是观点的产生者。[105]对方律师所做的辩护目的是要取胜,并不必然产生公正。前联邦法庭的法官、美国律师协会模范规则委员会的成员马文·弗兰克尔(Marvin Frankel)有一个观点,美国对抗制将真相的重要性排序过低,这一观点被广泛地引用且被引起重视。

> 虽然我们扬扬自得,但这些说法从未验证,我们知道在其他领域即历史、地理、医学挖掘事实时就没有仿效对抗制。我们知道世界上许多国家用不同的路径寻求公正。在这个问题上更重要的是,当我们运用对抗制时,我们知道对抗制的规则和设置从某种程度上并不能导致真相,反而容易导致挫败。被利益所驱的当事人往往发现事实只是一个顺带的副产品,或者只是偶然接近真相。辩护的工作就只是简单地陈述,去赢……并不是那种寻求事实。更确切地说,任何时候,绝大多数的律师在办案时,很多时候会发现事实和胜诉并不能共存。[106]

正如下面讨论所反映的,发现证据、证人准备和交叉询问的普通技艺常常使事实更加模糊,而不是揭示相关信息。

而且,在对抗制的模式中,仅仅当竞争双方的力量平衡时,其优势才能体现出来。正如批评者所指出的:

---

[105] Plato, Gogias（T. Irwin trans, 1979）, discussed in Anthony T. Kronman, "Forward: Legal Scholarship and Moral Education", 90 Yale L. J. 955,959(1981).

[106] Marvin E. Frankel, "The Search for Truth: An Umpireal View", 123 U. Pa. L. Rev. 1031,1036-37(1975).

传统的模式假设对抗者几乎是在动机、资源、能力和得到相关信息方面势均力敌。但是这些条件更多的是预期而不是规则,在社会中,财富的不平等,诉讼费用的昂贵和法律援助的不充分……在法律上,正如在生活中,"拥有"这些资源的一方通常处于优势的地位。[107]

马克·加兰特尔(Marc Galanter)经典地阐释了为什么"拥有资源的人"会有优势,经常性参加诉讼的"老手"比那些仅仅"一次诉讼者"要做得好得多。[108] 虽然承认这些特征在某种程度上有些简单化,加兰特尔(Galanter)认为它们有助于说明检察官、债权人或者保险公司等经常参加诉讼的人可获得有利条件。

反复诉讼者是指以前经历过诉讼,有了预见能力,他们能够组织好下一次交易,并创建一个记录。正是这些人书写格式合同,需求交纳保证金等。

反复诉讼者逐步发展成为拥有专门知识的人,并且能够容易找到专家。他们拥有一定的经济规模并且在任何情形下启动成本都很低。

反复诉讼者有机会和一些机构里的人员建立(对其有帮助的)关系,如书记员和警察……

反复诉讼者还可以估算概率……采纳一些策略使之在一系列的长期案件中获得最大收益,当然在一些案件

[107] Deborah L. Rhode, In the Interest of Justice: Reforming the Legal Profession 55-56(2000); Deborah, L. Rhode, "Legal Ethics in an Adversary System: The Persistent Questions",34 Hofstra L. Rev. 641 643-44(2006).

[108] Marc Galanter, " Why the 'Haves' Come out Ahead: Speculations on the Limits of Legal Change", 9 Law & Soc'y. Rev. 95,97(1974).

中他们也要冒着损失很大的风险。

反复诉讼者既要有所得也要遵循规则。首先,在通过游说这种方法影响相关规则的制定时消耗一定的资源(他的专业知识使他做这些事情有说服力)。

反复诉讼者凭借其经验和专业知识更易于辨别哪个规则能产生实质性的差异,哪些仅仅是象征性的承诺。[109]

总而言之,一次诉讼者不可能成功,除非他能够从其他的渠道获取资源。这些资源可以适用于某些如个人伤害、民事权利和公司欺诈的索赔。在这些情形下,风险代理费或者法院判付的律师费制度催生了更称职的和组织完好的原告律师群体。原告虽是单次诉讼,但其代理律师是非常明显地参与过多次诉讼。他们的主要职业组织包括美国的诉讼律师协会,不仅在诉讼中,而且在立法起草、国会游说和司法选举中已经成为有影响力的组织。

然而对于大多数案件来说,这些平等的资源是缺乏的,因此对抗制度在发现真实方面便显现出它的缺点。它的辩护者也承认这一点,但是依赖于其他理由:这种制度能保护个人的权利,而保护自治和尊严具有潜在的价值。让当事人安排出庭期这样的机会,可以让他们在合法的程序中建立一种自尊和自信。一个更广泛的研究显示,在一个公正的制度下,对于多数人来说,有机会被倾听要比形成判决结果还要重要,因为它能够显示出公正是否实现。[110]

刑事案件与民事案件

在刑事案件中,权利本位理论对于对抗制具有特别的威力。当

---

[109]　同前注,at 98-103. See Marc Galanter, "Father Along" 33 Law & Soc'y Rev. 1113(1999).

[110]　E. Allan Lind & Tom R. Tyler, The Social Psychology of Procedural Justice, 64-67(1988).

个人的生活、自由和名誉处在危险中时,他们更愿意诉求一个无须向政府效忠的辩护。在那些没有对抗制度和缺乏独立职业人的集权国家里,其他模式的重要性更是显而易见的。在这些国家,辩护制度的作用是服务于"公正"而不是他们的当事人,所谓的"公正"就是简单地顺从控方当局。[111] 在这个国家,经验告诉我们,强有力的辩护促使法律的实施者有足够的动机以尊重宪法权利和全面地调查事实。从长远来看,为犯罪人提供对抗保护机制也是保护那些无罪的人。

然而,以权利本位为目的的对抗制度有多好,是有讨论余地的。批评家提出一个家喻户晓的问题,为什么一个特别当事人的权利要胜过所有其他其利益没有被足够代表的当事人。在一个不是所有的人都承担得起有效的辩护的制度中,对抗制模式可能会使许多人的个人权利处于无保护的状态。

批评家也提出,在刑事辩护中对抗性规范存在的理由能否扩展到民事方面。刑事程序只占律师工作中相对少的一部分,并且在一些方面是截然不同的:国家的力量,政府压迫的可能性,在个人生活、自由和名誉的影响。由于这些原因,美国宪法的传统强加给刑事被告特殊的保护,例如排除合理怀疑的证明,反对强迫自我归罪的特权。出于同样的理由,在刑事案件中,为对抗程序进行辩护最强有力。[112] 当然,一些民事案件也会产生这样的担心,滥用权利或者在刑事中出现的类似基本权利的问题也会出现在民事诉讼中。但是这些案件并不构成法律工作的主流。如下面讨论所反映的,在许多普通的民事争议中,对一些对抗规范进行限制以及诉诸其他解决机制也可能产生一些有意义的益处。

即便认为传统学说关于对抗程序中所有的局限性都存在,但一些

---

[111]　参见 the cases discussed in Deborah L. Rhode,同前注,at 54.

[112]　参见前注 54-55;Richard Wasserstrom,"Lawyer as Professionals:Some Moral Issues",5 Human Rights 1(1975).

评论家认为现在体系是合理的,仅仅在实用主义的范围上比较薄弱而已,因为它并不能证明比其他制度更糟糕,根本性重建的代价是巨大的,能够把握的现实总比无法了解的未来要好。[113]许多专家也提到,建立一个法官权力更集中的制度有非常大的困难性。在民法法系中,法官严重匮乏以及部分法官的漠不关心或者顺从严重困扰着这种体系。[114]在任何情况下,美国对抗制度的缺陷是不可避免的,律师的义务是纠正美国对抗制度的弱点而不是利用现行制度的不足。

二、诉讼的技巧和对抗的滥用

20世纪的最后25年,人们越来越表达出对对抗制度的滥用和无意义的辩护不断增长的担心。许多因素都促成了这种担心:

- 能提起法律诉求的实体权利的增长;
- 诉讼的某些形式在规模和复杂性上的增长;
- 律师界的规模和竞争力的增长;
- 社会控制的非正式群体关系的下降。

无意义的案件

虽然人们对此问题已有所认识,但是这个问题在多大范围内存在人们还持有争议。考虑到界定"无意义"诉讼的困难,"无意义"的案件是否增加特别难统计。现有的数据显示,与以前的历史时期和其他那些没有过度纷争的西方国家相比,美国现代的诉讼率并不是特别高。[115]关于美国的"法律臆想"或者"好讼喜争"的说法很大程

---

[113] David Luban, Lawyer and Justice: An Ethical Study 92-93(1988).

[114] Hazard and Dondi, Legal Ethics: supra note 1.

[115] Deborah L. Rhode,"Frivolous Cases and Civil Justice Reform: Miscasting the problem, Recasting the Solution",54 Duke L. J. 447,456(2004).

度上是琐碎案件或者是逸闻,如球迷诉裁判员,求婚的人起诉约会的对象,选美选手相互诉讼。[116]然而,这些例子并不能说明美国在无意义诉讼方面有特别的问题或者它们过度地占用了司法的资源。这个问题始终是:和什么相比较?

历史和跨文化研究揭示出类似的琐碎诉讼例子,什么是无意义的案件也取决于旁观者的眼光。例如,一个著名的法学院的院长曾经用"不合适"来描述对少年棒球联合会性别歧视的诉讼。[117]考虑到运动于这个国家的重要性,想想长期存在的男性和女性在运动机会上的不平等,以及这样的不平等所强化的关于性别上的陈腐陋见,不能说这样的诉讼是"浪费"司法资源。有相当数量的对好讼的抱怨,实际上对实现权利义务的抱怨,"报复与辩白之间的界限是很难划分的"。[118]

诉讼的滥用

对抗制滥用的性质和确切的范围是受到争议的,但是对这一问题的存在人们是有共识的。多于 4/5 的美国公众和约 4/5 被调查的陪审员认为,太多不值得起诉的案件被提起诉讼。[119] 90% 以上的律师界领导人把不文明的言行看成严重的问题。[120] 比起 200 年前,在近 10 年更多有意损毁证据的事件被披露出来。[121]在大的、复杂的案件中,(民事诉讼的)庭前披露程序存在困难成为积习。虽然更多的

---

[116] 同前注,at447 – 449. See James L. Percelay, Whipplash: America's Most Frivolous Lawsuit 54(2000); Philip K Howard, The Lost Art of Drawing the Line 14-15 (2001).

[117] Bayless Manning, "Heperlexis: our national Disease", 71 Nw. U. L. Rev. 767 (1977).

[118] Rhode,见前注,at 121.

[119] Id. , at 499-50。

[120] N. Lee Cooper, "Courtesy Call", ABA Journal, March, 1997,at8.

[121] David K. Isom, "Electronic Discovery Primer for Judges", 2005 Fed. Cts. L. Rev. § Ⅱ. L. 1.

诉讼几乎不涉及审前的问题,但是高风险的诉讼常常导致过高的费用、逃避和拖延。[122]这些在诉讼中有相当大的比例存在,对方当事人永远不会先知悉案件的重要信息。[123]

滥用案情先悉程序的技巧多种多样,规避或是耗尽对方精力的常用技巧有:

- 在审前滥用证词的采用和询问程序;
- 时间安排上的滥用,例如为了施与更大的不便和费用安排作证,并且为了拖延时间拒绝合理要求;
- 提出"反对"时的技巧,寻求给对方造成不安而提出一些不必要的信息,就合理的询问提出异议,或者是不恰当地教证人或指导他们不回答提问;
- 规避策略,如许诺日后答复;利用模糊的投诉或者回答;重新安排一个潜在的证人到找不到的地方;重新安排文件以致对手无法搞清其掌握多少资料和文件;损毁或者把"关键的证据"(smoking pistol)隐藏(用"倾倒"大量信息的办法)。[124]

这些都源于一系列复杂的经济、社会和心理因素。通过延长程序,当事人可继续进行在法律上站不住脚但经济上有利可图的活动,

---

[122]　James S. Kakalik, et al. , Discovery Management: Further Analysis of the Civil Justice Reform Act Evaluation Data xx,55(1998); Austin Sarat, "Ethics in Litigation", in Ethics in Practice, (Deborah L, Rhode, ed. 2000); John S. Beckerman, "Confronting Civil Discovery's Fatal Flaw", 84 Minn. L. Rev. 505, 506 (2000); Jeffery W. Stempel, "Ulysses Tied to the Generic Whipping Post: The Continuing Odyssey of Discovery 'Reform'", 64 Law & Contemp. Problems 197,219(2001).

[123]　参见 sources cited in Rhode, supra note 7, at 88-89.

[124]　Beckerman, 见前注, at 525; Rhode, 见前注, at 83-85.

避免产生不利的事实,或者消耗时间阻止对手作出一些不利行动如公司的并购。把诉讼转变成为一个高消费的消耗战,当事人还可以迫使对方达成有利的和解,阻止其他潜在的对手提起诉讼,或者对假想的滥讼予以报复。

律师自己的动机也促成程序问题的出现。为了得到更多计时费,律师会对此类案件更感兴趣,律师不断地报告他们曾有这样的经历,虽然他们并不认可他们曾经被委托而办过此类案件。[125]许多庭前律师以可以理解的方式规避风险,"如果你能为每块石头付报酬",那么,"我们就可以翻遍每一块石头"是很有效的策略。[126]有些类型的起诉在合法的是非曲直之外,还有"要挟"的价值,这给了原告以和解的空间。拖延庭前的活动来迫使和解达成,也可以避免败诉和可能造成的名誉损失。律师以及委托人习惯于好斗的方法,反击自会有其所得。

但是,也会产生不利的效果。从短期看,滥用行为会产生副作用,引发了惩罚或者类似的反应,并且制裁或者削弱了建构性解决问题的力量。从长远看损害了一个律师的公道和正直的声誉。这个结果很可能使律师缺乏信誉和推荐客户越来越少,以及不愉快的工作环境。[127]与当事人的关系也会受到影响,许多人都承认当诉讼成为一种军备的竞赛,受益方常常是律师。当事人要为其恼怒、讥讽以及诸多法律账单付出更多的代价。而且程序滥用的代价不仅让当事人承担,诉讼费也以较高的代价转嫁给了消费者,通过给法庭的公共资金和给企业减免的法律费用而转嫁给纳税人。如何修改造成滥用的诉讼机制是公众以及职业利益问题。

---

[125] Rhode,见前注,at 84.

[126] 同前注,at 61,84.

[127] Rhode,见前注,at 85;Allen K. Harris, "Increasing Ethics, Professionalism and civility: Key to Preserving the American Common Law and Adversarial System", Professional Lawyer 92(2005).

制裁:《联邦民事诉讼规则》第11条和律师协会的惩戒

律师的纪律机构很少制裁律师的不当诉讼行为,而管理这些不当诉讼行为的法律规则是《联邦民事诉讼规则》第11条和有类似规定的州法院规则。该规则规定律师在任何文件上的签名均表示:"是在经过合理的调查并尽可能以其本人的知识、信息及信念的情况下作出的";文件(主张或其他事实论点)应当有证据支持,或者有可能在"合理的机会进一步调查"后的证据支持;文件要"应当依据现行法律或依据对现行法的扩展、修改或变更或对新法创制有异议的争论作出";提出文件的目的"并不是为了骚扰他人、不必要地拖延诉讼或者增加无谓的诉讼费用"。当一方寻求制裁违反第11条规则的行为,对方会有一个21天的"安全"期限,在此期间他们可以撤回冒犯对方的文书而不受惩罚。法庭对违法的律师可以"适当地制裁",要求其作出金钱的或非金钱的补偿。在没有特殊情况时,律师事务所要为其合伙人、雇主、助理的违法付连带责任。

联邦规则和州法院规则的条款成为长期争论的话题。直到1983年修正前,第11条的制裁由法庭自由裁量而不是强制的。这个规则没有要求律师进行合理询问。事实上,早期的版本是惩戒那些有主观恶意的行为,而此标准从来也没有达到。1983年的修正版则要求合理的询问,如果违规的行为发生了,要有强制性制裁,且许可判付罚金给对方当事人。结果,第11条的实施迅速增加。处罚的动因也成了律师"武器库"里的一个标准件,同时也产生了它本想阻止的一些缠讼。一些模糊的词语如"合理的询问"、"诚实信用"、"事实上的充足证据"使得问题被恶化。研究显示,法院也过度地运用自由裁量权来处罚。[128]

---

[128]　Mark Spiegel,"The Rule 11 Studies and Civil Rights Cases:An Inquiry into the Neutrality of Procedural Rules",32 Conn. Rev.155(1999);David B. Wilkins,"Who Should Regulate Lawyers?",105 Harv.L. Rev.799,869,n.308(1992).

这些关注促成了进一步修正,修正案再次规定由法院自由裁量是否惩罚,但附加了几项规定。如安全期的选择:一般情况下将可支付的罚金交给法院,除非法院授权以威慑的目的而将罚金直接给对方。规则第 26 条披露条款的修改也创建了一个选择性的"信息披露"制度,该制度在 2000 年对联邦地区来说是强制性的。在这个制度下,当事人必须自动地披露某种类别的信息。《联邦民事诉讼规则》第 30 条和第 31 条的修正也限制了未经法院明确批准而进行的证词存录和询问的次数。

这段历史在几个方面都是有益的。首先,它有助于解释为什么职业道德标准在对于程序滥用上几乎是无效的。虽然美国律师协会《律师职业责任示范守则》和《律师职业行为示范规则》都禁止律师滥讼、缠讼,但这些条款已经被证明严重缺乏执行力。不仅证明律师违反规则的证据标准不切实际,高得离谱,而且,如果案件交由律师惩戒机构处理的话,当事人所获也是极少的。对于未决的诉讼不会采取什么行动。对于补偿的请求也不会施加罚款,除非那些最为恶劣的行为,有非诉讼的救济机能能够解决就不会消耗稀缺的资源。

此外,法庭通常不愿意施加制裁除非是非常严重的不当行为。要想区分出在庭前程序中谁错了,是一件消耗时间且常常是吃力不讨好的事情。它常常需要更多的知识,不堪重负的法官还需要专门学习。法官需要一个明确的案件,如果没有明确的侵犯者或者受害人,就不会开启一个审判。[129] 多数法官不愿意对律师施加惩罚使他们敌对化,因为这会影响和解的达成,在上诉中原判被推翻的风险使程序更加具有斗争性。如果律师不能礼貌地对待彼此,法官就会让他们对此付出代价。

---

[129] Stempel,同前注,at 209 - 10; Arthur R. Miller, "The Adversary System: Dinosaur or Phoenix",69 Minn. L. Rev. 1(1984).

礼仪守则

针对律师滥用行为的难以杜绝和执法机构的局限性,一百多个律师协会都制定了自愿性的礼仪守则。这些守则的内容不同但是很多都包括通常的训言,诸如避免"过分的热情","日程安排上的合作"和"尤其要正直诚实".[130] 这些守则是一种指导,但是一些法庭把它们当作可执行的程序规则,甚至引用它们进行制裁。守则的感染力是明显的,它们是以小的代价对滥用行为作出的具体回应。反对指导标准的律师会忽视它们。然而没有执行机制,礼仪规则的效力是很难确定的。律师对这个标准的热衷基于一个事实,即没有证据显示它们明显地影响到律师的行为。有些法院需要律师宣誓或者证明他们读了可适用的守则。没有人企图评估合规性或试图去测量律师对这些要求的认知,然而自愿的标准是否能足够地对付违规的律师却是值得怀疑的。

对于滥用诉讼的一个有效反应需要多样的策略。其中一个优先选择的策略就是加强处罚,这也是越来越多的法院在处理严重不当行为时采取的办法。其他的方法包括公布制裁情况,改进纪律机构的反应,要求被制裁律师的雇主在他们的组织中建立教育和监测计划,更多的监督资源也是需要的,不仅是审判者而且地方的官员,特别的管理员,以及律师协会中自愿的调解人来监督。[131] 其他一些应对程序滥用通常采用的措施包括内部的雇主政策和培训计划;针对整个律师事务所的纪律措施;用固定的收费替代按时收费,以此来降低律师庭前信息披露中的诱因;以及当事人一方提出繁重的案情先

---

[130] Rhode,同前注, at 91-92; Robert E. Huie, "Uneasy Bedfellows", National L. J., March 6, 2006, 23.

[131] Rhode,同前注, at 95; Wilkins, supra note 28, at 835-39; Stempel,同前注, at 239-41.

悉要求时,应当为遵从要求的对方提供资金。

然而,对于多数的律师来说,最大的影响是通过非正式的互惠和报复而不是正式的制裁机构。[132] 程序滥用的受害者可以拒绝与品行不端的对手合作,利用其原本情有可原的错误,坚持正式的手续,并且向有影响力的第三方诋毁他们的名誉。相反的,律师可以在礼仪和公平行事上礼尚往来。显而易见的原因,这些非正式的规范在那些持续互动的律师之间运作得更好。小的社区、业务组织和律师协会能够成为强大的社交力量。其他一些更大的法律职业组织也能够通过一些办法对律师的适当职业行为予以肯定,并形成制度:如予以奖励、选举或任命律师界理想的职位。对于多数律师,同行的尊重可以使其在坚持服务于更广泛社会利益、坚持遵守行为准则方面成为最有力的力量。

三、坦诚和保密

规范律师和当事人关系中的坦诚和保密规则必须对一些关注的事宜加以平衡,有时候它们之间是相互矛盾的。这些问题包括:一是为了律师和当事人之间的秘密交流提供足够的保护,以确保律师与委托人之间的坦诚和信任。二是防止律师辅助犯罪或作出欺骗行为或是为了防止律师为保护无辜的第三人及促进遵纪守法而隐瞒信息。三是保持当事人有足够的动力自己准备案件而不是从对方那里不劳而获。

这些被关注的问题已经形成了律师职业道德责任和调整律师与当事人关系的证据规则。律师与当事人特权保护在诉讼程序中与当

---

[132] Geoffrey C. Hazard, Jr., "The Lawyer for the situation", 39 Val. L. Rev. 377, 382(2004).

事人的秘密交流不能被披露。在律师职业道德法典中提出保密的责任，在两个方面比特权规则更加宽泛。这个责任包含了任何来源的信息而不限于来自委托人的信息。职业道德的义务应用于所有的方面，不仅仅是法律程序，还包括咨询内容。不同于被法律和立法发展的特权规则，职业道德的义务是律师自律的一部分，首先由律师协会制定，后经法院认可。

律师和委托人的特权

律师和委托人的特权产生于 17 世纪一个基本的原则，即披露另一个人的秘密是不光彩的。[133] 最初，这个特权属于律师。在 18 和 19 世纪，这个原理发生变化以适应法律制度正常运行的需要，坚持或放弃的权利授权给委托人。在传统的模式中，法律的特权包含：

> 当从具备律师资格的专业法律咨询者中寻找任何意见时，如由委托人秘密作出的与该目的有关的交流，要被永久地保护而不能被他自己和法律咨询者披露，除非当事人放弃保护。[134]

目前所理解的律师和当事人的特权也包括律师对委托人的交流，如果他们明确说明或者暗含提及源于委托人交流的话。一个附加的规则扩展到保护律师的"工作成果"不得被披露，包括可能要起

---

[133]　Geoffrey C. Hazard, Jr, "An Historical Perspective on the Attorney-Client Privilege", 66 Gal. L. Rev. 1061, 1069-73(1978); John H. Wigmore, A Treatise on the Angol-American System of Evidence in Trials at Common Law §2290 (John T. McNaughton ed.; rev. ed. 1961).

[134]　Wigmore,同前注, §2292.

诉的信息以及律师对当事人一些信息的分析。[135]

特权的适用来源于大量的判例法和一些重要的例外。一个例外就是放弃,如果交流发生在有第三方人在场时,或者委托人披露给第三方,如果当事人或者代理人明确或暗示同意披露,特权即被放弃。特权不适用于被共同代理的委托人在随后源于两人之间争议的披露。此情形下的弃权并不总是具有通常意义的自愿性含义。有些不是故意的,例如送错了文件。[136]其他是被控方要求作为避免某种犯罪指控的条件,这在律师协会中也是非常有争议的。[137]

其他重要的关于特权的例外,包括委托人身份的信息,将来的犯罪,持续的欺诈。这些例外隐含的理论,即特权的目的是鼓励当事人寻求意见,帮助他们遵守法律的义务或者维护其合法权利。其目的并不是为了使当事人规避他们的身份或者侵犯法律。

保密的道德义务

律师职业道德守则明确界定了律师的保密义务。这些义务比律师与委托人特权更新。它们主要是源于大卫·菲尔德 1849 年的《民

---

[135]　特权的最初提出来自希克曼(Hickman)诉泰勒(Taylor)案件,329 U. S. 495 (1947)。特权的除外包括由当事人或者独立的证人对对方调查人的陈述以及对专家证人的陈述。参见 Fed. R. Civ. P. 26(b)(3)。

[136]　《美国律师协会模范规则》第 4.4(b)条,要求收到误投保密文件的律师要通知发送人,但是是否返回没有阅读的文件由律师自己决定,在这个问题上州和国家的规定是有冲突的。参见 Deborah L, Rhode & David Luban, Legal Ethics141-46(46th ed. 2004)。

[137]　对于政府日益普遍要求弃权的做法,参见 Jonathan D. Glater,The Squeezing of the Lawyer-client Privilege, N. Y. Times, Sept. 7, 2005, at C6; Association of Corporate Counsel, The Decline of the Attorney-Client Privilege in the Corporate Context(2006)。关于律师的担心, 参见 ABA Task Force on the Attorney-Client Privilege, "Report of the American Bar Association Task Force on the Attorney-Client Privilege",60 bus. Law. 1029 (2005); Bruce Green & David C. Clifton,"Feeling a chill", ABA J, Dec,2005,at 61。

事诉讼法典》,后来它合并到律师协会职业守则中。美国律师协会的《职业责任守则》和《律师职业行为示范规则》不但禁止律师提交基于与委托人特权交流取得的证据,而且也禁止在法庭内或法庭外揭露从任何来源取得的保密信息。《律师职业行为示范规则》第1.6(a)条仅简单规定:"律师不能揭露与代理委托人有关的信息。"[138]

职业责任也有例外,如果委托人同意或者律师们被默示获得授权,律师可以披露秘密(《律师职业行为示范规则》第1.6(a)条)。这是代理法的原则,并且也认识到多数的法律事务涉及和其他人的交流,包括为处理当事人的事务与对方律师的交流。多数的权威人士认为法律所要求的披露也属于这样的授权。[139]在某种情形下,律师为了保护他们自己或第三方的利益也可以披露信息。《律师职业行为示范规则》第1.6(b)条允许律师在与委托人的争议中为自己的利益起诉或者为自己辩护,或者在涉及与委托人的代理程序中,允许律师披露信息。规则许可但不要求律师披露秘密信息,只有当律师有理由相信披露是必要的……合理地防止死亡和重大的身体伤害……如果律师的服务已经被利用来犯罪和欺骗并导致了重大损害,律师为了阻止、缓和、修正源于这些不法行为导致的伤害,也可以披露秘密。[140]

实际上这些例外允许律师在当事人借助律师的帮助进行违法行为时进行揭发。《律师职业行为示范规则》第1.2(d)条规定,面对一

---

[138] 《律师职业行为示范规则》的纪律规则既保护"绝密"即包含了律师与委托人特权规则的任何信息,也保护"秘密",包含在职业关系中获得的其他信息,客户要求不被侵犯的,或者给客户带来不安或伤害到客户的信息披露。

[139] 《律师职业行为示范规则》的纪律规则第4-101条也同样允许律师在法律要求和法庭命令下披露秘密。

[140] 《律师职业行为示范规则》的纪律规则第4-101(C)(3)条许可但不要求律师揭示"他的客户犯罪的意图进而阻止犯罪的信息"。纪律规则的另一版本第7-102(B)规定律师有义务在代理过程中对欺骗采取补救措施。

个涉及刑事或者欺诈的事件,很显然,一名律师首先不能让自己深陷其中。然而判定一个交易是否是欺骗的也非常困难,因为在此种情形下当事人会在律师面前极力掩藏其特征。律师应设法发现不法行为,他们应当在退出事件和揭发秘密之前就试图劝阻当事人或者停止交易。应该预料到在这些问题上律师和当事人产生对抗会是不愉快的,会很尴尬。律师不喜欢谈论这种情形,甚至不愿意去考虑这些。职业性的讨论总是充满了委婉的用语。当律师没有揭发,或者对违法行为佯装不知,事情会变得更糟。如果事情真相大白,那些赚取很多钱的律师会面临被追究民事责任的风险。[141]

此外,《律师职业行为示范规则》与先前的《律师职业责任示范守则》一样,明确了律师向法庭坦白的义务。《律师职业行为示范规则》第3.3条规定:

律师不得故意从事下列行为:

(1)就重要事实和法律对法庭做虚假陈述,或者没有修正他以前向裁判厅所做的虚假陈述;

(2)明知在有管辖权的司法辖区存在直接不利于其委托人且对方律师没有发现的法律根据,而不向裁判庭公开该法律;或者

(3)提供律师明知虚假的证据,如果律师提供了重要证据且后来发现它是错误的,律师应当采取合理的补救方法,包括:如有必要应向法庭披露。在刑事案件中,除了被告人的证言,律师如果合理地相信证据是虚假的,

---

[141] For examples, 参见 Rhode & Luban, supra note 34, at 284 – 297. See also Emma Schwartz, "Sharp Rise in Big suits against Firms: Study Shows Increased Costs, Prompting Insurance Fears", Legal times, May 9, 2005, at 1.

可以拒绝提供证据。

《律师职业行为示范规则》第3.4条也禁止律师利用违法手段妨碍他人取得证据或者违法地损毁或者隐匿有证据价值的材料。[142]

许多法律职业道德专家已经批评律师的保密义务过于宽泛。他们指出,《律师职业行为示范规则》第1.6条(b)没有要求律师在任何情形下揭露秘密信息,除非涉及对法庭的欺骗。《律师职业行为示范规则》不允许律师为防止经济损失而不是身体的伤害而揭露,除非律师的服务被利用。在这些情形中,律师唯一可采取的方法是撤回代理。(《律师职业行为示范规则》第1.6条的注释)

代理组织时的保密义务

在代理组织时,律师可以且在某种情形下必须报告组织内的违法行为。随着大量的公司丑闻,2002年国会通过了《萨班斯-奥克斯利法案》,要求代表组织的律师遵守联邦证券法,强制律师报告。伴随着国会的行动,美国律师协会随后修正了《律师职业行为示范规则》第1.13条,强化了所有组织背景下的律师内部披露义务。《律师职业行为示范规则》第1.13条(b)规定,知悉组织违法的律师应采取"维护该组织的最大利益所合理必需"的行动,包括报告到组织的最高权力部门。如果其上级单位未能及时或恰当地解决此事,而律师合理地认为违法将导致组织的重大损害,他们可以披露信息除非他们是被聘来就组织违法进行调查或者辩护。

根据《萨班斯-奥克斯利法案》,证券和交易委员会公布的规则

---

[142] 《律师职业行为示范规则》关于对法庭的坦诚义务,参见 DR 7-102 和 7-106. 证据的毁损见 Dr. 7-109.《律师法重述(三)》第66条和第67条,允许律师披露秘密信息:为合理地防止死亡或者严重身体伤害;以纠正律师的服务被用来犯罪或者欺诈可能造成的重大经济损失。

要求律师就严重违反证券法的证据向公司的首席法务官或者行政官员和首席执行官,或者是合格的守法委员会报告。如果官员没能够在合理的时间给予恰当的反应,律师必须报告给最高的权力机关。规则也许可代表证券发行人的律师为阻止或者修正利用律师服务来欺骗而披露客户的秘密。证券交易委员会也考虑了,但是没有批准律师协会所反对的规则,即要求律师对其报告没有得到合理的反应退出代理并通知证券和交易委员会和继任律师。[143]

律师披露义务的范围已成为激烈的争议话题,各州的职业道德规则各不相同。一些比《律师职业责任示范守则》要宽泛,一些却要求(不仅许可)披露不法的行为。有些州的标准比《律师职业行为示范规则》窄,甚至不许为了阻止经济损失而披露信息,而这是《律师职业责任示范守则》和《萨班斯-奥克斯利法案》所允许的。州和联邦授权的冲突,以及在特定情形下关于律师责任和潜在的不当职业责任的解释,都很可能成为仍然讨论的和未来改革的议题。[144]

秘密保护的理论

进行广泛保密保护的理由与对抗制的理由几乎是一致的。一个基本原理基于个人法律权利的价值和保护秘密的重要性。另一原理关注的是,在促进法律问题的解决和鼓励遵守法律义务时,保密的工具性价值。

关于保密义务的以权利为基础的论点是建立在社会价值和委托

---

[143] 参见 " Federal Lawmakers Get Earful on SEC's Proposed ' Noisy Withdrawal ' Rule ",BNA Litigation Feb. 11, 2004.

[144] For an overview, 参见 Roger C. Cramton, George M. Cohen, & Susan P. Koniak, "Legal and Ethical Duties of Lawyers after Sarbanes-Oxley",49 Vi. L. Rev. 725, 783 (2004); Fred C. Zacharias, " Coercing Clients: Can Lawyer Gatekeeper Rules Work?",47 Boston College L. Rev. 455(2006).

人行为的几个假设上。第一,法律制度的总体目标是保护个人人权,而这通常需要法律的援助。除非当事人能够自由地交流相关信息,否则律师不可能提供充分的帮助。如果不能确保信息不用来反对他们,许多当事人不愿意咨询律师或者披露基本事实。保密义务不仅是为了保护一般的法律权利,而且是保护诸如隐私、获得律师有效帮助的权利和保护不自证其罪等具体的权利。在缺乏秘密保护情形下,没有意识到法律辩护作用的委托人就会对有用的信息也守口如瓶。

第二,它们能够促进公正的结果。通过鼓励个人寻求法律意见和揭示所有相关信息,律师—委托人特权规则和相关的伦理规则有助于法律规范的遵守。充分知悉案情的律师能够建议他们履行法律义务并且促进法律争议的恰当解决。为了实现此作用,律师需要一定程度的信任,而这与揭发、举报的义务是不相容的。[145]

对当前保密义务的批评

这些争论能否证明目前保密的范围是合理的,这一点仍是备受争议的。对广泛保密规则的批评者指出,涉及刑事被告人宪法保护的权利,不能扩展到民事领域里的全面保护。为什么委托人的权利总是比其他权利优先,并不是不言而喻的,特别是当委托人是一个组织,而涉及的是他人的健康和安全利益时更会错综复杂。[146] 同样的,批评也质疑在现代的律师守则中暗含的层级。守则要求披露以阻止对法庭的欺诈但是仅仅是许可(不是要求)为了挽救生命以披露,而且许可披露是为了使律师收取他们的费用而不是保护他们免受经济的损失。根据一般原则,与第三方受害者相比较,更加偏爱律师是很难证明有理的,因为在防止错误或是减轻影响方面,律师比其

---

[145] 一个概述,参见 Rosemary Pattenden, The Law of Professional-client Confidentiality: Regulating the Disclosure of Confidential Personal Information, § 1. 17, 1. 19(2003).

[146] 参见 Sources cited in Rhode, 见前注, at 110–12.

他人处于更有利的位置。

一些评论家也质疑广泛的保密在保护法律权利方面的有效性。正如他们所指出的那样,无论保密规则如何,许多人不信任那些律师,他们可能会有相互竞争的忠诚。其他人,特别是公司的领导没有什么选择只能咨询律师,不论规则是如何规定的,因为不这么做会剥夺在刑事案件中听取重要建议或者引用律师建议进行辩护,或者在民事案件中失去商业判断的辩护机会。[147] 现代的保密规则也充满当事人无法理解的例外和不确定性。在组织背景下,那些为律师提供信息的人不能认为信息将被保密,因为特权属于组织且为了组织利益,能够被放弃。

现有的研究也无法证实,是否现行规则的适度限制能够明显地改变当事人的行为。系统的研究揭示,保密规则和向律师揭示敏感信息的意愿之间仅仅存在微弱的联系。[148] 例如,就纽约律师和当事人关系的研究结果显示:律师几乎从不告知他们的委托人关于保密的义务;委托人大大地误解了保密的范围;仅仅 1/3 的前客户说如果没有律师保密的保证他们将不会将信息告诉律师。[149] 历史的、跨文化的、跨专业的研究清楚地显示,比起许多州的职业道德守则的规定,保密措施受到更多的限制,但是律师仍然能够提供有效的法律帮助。[150] 随后的章节将讨论,是否保密规则的变化能够在诸如谈判和咨询等情形下服务于专业或者公共利益。就当前目的而言,最有争议的问题是,关于几个一般的保密术语值得仔细推敲:委托人的偏见、委托人的欺骗、保密条款、告密者的保护。

---

[147]　William Simon,"The Confidentiality Fetish",Atlantic Monthly, Dec. 2004, at 1134.

[148]　Rhode & Luban,见前注,at190-91;Fred C. Zacharias,"Rethinking Confidentiality", 74 Iowa L. Rev. 351, 382-83(1989).

[149]　Zacharias,见前注,at379-86.

[150]　Rhode,见前注,at111.

委托人的伪证

律师应当怎样回应委托人的伪证引发了巨大的争论,特别是在刑事辩护的领域里。门罗·弗里德罗门(Monroe Freedman)对此问题进行了富有影响的论述,他分析了源于相互冲突的道德义务,并称之为"伪证三难"。[151]为了提供有效的辩护,刑事辩护律师必须知悉所有重要的事实。同时,律师负有保密的义务和对法庭坦诚的责任。如果委托人有做假证的意图,"三难"困境便产生了。虽然律师坚持认为他们从不知道当事人的证言是假的,但是在一些情形下他们当然是知道的。

按照弗里德罗门的说法,面临委托人伪证,律师通常最多能够完成他们三个义务中的两个。如果他们得到所有相关信息,他们将知道证言是伪证,于是他们要么违反保密义务要么违反对法庭坦白的义务。要调和这些义务,律师们只能保持选择性的无视,这样做将危害他们提供有效辩护的能力。弗里德罗门认为在冲突的案例中,对法庭的坦诚必须让位。根据他的观点,在刑事案件中,保密的义务和热忱的辩护具有首要的宪法性和道德意义,因为他们对于宪法第五条修正案反对自我归罪的特权和宪法第六条修正案代理的权利是至关重要的。全国刑事辩护律师协会在 1992 年的道德意见中用同样的推理给出类似的结论。[152]

相反,《律师职业行为示范规则》第 3.3 条的最初注释将律师协会对委托人伪证的传统回应总结如下:

---

[151] Monroe H. Freedman, Lawyers' Ethics in an Adversary System 27-41(1975). 参见 also Monroe H. Freedman & Abbe Smith, Understanding Lawyers'Ethics (2d ed. 2002).

[152] The Ethics Advisory Committee of NACDL, Formal Op. 92-2, reprinted in the Champion, March 1993, at 23.

虽然人们一致认为,律师应当设法说服当事人不要作伪证,但是当说服失败时,律师的义务是存在争议的(而撤回是不可能的)……

对于这一困境,人们提出三个解决方法:一是在律师没有对提问进行指导的情形下,允许委托人以叙述方式作证。这是一个处理冲突的折中原则:它免除律师揭露伪证的义务,但默示揭露已传给律师的信息。另一个建议的解决方法是近来的观点,如果当事人自己做伪证,完全免除律师揭露伪证的义务。这是一个一致的解决方法,但却使得诉辩者成为知悉伪证的工具。

困境的另一解决方法是:如果必须要纠正这种情况,律师要揭示委托人的伪证。一个刑事被告人有获得律师帮助的权利、作证的权利与律师进行秘密交流的权利。但是被指控人做伪证时没有权利得到律师的援助。无论是职业道德还是法律之下,律师都有义务避免伪证和其他伪造证据的行为……

该注释支持最后一种方法,怎样解决问题以及是否宣布一个审判是无效审判留给法官来自由裁量。然而注释也注意到,一些法院判决已经解释了正当程序的宪法要求,要求律师许可被告作证和许可被告人有权利提供一个叙述的理由。在这些司法权中,律师的义务应该"遵从于宪法的要求"。

2002年对《律师职业行为示范规则》修订时,删除了律师对伪证作出各种反应的讨论,且仅仅指出刑事辩护律师受制于《律师职业行为示范规则》第3.3条,但是在一些法院,宪法的要求可能会取代律师的道德义务。全美律师协会还对规则及其注释增加了新的言辞,明确规定,律师拒绝提供他们"有理由相信"是伪证证据的一般自由裁量权,不能扩展到刑事被告人的证言。他们必须尊重被告人的作证权,除非他们知道证言是虚假的。

在尼克斯诉怀特塞德案件中(Nix V. Whiteside, 475U. S 157, 1986),联邦最高法院就如何回应委托人作伪证提供了一些指导。法庭认为律师并不是提供无效的援助,即劝阻他的当事人提供律师推断是虚假的证词。然而在尼克斯案中,上级法院没有直接推翻下级法院的判决,认为揭示伪证侵犯了当事人的正当程序权利。尼克斯案也没有直接阐明引发披露义务需要何种程度的明知。在《律师职业行为示范规则》下,某些循环标准,"明知"意味着"实际上知道有关事实",可以从情形中推断出来。以前的全美律师协会《刑事辩护标准》第4-7.7条的解释"知悉"要求被告人对律师承认犯罪事实,这一事实被律师自己的调查所证实。[153] 关于律师的"知悉",一些法院强加了类似的标准,而还有一些法院实行了不那么严格的要求。[154] 在最低限度上,这对法庭来说是合适的,即法庭在律师判断其委托人做伪证的基础上做些事实调查。

在大多数情形下,解决疑虑有利于委托人,避免确立伪证罪的信息也符合律师自身的利益。对虚假证据的主要制衡,并不是害怕纪律指控(如果不能被轻易证明的话,它是非常难证明的),而是关注其有效性。换言之,如果辩护律师确信证据是假的,法官和陪审员也很可能确信,至少他们在此情形下能够得到与律师一样的信息。有效的代理包括就此向委托人提出建议。

---

[153]　1979年废除该标准,并被全美律师协会的《律师职业行为示范规则》关于刑事司法管理的标准所取代。

[154]　Compare cases discussed in Development, " Client Perjury and the Duty of Candor", 6 Geo. J. Legal Ethics 1003, 1008 - 1009 (1993), and Rhode & Lubran, 前书注36, at330-32.

委托人的欺诈

一系列问题涉及委托人欺诈。如前面所提到的,多数州至少在一些情形下许可对当事人欺诈的披露,一小部分州要求披露。2002年修正的全美律师协会《律师职业行为示范规则》和《律师法重述(三)》第67条,允许披露以阻止和补救委托人利用律师的服务进行犯罪,包括造成巨大的经济损失的犯罪。对强有力的披露要求,反对者担心,这些要求将鼓励因没有能够阻止委托人的不法行为会对律师提起诉讼。反对的基本假设是,保密的要求是保护律师以免此类诉讼。然而,正如法律道德专家指出这个保护常常是虚幻的:第三方当事人声称律师协助和教唆欺骗,不论是否被直接证据所支持,陪审员通常会给予同情。即使律师能够证明缺乏共犯并说服决策者道德的规则要求保密,但诉讼导致的经济和声誉损失很可能是巨大的。即使在没有第三方索赔的情形下,他的服务也会因涉及欺诈而在法官、监管的官员和同事以及在更广泛的法律共同体中导致自己的信誉毁损。谨慎的律师一般从一开始就希望能够阻止欺骗,而允许揭露的规则始终是必要的。值得注意的是,不当执业保险公司的损失防范专家通常支持自由裁量性的披露。[155]

从社会的观点来看,也有要求强制披露的情形,包括造成巨大经济损失的欺诈,特别是那些利用了律师服务的重大案件。诚实的委托人不怕这些要求;而不诚实的委托人无权保密,无辜的第三方能够从早期的警示中受益。虽然系统的数据缺乏,但是没有证据认为,强制性的披露规则在已经采纳它的法院中是行不通的。

无论涉及披露的正式道德规则如何,律师会有兴趣创建防范措

---

[155] Geoffrey C. Hazard, Jr. , "Lawyer as Whistleblower", National L. J. March 5, 2001, at A19.

施避免卷入客户的欺诈。工作场所的制度往往是必要的,它们对于抵御金钱的诱惑、同伴的压力、责任的扩散,以及鼓励对客户的违法熟视无睹等问题来说尤其必要。人们倾向减少"认知失调",他们很可能记下并保留那些符合既定信念和更早决定的信息,并且抑制或者重造那些产生怀疑的信息。[156] 一旦律师已经决定去代理一个客户,源于他们的选择,他们可能对职业道德问题变得不那么敏感。制定解决这些偏见的内部报告结构和外部监管系统,对于职业和公众来说都是一个持续的挑战。

保密条款

关于律师保密义务的另一个问题是,在起草禁止当事人讨论和发布涉及诉讼的证据等保密条款的诉讼和解协议时律师所发挥的作用。这些条款对于当事人有明显的好处:他们减少了被告的法律风险和负面的宣传,增加了原告谈判的砝码。但是这些好处给其他的申请人和第三方带来成本。在这些秘密条款上如果有更多的立法和道德禁止,许多不安全的和不法行为迟早会被发现。广为人知的例子包括:有缺陷的轮胎,爆炸的汽油箱,天主牧师的性侵犯等案件。[157]

负责考虑修正《律师职业责任示范守则》的道德 2000 年委员会讨论了许多法律道德教授所支持的一个建议,即禁止律师促进此类保密协议,这个建议附加在《律师职业行为示范规则》第 3.2 条的规

---

[156] Deboran L. Rhode, "Moral Counseling", Fordham L. Rev. (forthcoming); Donald C. Langevoort, "Where Were the Lawyers? A Behavioral Inquiry Into Lawyers 'Responsibility for Clients'Fraud", 46 Vaud. L. Rev. 75(1993).

[157] 参见 Elizabeth Spainhour, "Unsealing Settlements: Recent Efforts to Expose Settlement Agreements that Conceal Public Hazard",82 N. C L. Rev. 2155(2004); Richard A. Zitrin, "The Fault Lies in the Ethics Rules", National L. J. July 8, 2001, at A25; Adam Liptak, "A case that Grew in the shadows", N. Y times, March 24, 2002, at D3.

定中。

　　无论是否与诉讼或其他事项有关,律师将不能参与
提供和解协议,来阻止和限制公众获悉律师有理由相信
直接关系到对公众的健康和安全,或者其他任何特别人
的安全和健康的信息。[158]

　　这些规定的适当性是一个政策决策,而不是道德法典,基于此观点,道德 2000 年委员会拒绝了该条建议。[159]

　　一些州已经提出"阳光诉讼"立法来解决政策问题,联邦地区法案已经广泛地禁止秘密协议,而其他的立法机关、法庭、律师协会正在考虑这个改革。立法禁止法庭在涉及诸如产品瑕疵、医疗事故或者环境危害等公共的危险中给予保密的命令。南卡罗来纳的地方法院修改了地方法规,禁止任何秘密协议除非有正当的理由。[160] 一些司法判决也已经限制在特别案件中使用秘密协议。[161]

　　相反,美国律师协会诉讼部门提出了一个《诉讼中和解谈判指南》,其中明确认可了保密条款的合法性,包括提交先悉案情成果(诸如归罪文件)的规定。[162] 反对者通常认为,秘密的限制是不必要和不恰当的。这些规定实质上是保护了秘密交易以及其他独占性的信

---

　　[158]　Richard A. Zitrin, "The Case Against Secret Settlements (Or, What You Don't Know Can Hurt You)", 2 J. Inst. for the Study of Legal Ethics 115, 116(1999).

　　[159]　Kevin Livingston, "Open Secrets", The San Francisco Recorder, May 8, 2001, at 1(quoting Nancy Moore, reporter for the Commission).

　　[160]　Joseph Anderson, Jr. "Hidden From the Public by Order of the Court: The Case Against Government-Enforced Secrecy", 55 S. C. L. Rev. 711,720(2002).

　　[161]　See Martha Neil, "Confidential Settlements Scrutinized", ABA J. July 2002, at 20-21; Eric Frazier, "Judges Veto Sealed Deals", Nat'l L. J. Aug. 12, 2002 at AL; David Luban, "Settlements and the Public Realm", 83 Geo. L. J. 2619, 2651 n. 126-29, 2652-59(1995).

　　[162]　参见 ABA/BNA Lawyers'Manual, June 5,2001,at 346.

息;并且,阻止保密条款将延缓和解,给庭前信息披露的争夺火上添油,鼓励无价值的、照猫画虎式的诉讼。[163] 反对者回应,一些运用法律禁止的州并没有出现负面的结果,在某种风险已经发生以前,重大的损害通常已经发生,秘密条款因重复的诉讼要进行重复性的先悉,这将使得法律制度成为负担。[164] 律师界是否应当支持这些规定,仍可能成为继续讨论的职业问题。

揭秘者的保护

最后一个有争议的问题是,如何保护因合法的披露秘密而被解雇的公司内部的法律顾问。法庭的分歧在于是否律师能够就不法解雇、是否能够用保密信息支持他们的要求。约一半的法院已经限制了雇主对道德上的抵制任意解雇,公共政策除外,12 个法院已经将保护拓展到律师,6个法院已经禁止非法解雇的索赔,其余的则没有提到该问题。现有的保护范围并没有确定。他们通常保护因拒绝从事违法行为而被解雇的雇主,但是不一定保护那些因举报违法而遭受报复的人。[165] 法庭对是否允许律师揭露客户的秘密以证明他们的主张也同样存有分歧。问题是复杂的,因为律师的利益和争论双方是一致的。反对披露者担心,这会使委托人感觉被泼冷水;担心一些个人因惧怕秘密被心怀不满的内部律师事后揭露而不坦白。相反,支持不当解雇保护的人强调了此做法对律师的负面效应,他们关心的是公司内部的律师,如果他们不能指望防止报复,他们不可能站在道德的立场上。法庭和律师协会如何权衡这些相互冲突的观点,是另一个仍然争议不断的问题。

---

[163]　Frazier, 见前注, at all; Diana Hechler, "Secrecy in settlements as a Public Safety Issue", Nat'l L. J. , Jan. 12,2004,at 1,33.

[164]　Frazier, 见前注, at all; Diana Digges, Confidential Settlements Under Fire in 13 States, 2Ann. 2001 ATLA-CLE 2769(2001); Luban, 见前注, at 2652-59。

[165]　Rhode & Luban,见前注,at 407. John Gibeaut, "Telling Secrets", ABA J(2004) at 39,41.

四、替代性纠纷解决

律师一直参与非诉讼纠纷解决（ADR）的程序，绝大多数的争议最终达成和解并不走向法庭。因此庭外的和解谈判是每一个律师工作中的重要内容。区别于现代实务的是：ADR 的正规化以及调解和仲裁专家的出现。在过去的 25 年里对 ADR 的兴趣已经迅速发展。燃起此兴趣的一个广泛的因素是人们对诉讼昂贵、拖延和审判本身的有争议性心存不满，担心不可诉性和接近正义的不平等。人们还希望增加委托人参与度，社区营造，救济灵活性，增强关系的继续维持，探索根源和法律的症结，同时也感受到其他家庭、宗教和社区结构在调停申诉上的不足。[166]

ADR 的支持者通常主张"安守本分，各司其职"的方式。[167] 不同类型的纠纷和纠纷解决程序有不同的特征，因此要相互匹配。创建 ADR 的主要框架者富勒，认为裁判适应涉及基本权利和悬而未决的法律原则，但是对于通常的案件，诸如当事人还要保持持续性的关系，或者涉及多个人的隐情，并且不愿意采用那些原则上要么输要么赢的解决办法，其他程序是更适合的。[168]

---

[166]　参见 Carrie Menkel-Meadow, "From Legal Disputes to Conflict Resolution and Human Problem Solving: Legal Dispute Resolution in a Multidisciplinary Context", 54 J. Legal Education 7 (2004); Carrie Menkel-Meadow, "Many Doors? Closing Doors? Alternative Dispute Resolution and Adjudication", 10 Ohio St. J. on Dispute Resolution 211 (1995); David D. Hechler, "ADR Finds True Believers", Nat'l L. J. July 2, 2001, at A1. For a review of issue surrounding ADR, see Rhode & Luban supra note 36, at 871–82。

[167]　Frank E. A. Sander and Stephen B. Goldberg, "Fitting the forum to the Fuss: A User-Friendly Guide to Selecting an ADR Procedure", 10 Negotiation J. 49, 67 (1994) (Crediting the phrase to Maurice Rosenberg).

[168]　Lon L. Fuller, "The Forms and Limits of Adjudication", 92 Harv. L. Rev. 353 (1978); Lon L. Fuller, "Mediation—Its Forms and Functions", 44 S. Cal. L. Rev. 305 (1971).

现在已经出现了一系列的程序。一些 ADR 程序已经通过私人倡议而发展,而其他的则是在联邦法律和州立法或者司法法令之下发展的。例如,1990 年的《联邦司法促进法案》(《民事司法改革法案》)要求每个联邦地区法院研究待处理案件的数量,制订计划以"促进……民事案件裁决的优势……和确保公正、效率和争议解决的低成本"。[169] 要求法庭考虑将合适的案件转到非诉讼解决的方式。

从不同维度来看,ADR 程序也是不同的:

- 决策者和促进者的作用。谁选择? 选择的标准? 需要什么专业知识?

- 结果的可执行性。结果是咨询性的(调解)或者是有约束力的(仲裁),如果是后者,是否要受到审查?

- 同意:程序是自愿的还是强制的?

- 与司法判决系统的关系。程序是与州或联邦法院系统联系在一起吗? 如果是这样,是否要依赖受过训练或资助的法庭人员或者外部的专家?

- 与社区的关系。该程序是宗教或者道德社区的纠纷解决的传统方法吗?

- 正式性。程序是由固定的规则规定的,还是依据当事人的协议? 是相对正式还是灵活的?

最常见的替代性纠纷解决程序有如下形式:

仲裁。在仲裁中,当事人给中立的决定者提交他们的争议,这些人通常是此问题的专家。一般来说,仲裁员是双方当事人从专业的

---

[169]　28 U. S. C. §471. 参见 Federal Judicial Center, Guide to Judicial Management of Cases in ADR(2001).

名单上共同选出。一些消费者机构和产业集团如商业改进局也具有仲裁申请系统。多数州按照《统一的仲裁法案》(7 U.L.A 5,1985)模板制定法律规范仲裁协议的执行。执行所依据的法律也可以是《联邦仲裁法案》和《1947年的劳动管理关系法案》。仲裁人的裁判通常是最终的；复审只能在有限的范围内,常常是涉及程序的违法。许多联邦和州法庭要求某些案件提交给法庭附属仲裁,虽然当事人有决定重新审判的权利。

私人裁判。一些法庭的法规和规则许可案件移交给自己选择和付费的裁判者,通常是退休的法官。这些移交的计划有时被称为"租用法官",授权私人的裁决具有法院判决的效力。不同于仲裁的决定,此裁决通常受到上诉的审查。

简易陪审团审判。在此程序下,律师给陪审团做一个庭审摘要的陈述,通常没有证人或证据展示。虽然陪审员在作出决定前并不知悉事实,但陪审团作出的结论没有约束力。这个结论可辅助当事人预测他们的要求并就合理的和解进行谈判。

迷你审判。迷你审判,或者是"制度化的和解谈判",让律师提供一个他们案件的简略版本给作出决定的陪审团。通常,陪审团包括中立的顾问和对方当事人的执行者。这一做法能够使当事人听到他们对手的情况。如果案件是在诉讼中,顾问会预测将会发生什么,负责人然后尽力谈判促成和解。在迷你法庭,中立的顾问仅在当事人最初没有达成和解时候提出一个咨询的建议。

早期中立评估或专家评估。这种方法在私人案件的解决和法庭附属机构中得到应用,要依赖中立的拥有相关经验第三方或者专家评估案件。在律师和当事人的总结陈述之后,对争议的案件进行评定,并努力促使案件和解谈判。

调解。调解是中立的第三方帮助当事人解决争议或者达成一个交易的一个非正式程序。通常第三方只是促进但并不强加一个解决方案,当事人自愿选择调停者。然而一些法庭要求某些案件需要调解,例如儿童监护的争议,且为这些案件提供一个调停人。

监察员。监察员是由组织正式任命去阻止、调查以及非正式地解决争议。在私人的部门,调查员主要是在雇主/雇主关系上发挥作用,但是在公共的部门里,他们的作用更加广泛。

邻里司法中心。邻里司法中心,市民投诉局和其他以社区为中心功能的独立机构和法院附属机构。这些组织通常会收到从法官、检察官、警察或者其他社区机构转来的案件,以及直接过来的当事人。受过调解培训的专业调停者,或者社区的志愿者处理一系列争议,包括房东和承租人,家庭和邻里关系。

在线争议解决。一个新近出现的争议解决的方式是在线争议谈判和调解。虽然这些程序的最初目标是解决产生于网络的争议,但是它们现在包含了各种各样的其他争议。其中一些做法是能够帮助当事人迅速辨别和解点的直接谈判技术;裁决组根据当事人在线提交的证据和争议进行裁判,促进和解的在线调解。

在最抽象的层面上,这些替代性纠纷解决程序的支持者具有共同的目标。他们认可首席大法官伯格总结的法律职业的真正目标:"在尽可能短的时间里,以最小的压力和尽可能低的成本,获得可接受的结果。"[170]在具体的层面,人们对什么是"可接受的"持有分歧,ADR的目标并不总是一致的。冲突源于成本和质量,在提高诉诸法院的机会和降低司法的负担与法庭的迟延之间,在服务当事人的目标和服务社会利益之间均会产生冲突。

这些折中已经在几个方面引起了批评。替代性纠纷解决机制在利用得太过和利用得不够两方面都受到责备。一些评论家抱怨诸如

---

[170] 专业委员会,美国律师协会,公共服务的精神:律师职业重新燃起的蓝图41(1986)(引自首席大法官沃伦伯格)。

租用法官和小型法院仅仅是提供给富人的。在他们看来，以市场为基础的结构使"法律的隔离"制度化——便捷的正义是为富人，而烦琐和低效的过程是为穷人。双轨制度的存在可能降低了使 ADR 成为必要的司法制度改革的压力。

相反，另一些批评家认为 ADR 程序运用得过多。过多地给中等或是低收入的当事人处理简单的案件和履行合同义务的争议仲裁，它通常提供的是第二等级的正义。从这个观点看，非正式的、精简机构的出现，剥夺了弱势当事人至关重要的保护。例如，按照研究，雇主与雇主在 ADR 程序中赢得的概率是 5：1。不断被诉的雇主才会有动力去调查过去的记录和裁决者表面上中立的倾向，这些裁决者也会想办法去取悦商业资源的当事人。[171] 所以，在不具有平等力量的当事人之间，调解增强了他们的不平等，和鼓励就那些不应该讨价还价的权利来进行谈判。涉及家庭暴力的案件所产生的风险就更明显。[172]

虽然一些调解者企图减轻当事人在讨价还价能力中的不公正，或是拒绝批准看起来不公平的协议，这种不中立的行为会使其自身陷入一系列道德困境。表面上中立但对调解的积极干预会使他们的信誉和达成协议的能力打折扣。它也会使参加者在缺少问责机制且没有公开的标准和非结构化的程序下操作案件。

一个相关的担忧是，私人解决的非正式程序会低估拥有公共处理案件的法官解释和实施公众接受的标准所具有的社会利益。趋向

---

[171]　Richard C. Reuben, "Lawyer Turns Peacemaker", ABA J., Aug. 1996, at 61; Richard C. Reuben, "The Bias Factor", California Lawyer, Nov. 1999, at 25; See Jeffrey W. Stempel, "Reflections on Judicial ADR and the Multidoor Courthouse at Twenty: Fait Accompli, Failed Overture or Fledging Adulthood", 11 Ohio State J. in Disp. Resol. 297, 319,339,351(1996).

[172]　Leigh Goodmark, "Alternative Dispute Resolution and the Potential for Gender Bias", Judge Journal, Spring 2000, at 21.

折中的过程也可以使人们对违法行为的威慑力不足。ADR 决定的制定者和辅助者不需要坚持正式的规则或者给予判断的理由，决定过程中的任意在某种意义上是司法中绝不能出现的。[173]

然而 ADR 的支持者认为，这些批评家把替代性纠纷解决程序与理想化的审判模式相比。在谴责它是第二等级的正义之前，询问一下是否第一等级的正义确实达到且是为了谁服务的问题是重要的。批评 ADR 且隐含人们所青睐的审判程序是运作良好的对抗制度：每方的当事人被假定有称职的律师所代理，在一个有能力且超然的法官前陈述。此模式是非常昂贵的，因为它包含了至少三个职业，每个都具有可观收入的期许。也暗示了一个"公正"的对抗程序是在《民事程序联邦规则》下的"付得起的证据展示"，该程序本身比起 ADR 的听证就是昂贵的过程。如果包括陪审团，就会有额外的费用提供给陪审团。争议只是一小部分但整个过程都太昂贵。即使对这些争议，而该制度是使富裕的当事人在解决其争议中花费他们认为值得的钱，这样的制度是否能够充分服务于社会并不清楚。

有限的可得证据和经验也是值得注意的，在某些情形下，当事人宁愿选择非正式地解决争议而不是当前的方法。[174]虽然当事人的满意不应当是评估的唯一标准，但它却是相关的，尤其是在决定哪些程序下能产生最好的结果，也是困难的。不仅缺少经验数据，而且对于什么将使结果"最好"和"最公正"，我们也没有普遍接受的尺度。[175]

---

[173]　Owen M. Fiss, "Against Settlement", 93 Yale L. J. 1073, 1085-87(1984).

[174]　Lisa Brenner, "What Lawyers Like Mediation", National Law Journal July 2, 2001; Robert J. MacCoun, E. Allan Lind, & Tom R. Tyler, "Alternative Dispute Resolution in Trial and Appellate Courts", in handbook of Psychology and Law 95, 99-100 (D. K Kaghiro & W. S Laufer, eds. 1992.)

[175]　Menkel-Meadow, "From Legal Dispute", 见前注, at 23.

在评价这些对 ADR 的批评和辩护时,最安全的概括可能是:在完成所有解决争议的目标中,没有一个程序在所有的情形下是完美无瑕的。这些目标包括:确保相关事实被充分地揭示;提供广泛可接受的救济;为将来的案件提供原则性的指导,鼓励守法,树立信心和培育当事人和利益相关者之间良好的关系。现有的研究没有表明,司法或者 ADR 在实现这些任何目标中哪个更加有效。[176] 研究也没有表明 ADR 和司法在成本、时间和当事人满意方面存在一样的差异。[177]

鉴于没有哪个解决纠纷的方式在每个情形下都是更好的,许多专家认为当事人应该有一个关于争议解决方式的广泛选择且让他们得到所需要的信息。公众也应当确保当事人的程序选择基于社会价值的合理限制。因此,许多评论家支持目前已经建立起的越来越多的"多元的法庭"。这些法院系统以多个关键的标准分配不同类型的案件以适合案件的解决:争议性质;当事人之间的关系;与纠纷解决程序中不同特点相关联的当事人的优先权;争议中的公共利益。涉及较少金钱损失和可以确定先例的案件,不值得进行法院全面审判。在其他情形下,涉及当事人之间的关系,因为 ADR 最适宜缩小力量的不平等或者培育长期的工作关系,并使多个利益相关者能够参与问题的解决。[178] 还有一些案件,像涉及家庭暴力,可以要求专业化的法院解决各方面的纠纷且为当事人提供广泛的服务。[179]

对于 ADR 程序的执业者而言,广泛的道德规则也是必需的。不是所有的人是律师,且他们的做法也有很大不同,涉及诸如公平、保

---

[176] Marc Galanter & Mia Cahill, "Most Cases Settle: Judicial Promotion and Regulation of Settlement",46 Stan. L. Rev. 1339,1388(1994).

[177] 见前注;Rhode,见前注,at 132-34.

[178] Rhode, 见前注, at 133-34.

[179] 参见 Deborah L. Rhode, Access to Justice 85-86(2004).

密和利益冲突。不同专业组织制定的道德法典也有相似的变化,如美国仲裁协会,争议解决的专业协会,以及关于 ADR 道德和标准 CPR 乔治城委员会。[180]但也存在这样的问题,即是否所有的 ADR 专业人员应当有统一的标准,如果有,怎样界定和执行。

　　然而评论家通常认为,律师应当和他们的委托人一起商量 ADR 的选择,他们要受道德规则(类比其他情形下规则的运用)的约束。例如,律师作为中立的第三方,应当运用独立的判断且披露所有被其合理地感知到利益冲突或者是危害到公正的情形。[181]美国律师协会《律师职业行为示范规则》包括管理中立的规定(参见《律师职业行为示范规则》第2.4条)。其他道德规则草案要求律师"在代理进程开始之初探讨保密规则和要求,以及在任何形式的单方沟通和实践中都要得到当事人的同意"。[182]在 ADR 的问题上,无论是否受制于更多的正式道德规则,在此领域的执业者在广泛地坚持公平和正直的准则时,有明显的经济和名誉上的利益。整个法律职业都有责任来面对针对现代纠纷解决程序的合法批评。

---

[180]　参见 CPR-Georgetown Commission on Ethic and Standards in ADR, Proposed Model Rule of Professional Conduct for the Lawyer as Third Party Neutral(Discussion Draft, April 1999), and sources cited. See also "Symposium on ADR and the Professional Responsibility of Lawyers", 28 Fordham Urban L. J. 991(2001).

[181]　CPR-Georgetown Commission, supra note 80 (Proposed Model Rule 4. 5. 3).

[182]　见前注, Proposed Model Rule 4. 5. 2.

第七章

交易业务

一、引言

谈及美国律师,家喻户晓的形象就是他们是在法庭上辩论的人,然而在现实中律师的大部分工作集中在了庭外和解事务的处理上。他们每日所做的工作大致包括案件材料准备、咨询、谈判以及游说。一些理应起诉的案件也很少被真正起诉——超过90%的民事以及刑事案件已于庭审前通过和解处理妥当。

律师的大部分工作发生在法庭程序外,这个事实对其职业道德来说有重大意义。半个世纪前,这一观点已被美国律师协会以及美国法学院协会关于律师专业责任的联席会议报告所确认。该报告指出:

> 透过律师办公室里的工作,我们可以对法之目标作出最有效的理解。正是在办公室中,通过预测结果,诉讼意图被劝搁置;律师的私人建议取代了公共强制力量。与公众观念相悖,听取律师建议并放弃起诉的行为并非意味着对法的不真诚。律师常通过告知客户其欲采取行为的长期代价而让他们打消这个念头。尽管客户的行为符合现行法律,却与法之潜在的精神与目标不符。
>
> 虽然律师不可避免地需要以辩护人与法律顾问两种身份服务于司法,但是这两种角色施与律师的不同要求必须清晰地区别开来。在听证中,被询问者有权要求法律对己公正。有导向的偏袒性辩词将在听证中产生不可忽视的重要作用,且作为辩护人的律师理应以合理的最轻之责为该人辩护。而当律师以顾问的身份出现时,对犯罪行为单方面的罪轻分析便不再适宜。案件审理中偏

袒性辩词被合法化提倡的缘由是为了保护犯罪嫌疑人的人权,然而这个缘由并未赋予律师为不道德、不公正或者合法性存疑的行为提供全面咨询的权利。为了防止自己卷入这不必要的争端,律师不能单凭率真的内心信条为其提供咨询意见,而必须充分剥离客户的个人利益,站在客观的立场上,合理且客观地评估当事人作出行为时的真实意图——虽然这样的中立分析会让以当事人为重的咨询律师很痛苦。[183]

律师究竟在多大程度上做到了"合理且客观地评估",没有系统的数据能够反映,也没有统计该数据的可行方法。但是,律师法典及其注释很久以来已明确该义务,大多数律师协会成员也从原则上接受它。实践中做到"合理且客观地评估"是一项挑战,下文将围绕其展开讨论。

二、文件的准备、保留与销毁

律师的两种角色皆涉及文件工作:制作文件来管理交易,细制条款以明保留。文件之所以在法律关系中有绝对的重要性,是因为它们在法律责任的创制、修改或者否定上,于形式于实质皆不可或缺。文件一旦被创立(不像口头表述),就成为其内容的永久存证——除非这份文件被销毁。其效力如同"燃烟之枪",凿凿铁证是也。本书第六章曾提及,大多数指导律师进行诉讼的道德标准借鉴了其他法律尤其是证据收集和法律程序的相关规定。同理,指导律师和解事务的道德标准也有相关借鉴援引。比较来看,律师行业协会守则大

---

[183]　Lon L. Fuller & John D. Randall, "Professional Responsibility: Report to the Joint Conference", 44 ABA J. 1159, 1161 (1958).

量借鉴的是刑事与民事法律方面的禁令。

关于文件准备和相关咨询,律师"不能建议客户参与,或者帮助客户参与律师明知带有犯罪性或欺骗性的行为"。同样,律师不能故意"向第三人作出关于重要事实或法律的虚假陈述",或"在公开重要事实对制止客户的犯罪行为意义重大时,没有揭露事实,除非揭露行为被隐私条款禁止"。这些规定不仅与文件处理工作相关,从本质上看来,它还简单地吸收了处理欺诈和误解行为的法规的一些理念。在制备法律文件时,律师们通常还应服从与职业道德相关的法定义务。[184]

在文件制作和保留方面,律师模范条例第3.4条提出,律师不得"非法破坏另一方对证据的取得渠道或者非法修改、销毁或藏匿文件及其他有潜在证据价值的材料"。条例同样禁止了"对司法当局有偏见"的行为,包括非法销毁文件的行为。

虽然这些条例想达到的目标十分明确,于实践中如何执行却难以把握。部分原因是一些案件中的行为是否可归结为法律上所言的欺诈行为,难以被准确界定。针对每个案件,陈述时是否有正确认识、是否因受误导而作出、揭露事实以消除第三方对事实的误解是否确有必要,常常值得探讨。另一部分原因涉及文件的保留与销毁,即使许多州、地方和联邦法律将文件保留视为确凿规定,其他法律仍为文件保留在特定案件中的适用留有讨论余地。通常情况下,仅当个人相信官方诉讼程序将要启动时,禁止摧毁或藏匿文件的法规才具有效力。[185]

---

[184] 主要的例子涉及证券和报税。就证券而言,参见第六章关于《Sarbanes-Oxley 法》的讨论。就避税问题,参见 31C. F. R. § 10. 35(2005); and TaninaRostain, "Sheltering Lawyers: The Organized Tax Bar and the Tax Shelter Industry", 23 Yale J. Reg. 77(2006).

[185] See e. g., Model Penal Code § 241. 7(1962). 其他的司法辖区禁止毁坏或者隐瞒,如果材料与未决的刑事诉讼或者所有正在进行的调查有关。很多的联邦、州和地方法律要求保留具体阶段的特定记录。See Deborah L. Rhode & David Luban, Legal Ethics 342-43, 347(4th ed., 2004).

部分条例内还以此方式限制了调查取证。有少数州规定了阻碍收集证据的行为的法律责任,且不考虑行为发生的时间。总结起来可以发现,影响律师道德责任的因素有相关法规、行为时间的选择以及启动法定程序的可能性。如果律师在建立文档时发现客户对第三方有责,但不确切知晓第三方是否会提起诉讼,那么是否保留此份文档即有争议。相似的争议还有,相关事实积累到何种程度才能断定委托人有欺骗行为? 如何界定这个"程度",又如何确定律师"知道了"委托人的欺骗行为?

为了解决这些争议,谨慎的律师常常进行道德与实践方面的双重思考。在许多和解事务中,律师最主要的职责便是为和解程序的合法性提供保证。在一些情况下,这些保证必须包含律师做的适度调查。例如,由律师亲自去探究、考量特定合同在当下是否依然具有效力。这些调查常常被形容为"审慎的"调查。律师所履行的这种职责通常被称为"把关",表明律师对和解持肯定态度。在其他情况下,第三方的合理信赖也会带来同样的职责。没有尽责履行"把关"义务的律师,会被政府监管者和受损方认定有责。即使律师最终成功规避了法律责任,这一过程也可能在经济上、心理上与名誉上产生潜在代价。

同理,对于委托方而言,有争议的违法行为所带来的风险可能会高于预期,且律师在帮助客户辨明这种风险时起着重要作用。例如,如果有可明确预见的极有可能发生的诉讼而相关文件被销毁,那么法官与陪审团可采信关于文件内容的不利推论。在许多案件中,这些推论往往比文件的真实内容具有更为不利的影响。关于文件内容的折中理解可以被接受,而销毁文件的行为则抹杀掉了这种可能。同理,故意不遵守公开文件义务的行为也会带来不利影响。此外,在这个数字影像复制技术发达的年代,完全销毁一份文件是非常困难的。销毁若未成功,一旦被发觉,会使行为方陷入十分不利的局面,该方律师也不例外。律师咨询工作的一个重要职责便是帮助客户建立一个完善的文件保留措施,在遵循相关法律规定的同时也能适时清理,避免不必要的库存堆积。

文件存档问题的复杂性由安然公司丑闻中亚瑟·安德森(Arthur Andersen)会计事务所销毁文件一案得以清晰展现。安然公司企业内部法律顾问南希·特普(Nancy Temple)曾将一份 2002 年 10 月 12 日的备忘录送至安德森事务所的一名监管伙伴,大意为"提醒"安德森事务所负责安然事件的员工注意公司有关文件保留规定,可能会对他们的工作"有帮助"。安德森公司有自己的一套文档保留标准,规定所有不重要的审计草案和审计冲突文档都将被销毁。[186] 员工们所接触的文档内容牵涉一起有问题的汽车投资,审计工作正在进行;同时也牵涉公司财政制度的批准,该制度有潜在误导性。法律顾问特普的行为成为 2002 年国会听证的焦点,而她认为此种提示行为仅源于工作习惯。在那场听证中,特普承认,在起草备忘录前就已清楚地意识到,审计程序存在瑕疵,且针对审计漏洞的外围调查已然展开。值得注意的是,特普曾在 2002 年 10 月 8 日的备忘录中写道:"美国证券交易委员会很有可能进行调查。"[187]同年 10 月 19 日,美国证券交易委员会通知安然,附书安德森公司,关于此事件的调查已经展开。10 月 23 日,安德森事务所负责安然审计的监管伙伴命令他的团队遵循安德森事务所的文档保留与销毁规定——数量巨大的文件在随后几星期中被销毁,直到证券交易委员会的传票到达,该销毁行为才于 11 月 9 日告停。

---

[186]　A complete copy of the Anderson policy, Client Engagement Information-Organization, Retention and Destruction, Feb. 1, 2000, is reprinted in Destruction of Enron-Related Documents by Anderson Personnel: Hearing Before the House of Representatives Committee on Energy, 107th Cong. 1 (Jan. 24, 2002), at 79-103. http://www. access. gpo. gov/vongress/house.

[187]　April Witt & Peter Behr, "Losses, Conflicts Threaten Survival", Washington Post, July 31, 2002, at Al.

美国司法部随后依据联邦法律判决安德森事务所"基于腐败目的说服他人"以逃避"官方调查"而销毁文件的行为应受刑事处罚。[188] 陪审团被给予了指示,将法条中"腐败地"做"怀有不当目的、阻碍官方调查"意思理解。上诉中,美国最高法院推翻了判决,认为司法部所引用法律的成立条件是公司的成员必须知道他们的行为是违法的。同时,最高法院认为,公司领导"在正常环境下"要求员工遵守公司的合法文件保存与销毁章程"并无过错",即便这些章程具有妨碍政府接触特定文件的目的。[189]

然而最高法院这份平反式的判决却没有完全修复安德森公司的声誉——它们已经在安然丑闻中消磨殆尽。由于国会依据《萨班斯-奥克斯利法案》修改了法条,这份判决也没有让之后相似案件中的律师和他们的客户幸免于难。修正后,该法删除了"腐败地"一词,施以"故意"毁坏或伪造"与(联邦)事务有关"的文档记录之人以刑事责任。如果其他法律机构和律师协会开始跟随这个趋势,那么就像一个评论家所说的那样,一个深谋远虑的律师或者经理将再不会"寄删除键以希望"。[190]

三、咨询

美国律师协会关于咨询服务的道德标准再一次扩大了民事与刑事上的禁令范围。律师"不能建议客户参与,或者帮助客户参与律师明知带有犯罪性或欺骗性的行为;但律师可以与客户讨论这些行为的法律后果……"如果律师发现客户已参与犯罪或诈骗行为,他们必

---

[188] 18 U. S. C. § 1512.

[189] Arthur Anderson v. United States, 544 U. S. 696 (2005).

[190] 18 U. S. C. § 1519. David G. Savage, "Of Motives and Memos", ABA J., April 2005, 34 (quoting James Dabney Miller).

须规避任何帮助行为并且撤销代理服务。注释增加道："在一些案件中，仅撤销代理尚不足够。律师可能有必要广而告之撤销代理一事，否认自己对任何相关观点、文档、承诺等负有责任。"在提供法律咨询时，"律师不仅需参照法律，同时需要给予道德、经济、社会和政治方面的考量，以契合委托人的实际情况"。

一些证据表明，与律师预料相反，客户更愿意寻找非法律方面的建议，这类建议在处理实际问题中更加有用。[191] 私人律师极少给出可引发"公众关注"的建议。[192] 但是，关于公众福利的认知常常会触及非法律性事务建议的"底线"。通过探讨道德上令人狐疑的行为如反面宣传、损伤信誉、诉讼风险的代价，律师常常规劝客户采取"正确的"做法也是最经济有效的做法，以期客户遵循法律规定。[193]

咨询中最大的困境发生在客户不听劝阻或者律师发觉劝阻无望的时候。这些困境出现后，需从两个层面进行分析：第一，律师应如何在面对相互冲突的价值时决定特定行为正确与否；第二，在什么情况下律师应拒绝帮助合法委托人的不合道德行为。抽象道德哲学提供的解答很少。关于大原则的共识确实存在：不诚实和偷窃是错的，对第三方的不必要损害应当被避免。但是，借用奥利弗·温德尔·福尔摩斯法官

---

[191]　Milton C. Regan, Jr. , "Professional Responsibility and the Corporate Lawyer", 13 Geo. J. Legal Ethics 197, 202 (2000) (指出了内部律师非法律建议的重要性); Edward A. Dauer, "Attorneys Underestimate Clients' Desire for Business Involvement, Survey Show", Preventive Law Reporter, Dec. 1988, at 19 (发现与律师相比，委托人更可能认为非法建议一般是适当的); Robert Jackall, Moral Mazes: The World of Corporate Manages 108- 24 (1988) (指出公司决策者不愿意从伦理角度提出问题); Rhode &Luban, Legal Ethics, supra note 3, at 434-35(指出了偏爱实用性咨询而不是明确的道德咨询的原因).

[192]　Robert L. Nelson, "Ideology, Practice and Professional Autonomy: Social Value and Client Relationships in the Large Law Firm", 37 Stan. L. Rev. 503, 553 (1985).

[193]　See e. g. Lynn Sharp Paine, "Moral Thinking in Management: An Essential Capability", in Ethics in Practice 59 (DeborachL. Rhode ed. , 2000).

(Justice Oliver Wendell Holmes)的名言,"一般原则没能力决定具体案件"。在这方面,法律中的道德与普通生活中的道德并无差异。在这两个情况下,"当做的正确之事"常常取决于具体环境。

疑难案件

鉴于咨询事务难以在抽象层面解决,思考具体情况下的对策可能会有用。比如,律师应如何应对下述几种情况:一位企业委托人正在出售某种产品,或者核准某种工作用地环境,或者排放工业污染,所有这些行为的违法性尚不明确,但有明显的安全隐患;[194] 企业管理层决定无视一定程度之内的、偶发的违规行为,因为它们几乎不会招致处罚或严肃制裁;[195] 是否应协助公司进行某种交易,其违法性尚不明确,但会使投资者对公司财务状况产生错误认识。[196] 上述情况最有可能在法律的标准模糊不清或门槛太低的情况下出现;究其原因,是由于制定法律时,可依照的信息不足或缺乏政治杠杆的平衡。上述情况还有可能在惩罚力、强制力不足时出现,内因是监管资源不足或执行强制时存在困难。

这些例证来源于企业委托人案例,但相似的情况在代理个人和政府部门时同样存在。例如,如果客户想要出售一份有严重瑕疵的房产且买家暂未或不能发现瑕疵时,律师的职责是什么?[197] 如果一

---

[194] See Rhode &Luban, supra note 3, at 504-06; Stephen L. Pepper, "Counseling at the Edge of the Law: An Exercise in the Jurisprudence and Ethics of Lawyering," 104 Yale L. J. 1545 (1995).

[195] Stephen Pepper, supra note 12, at 1570-75.

[196] Compare Robert Gordon, "A New Role for Lawyers? : The corporate Counselor after Enron", 35 Conn. L. Rev. 1185 (2003) and William Simon, "After Confidentiality: Rethinking the Professional Responsibilities of the Business Lawyers", Ford. L. Rev. (2006); with Steven L. Schwarcz, "The Limits of Lawyering : Legal Opinions in Structured Finance," 84 Tex. L. Rev. 1 (2005).

[197] Rhode and Luban, supra note 3, at 469.

场尖锐的离婚案中的一方想要以抚养权扭曲财产分配而可能导致子女和抚养方生活拮据时,律师应该怎么做?[198] 当高级官员为了批准讯问,需要对有关虐待的联邦法律和国际公约进行狭义解释时,执行部门的律师相信这种狭义解释与广为接受的人权标准不符,他应如何应对?[199] 这些问题将引发许多思考,但也提出一个相同的问题:律师是否应该拒绝帮助违反法之目的但却不违反法之规定的行为呢?

伦理咨询案件

证券交易委员会主席哈维·L.皮特(Harvey L. Pitt)在证券交易委员会会议的一次演讲中谈及了这些疑难咨询事项。他认可了美国律师与美国法学院联合会早期引用的一份关于律师道德义务的报道。皮特表示:

> 主张委托人合法的观点以及利益,是律师被雇用的目的,也是律师职业义务的要求——"合法"一词需被重点强调。经验表明,帮助客户规避法律要求或损害公众利益的行为,即使以企业律师的身份作出也并不合适,即使这些行为的结果看似符合法律规范要求。[200]

---

[198]　For the classic account, see Richard Neely, "The Primary Caretaker Parent Rules: Child Custody and the Dynamics of Greed", 3 Yale Law &Poly Rev. 168 (1984). See also Eleanor Macoby and Robert Mnookin, Dividing the Child 154–59 (1992).

[199]　David Luban, "Liberalism, Torture, and the Ticking Bomb", in The Torture Debate in America 35 (Karen J. Greenberg ed., 2006); Robett K. Vischer, "Legal Advice as Moral Perspective", 19 Geo. J. Legal Ethics 225 (2006); W. BrandleyWendel, Legal Ethics and the Separation of Law and Morals, 91 Cornell L. Rev. 67 (2006);以及第八章关于政府律师角色的讨论。

[200]　Harvey L. Pitt, Remarks at SEC Speaker Conference (Feb. 22, 2002). See also Harvey L. Pitt, Remarks before the American Bar Association, Aug. 12, 2002.

　　这些话语即刻激起了争论。批评者们好奇上文中的"经验"究竟代表什么，"损害公众利益"究竟意味着什么，律师又应如何知晓这些行为会损害公众利益？去问"律师的老师"管用吗？或者直接问"哈维·皮特"？[201] 在批评者看来，委托人有权对行为的合法性进行判断，也有权控制行为的广度。如果律师相信行为不够理智，他们"可以与客户交流意见"。但是如果公众利益因委托人循规蹈矩而受损，那么批评者相信"解决的办法是修订法律，而非改变律师的职业基础道德"。[202]

　　但是修订法律是非常困难的，因为除非需要避免严重后果，相应的政治信息因素还不足以促成法律修订。困境还会在以下情景中出现：当律师认为他们的委托人或者代表委托人利益的经纪人没有明智地作出合理的道德性决断，那么，在何种情景下律师有义务替客户作出道德评估并说服客户，或者，说服不成则退出代理。

　　伴随法律争端而来的辛酸、经济压力、身心疲惫渐渐消磨了委托方，使其辨明长远利益和利己行为的道德含义的能力受影响时，一系列问题因此产生了。[203] 如厄利弗·罗特（Elihu Root）所言，"几乎所有正派的律师会在大约半数的业务中都想告诉潜在的委托人，你是十足的傻瓜，赶快停下你想做的事"。[204] 至少，律师可以客观地对委托人的个人判断提供有用的检查和矫正，尤其是在这些判断受私人利益和认知偏见影响的时候。这些偏见包括认知失调；个人情愿相

---

　　[201]　Lawrence J. Fox, "The Fallout from Enron: Media Frenzy and Misguided Nations of Public Relations Are No Reason to Abandon Our Commitment to Our Clients", 2003 U. III. L. Rev. 1243, 1250 (2003).

　　[202]　Id., p. 1250.

　　[203]　For Examples, see Rhode &Luban, supra note 3, at 515–21,553–37,539–41, 708–27; and Deborach L. Rhode, "Moral Counseling", Ford. L. Rev. (2006).

　　[204]　Philip C. Jessup, 1 Elihu Root 133 (1930).

信以前的信念或者行动，而倾向于拒绝接受当下对先前的怀疑；[205] 这样的倾向性可能使客户对自身行为和相应责任认识不足。这样不足的、扭曲的认识最容易在相应行为的受害者距委托人遥远且分散时产生。例如，典型的受害者为抽象的股东和消费者，而非独立可辨的个人。[206] 社会心理学研究证实了常识和生活经验的观点——利己的偏见产生了整个问题：人们有一种自然倾向，将利己之事与公平正义说辞糅合，与道德标杆糅合，使利己之事最终看似合法合情。[207]

　　公司的组织结构也会影响道德判断。无数的研究显示，权威人物、同侪压力和团队忠诚带来的影响在生产活动中被视为积极正面的；但如果在其他情景中带入这些因素，其影响在人们看来会无法接受。[208] 与之相类似的还有"委托—代理"关系中的矛盾。在公司设置组织机构时，管理层想要将自身的收入和权利最大化，或借机缩小股东和其他利益相关者的收益，矛盾便产生了。在与晋升机会、补偿等短期利益紧密相关时，这些矛盾将会急剧凸显。[209] 这类不良的利

[205]　经典描述见 Leon Festinger, Theory of Cognitive Dissonance 128-34(1957). See generally, Cognitive Dissonance: Progress on a Pivotal Theory in Social Psychology (Eddie Harmon-Jones and Judson Mill eds., 1999).

[206]　Sung Hui Kim, "The Banality of Fraud: Re-Situating the Inside Counsel as Gatekeeper", 74 Ford. L. Rev. 983, 1033 (2005); Don A. Moore & George Lowenstein, "Self-Interest, Automaticity, and the Psychology of Conflict of Interest", 17 Social Just. Res. 89, 197 (2004).

[207]　Kim, supra note 24, at 1030-31; ZivaKunda, "The Case for Motivate Reasoning", 108 Psychol. Bull. 480, 485 (1990); Michael B. Metzger, "Bridging the Gaps: Cognitive Constrains on Corporate Control and Ethics Education", 16 U. Fla. J. Law& Pub Poly 435,499 (2005).

[208]　For example, see Rhode, "Moral Counseling", Supra note 18.

[209]　Deborah L. Rhode, "Where Is the Leadership in Moral Leadership?", in Moral Leadership: The Theory and Practice of Power, Judgment and Policy (2006); David Skeel, Icarus in the Boardroom: The Fundamental Flaws in Corporate America and Where They Came From 152-155 (2005).

益机制帮助解释了 20 世纪 90 年代储蓄和贷款危机中安然公司和类似后继者的道德崩塌过程。[210]

美国律师协会的道德准则反映了基本的公司法规定,通过确定律师代表的是公司整体而非其中个人的利益,回答了"委托—代理"型难题。本书第八章中的讨论提及,为防止公司中个人的违法行为,公司高层有义务对管理决策重新作出审慎考虑。同时,道德标准和法律条款赋予了律师相当程度的自主判断权,当公司高层的行为在律师看来有损第三方的重要利益或有损社会公益或行为违法性尚不明确时,律师可以实施披露或者劝诫。

识别公共利益:权衡安全与成本的案例

在思考这一议题时,需提出的首要问题为:以法律工作为职的律师是否有能力作出法律事务之外的、关于公众利益公平的判断? 答案是,一切取决于相关信息的透明度和被权衡价值的性质与重要程度。例如,律师应如何取得对委托方公司的产品、工作环境安全程度和相关污染情况的了解? 如果相关信息越透明,材料越丰富,了解越多,就越有助于律师作出公平的判断。为提高生产安全所做的改进常花费巨大,从实际利益的角度来分析这个问题不失为一个便利的方法:衡量所有合理、可能选项的成本和效益。这种做法从理论上看来十分简单,但实践起来存在相当程度的不确定性,因为风险与收益实在难以估量。举例言之,改进车辆的安全性能所花费的成本与所

---

[210] Ronald R. Sims and Johannes Brinkmann, "Enron Ethics (Or: Culture Matters More than Codes)". 45 J. Bus. Ethics 243, 247 (2003); John R. Kroger, "Enron, Fraud, and Securities Reform: An Enron Prosecutor's Perspective", 76 Col. L. Rev. 57 (2003); See also Langevoort. The Organizational Psychology of Hyper-Competition. 关于储蓄与贷款危机的讨论,参见 sources cited in Rhode &Luban, supra note 3, at 287-97。关于总体的讨论,参见 Donald C. Langevoort, "Where Were the Lawyers? A Behavioral Inquiry into Lawyers 'Responsibility for Clients' Fraud", 46 Vanderbilt L. Rev. 75 (1993).

取得的收益应该放在何种参考系中衡量？是该放在风险阻却特征中衡量还是作为与其他汽车公司竞争来考量？在一些关于汽车低速追尾事故中发生的油箱爆炸案件中，涉案的小型车相对同价位的其他车辆有着良好的安全记录，但却在这类较少发生的追尾事故中表现欠佳。（如果安全性用于汽车销售竞争，该车辆已不需要进一步的投入；然而从预防风险的角度来看，进一步的投入十分重要，但这种投入能否取得相应的收益，是个问题）[211]

这涉及如何对不幸后果进行量化的问题。比如，如果关于安全方面如安全建设工程的特定决策提高了某一方面的人员死亡率，那么人们的生命价值几何？联邦部门计算出的数额浮动相当大——10万美元至1亿美元。[212] 法院判决反映，针对不同年龄、性别、种族和盈利潜力，赔偿金额也在大幅波动。参考被害人对自己生命的估价如接受的高危工作的保险和基本工资，也是一种为不幸后果折价的方法。[213]

计算诸如伪劣产品、工作环境和工业污染之类的其他后果时，会产生更多的不确定性。这类后果可能包括因公开诉讼所致的公司名誉受损，或工人及社区居民的健康问题所引发的公司声誉创伤。出于同样的原因，提高安全措施的长期代价难以被预测。长远看来，整个花费包括表面的修缮费用和公司低效益、销售业绩下滑、股价以及工资上调引发的潜在损失。这些结果还可能引发更深远的蝴蝶效应如养老金储蓄损失、工厂倒闭风险以及由此造成的员工、员工家属的

---

[211] Gary T. Schwartz, "The Myth of the Ford Pinto Case", 43 Rutgers L. Rev. 1013, 1032 (1992).

[212] Marianne Lavalle, "Placing a Price on Human Life", Natl L. J., Oct. 10, 1998, at 26-28（就消费者保护安全委员会关于供暖设备的决定与食品药品管理局的一项农药禁令进行了比较）。

[213] See Rhode &Luban, supra note 3, at 396-99.

安置费和社区补偿,结果难以估量。

实施"成本—收益"型计算的另一个困难在于分析者与利害关系者之间的距离。分析计算的任务通常由权威人士承担,通常是企业高层或公职人员。利害关系者的社会经济学地位则通常会低得多,包括但不限于由公众投票选举并同时从商界获得好处的官职人员以及自认为从"成本—安全"的平衡中得不到太多收益的人。通过政府工作者极度不愿意谈论这个问题的态度,我们可以清楚地看见这两种角色的价值矛盾之深、利益之难以调和。这种远距离会使分析结论甚为抽象,或者不委婉地说是过分盲目的保护。

"成本—收益"型计算存在不确定性,许多需要作出权衡的情况没有所谓"正确"的解决办法。但是可能有最佳选择——一个更尊重各方利益的选择。对于客户的一些行为,当其他于结果无所谓的决策者认为在道德准则和公共利益上难以调和时,律师常协助他们实行之。案例中常见活跃的律师,有时甚至活跃到了"欢欣"唆使的程度:"Dalkon"的灾难型散发一案、压制有关烟草和石棉危害健康的信息一案、滥用审讯手段虐待国际囚犯一案以及类似安然公司的储蓄贷款机构和商业巨头的财务失责交易案件中,律师都起了催化作用。[214] 这些案件提出的共同问题是,当律师发现其所协助的行为于道德不利时,他们是否有义务撤销自己的协助。

谢绝和撤销代理

美国律师协会认可律师在某些情况下如律师觉得案件"令人

[214] See Deborah L. Rhode, In the Interests of Justice 57 (2002); Bruce A. Green, "Thoughts About Corporate Lawyers After Reading the Cigarette Paper: The Wise Counsel or Gives Way to the Hired Gun". 51DePaul L. Rev. 407 (2001); Robert Cordon, "Portrait of a Profession in Paralysis", 54 Stan. L. Rev. 1425 (2002); Rhode, Moral Counseling, supra note 21; See also Vischer, supra note 17 (讨论了天主教神父未能披露儿童性侵犯问题)。

反感"或者"原则上不可理喻"主动撤销代理的权利。然而在道德责任上,律师是否有权这样做,在业界却引起了较大争论。19 世纪的美国法律道德评论者们坚持认为,至少在特定情境下律师有义务不去追求不公正的事业,[215] 这个观点也被现代的一些评论者认同。[216] 在谈及"合规咨询"时,罗伯特·古尔顿(Robert Gordon)教授提到:

> 即便法律规定清楚明白,实践中发现违规的概率同样较小,违规行为的代价也低,监管者也经常只用一堆纸吓吓你而已。在这样的情景下,大量律师出于客户的利益,便为那些于客户有利的违规行为提出建议并作出帮助,这实际上使法律规章成了一纸空文。他们这样做的唯一正当理由只能出于一种信心——一种相信法律体制自我平衡的信心:一些反作用力会抵消他们帮助违规行为所产生的影响。但是这种信心是毫无根据的……
>
> 批评者们会说:好吧,律师有权督促大家遵守法律,但是他们没有权利散播他们的观念、影响和政治立场。他们并非被公民选举的官员,也非政府的代理人;他们没有特权四处游走、规劝意欲违规者,教育人们如何举止,如何行事。
>
> 传统观念对此的回应十分简洁:律师确实需要一个

---

[215] David Hoffman, Fifty Resolution in Regard to Professional Deportment in A Course of Legal Study (2d ed., 1836). George Sharswood, Essay on Professional Ethics (1854).

[216] David Luban, Lawyers and Justice: An Ethical Study (1988); William H. Simon, The Practice of Justice: A Theory of Lawyers' Ethics (1998); Rhode, supra note 32.

官方承认的"监护人"身份以保护公众权益,并担负着鼓励人们遵守法律的任务。在没有官方第三方参与的咨询交流中,很可能少了如法官的角色监督律师与客户间的活动,律师不仅应做到依据经验预测特定行为的结果,还应向告知客户司法体系的价值倾向。律师不可能要挟任何人,他们只能提出建议或努力说服,唯一的示威手法只能是"我要辞职",连"我要揭发"都不能通用。若委托人有权要求律师帮助他们利用法律的含混之处创造机会以规避制裁,显然律师也有权鼓励并说服客户顺从法律。对批评者而言,另一个可能更好的回应是,如果承认律师没有特权引导他们的客户,那么他们也不能帮助客户从所为之事中免责……[217]

这些讨论通常忽略了律师无条件帮助客户与律师辞职以示抗议之间存在的过渡。有良知的律师所厌恶的情景,其合法性通常有待考虑,这种情况下律师是否有义务给出建议通常也值得商榷。从另一个方面来看,许多道德层面不确定性的情景,也需要客户作出"合理的商业判断"。例如,针对安全措施的花费,法律没有规定,但客户需要考虑成本—收益的平衡。

关于律师道德义务的极端解释为,只要帮助行为有违律师本人的道德观念,律师皆可拒绝施与援助,与合法性无关。在大多数评论家看来,这种极端的解释是没有道理的。如果关乎道德合理性的建议不被客户采纳,律师便以撤销代理相要挟,那么结果很可能是"咨

[217]　Robert W. Gordon, " The Independence of Lawyers", 68 B. U. L. Rev. 1, 72-73 (1988). Robert W. Gordon, "Why Lawyers Can't Just be Hired Guns", in Ethics in Practice, supra note 11, at 42.

询行为的权利义务结构完全颠倒,给予建议者(律师)反而成为最终的仲裁者,客户成了服从者"。[218] 而且如果律师真的撤销了代理,继任者的处境会更加糟糕。第六章也提及,除非该律师的水准是当地第一,否则他(她)的建议很难动摇客户的行为。其仅可能让客户重新计算欲为之事的成本,或干脆换一个律师。如哲学家的观点所示,即使明了某个不那么道德的行为的风险,这个风险对于个人的道德评判也只会产生一定程度的影响,并非绝对会被他纳入评价这个行为的因素中。例如,我们不能原谅那些帮助纳粹进行种族灭绝或者参与恐怖活动("9·11")的人,因为他们的后继者很可能会作出比这些更恶劣的行为。

的确,从所有层面上来看,撤销代理都是令人不快的,那么律师很少拒绝代理道德争议型事件也就并不令人奇怪了。[219] 首先一点,因保密职责所限,这样公然撤销代理常难以解释;其次,律师在选择客户与进行工作时,也一直努力使道德类冲突最小化。经济和心理上的压力也刺激着人们不断评估交流中的信息与争论,尽量避免道德价值冲突。社会学相关研究表明,承担特定角色、居于特定位置的人会更加相信其所处位置的合理性,也会不断收拢汇集有利于自身利益、有利于支撑所扮演角色的信息和事实即入戏者利己。[220] 同

---

[218]　Geoffrey C. Hazard, Jr., Ethics in the Practice of Law, 136, 143-45 (1978). 类似的观点参见 Lee A. Casey & David B. Rivkin, Jr., "Devil's Advocate: The Danger of Judging Lawyers by their Clients", Policy Rev., Feb. -March 2002, at 15; Ted Schneyer, "Reforming Law Practice in the Pursuit of Justice: The Perils of Privileging 'Public' Over Professional Values", 70 Fordham L. Rev. 1831 (2002); Monroe H. Freedman, "How Lawyers Act in the Interests of Justice", 70 Fordham. L. Rev. 1717 (2002).

[219]　Nelson, supra note 10, at 535-37.

[220]　See sources cited in Rhode, supra note 21; Thomas Gilovich, How We Know What Isn't So: The Fallibility of Reason in Everyday Life 80 (1991). 就律师的认知偏见如何会将他们牵连进不道德行为的讨论,参见 David Luban, "The Ethics of Wrongful Obedience", in Ethics in Practice, supra note 11, at 95; and Douglas C. Langevoort, "Where Were the Lawyers? A Behavioral Inquiry into Lawyers' Responsibility for Client Fraud", 46 Vand. L. Rev. 75 (1993).

理,如果某一决定牵涉的律师其利益小于委托方的利益,律师就能够更理性地评价这一决定的道德合理性。当问题涉及重要价值时,律师有权——很多人认为他们也有责任由他们的判断来指导客户的行为。

四、家长式作风

在法律咨询中,一些最难以抉择的道德困境与家长作风紧密联系。因为有时律师的价值选择会与其客户的利益相左,而客户会对其自身利益存在误解,于是问题就产生了。当客户的决定似乎会带来严重损失或者十分轻率时,律师应该作出怎样的回应? 显然,律师可以而且应当就其问题与客户分享自己的智慧。但棘手之处在于,律师要掌握好在何种程度上给出建议不会使客户觉得无法接受其家长式作风即应避免不当操纵或者强迫客户的嫌疑。而与此相对,对客户的决定可能受到多大程度的削弱,这个问题也同样难以界定。

在某些情况下,如果律师难以接受客户的一连串指挥,那么可以选择终止代理。《律师职业行为示范规则》第1.16条在初始稿中使用了"轻率"一词来使得上述情况下的终止合理化,但修改稿采用了"(律师与客户)的基本意见对立"的说法。然而,在具体情形中的恰当适用比精准的书面表述更为重要。需要考虑的因素既有金钱,也有道德和心理,包括客户和律师双方的态度。举一个常见的例子,一位客户不愿意在诉讼中作出妥协,尽管这样的安排非常合理,他要求律师作出完全无罪的辩护,但这不切实际;他的律师并不乐意在这项无望的工作上浪费时间,以免给自己的声誉带来风险。在客户不愿承担任何代理成本的情况下如在典型的风险代理案件中,问题会更为复杂。

律师协会的职业道德守则中有数项条款涉及这个问题。其中一些旨在保护客户免于受律师的不正当影响而作出不利于己的决策。例如,客户大概不会轻易放弃投诉律师渎职的权利,除非他们在投诉案中也获得了独立的代理。相应的,律师可能也不会专门准备材料来捍卫自身权利,这样多半会多此一举。《律师职业行为示范规则》第1.8条的h款和c款规定了相应的问题。正如第八章中有关条款讨论双方的利益冲突所指出的那样,此类规范的要义在于保护客户也保护公众对法律职业的信心。

当委托人的能力减损时,另一项职业道德的法规,《律师职业行为示范规则》第1.14条为限制行为能力人的客户提供了保护和指导。具体规定如下:

(a)当客户的行为能力受到限制,无法周全地思考需要被代理的问题,律师应当在一切合理和可能的情况下,维系正常的委托人—律师服务关系,无论客户的行为能力受限的原因是未成年、精神损伤还是其他。

(b)当律师有理由相信客户是一名限制行为能力的人,而客户又不具备足够的行为能力来保护自身利益,且除非采取相应保护措施,在身体、财产或其他方面持续存在受到损害的可能,那么代理律师可以采取合理的保护性措施,包括同有能力提供保护的个人或机构协商以及在一些案件中为委托人寻求诉讼监护人、保护人和监护人的帮助。

尽管有所规定,我们依旧常常无法确定"考虑周全的决定"或是适当的"保护性措施"有何具体构成。因为这些抽象的内容无法在抽象层面解决,只有在具体的案例中加以考虑才有助于我们的理解。那么,一位律师将如何应对下列情形呢?

• 在一桩死刑案件中,宣判执行死刑的被告愿意放弃上诉的机会,因为他认为自己需要为另一桩早年的罪行赎罪,同样,他相信自己被执行后可以得到重生。

● 一位癌症无法治愈的老人打算修改遗言,把所有的不动产赠与他的信仰治疗师。该人确实发挥过积极的作用,但并没有产生那样至关紧要的影响。

● 一位患有严重间歇性精神障碍的雇主绝不接受残障性的离职或投保相关的险种,因为他坚信这样的行为会坐实他是个"疯子"的事实。

● 一位 16 岁的女孩坚持留在虐待她的家庭中,她相信自己可以应对来自继父的虐待。而且她相信即使自己揭发了这一切,母亲也不会相信,但家庭却会随之破裂,自己就将会被投入社会福利机构或者看护所,情况会变得更糟。

● 一个 16 岁的男孩患有严重抑郁,他的父母拒绝了医生的建议,拒绝服用药物以及开展家庭疗法,因为他们坚信参与教会青年团体这样的方法会更好地解决他的"态度"问题。[221]

有关文献提出了数种方法以应对上述情况。伦理学家丹尼斯·汤普森(Dennis Thompson)提出了一种三步测试法来检验对他人决定的干涉是否正当:"首先,在限制个体作出决定行为前,其决策能力必须已经受到损害……其次,所施加的约束应当尽可能地受到限

---

[221] 所有这些假设都是以实际案例为基础的。Gary Gilmore 在其律师不顾其异议提起上诉后,试图解雇他的律师。关于该案的讨论,参见 Norman Mailer, The Executioner's Song 482, 505-06 (1979). See also v. Berry, 706 N. E. 2d 1273 (Ohio 1999)(驳回了辩护律师的动议,该动议要求审查想要放弃所有上诉权利的死刑犯的受审能力)。关于其他例子,参见 Rhode &Luban, supra note 3, at 673-75, and Jan C. Costello, "'The Trouble is They're Growing, The Trouble is They're Grown': Therapeutic Jurisprudence and Adolescents' Participation in Mental Health Care Decisions", 29 Ohio Northern U. L. Rev. 607, 609-611 (2003).

制……最后,这些限制是为了阻止严重和不可逆转的伤害。"[222] 然而,"决策能力受损"、"限制行为受到约束"、"严重而不可逆转的伤害"——这些被着重强调之处依然在各种情形下受到争议。某些情况下,在个人决策力未受到损害时,也会受到干预。比如,客户虽然心智成熟但还未成年,或是一名家庭成员作出了对孩子不利的某项决定,或是一名上了年纪的家长或身有残疾的配偶无法表达其个人意见时,就会有额外的难题产生。处理这些特定情形下无行为能力问题的另一种方法,被理论家们称为"假想同意"。

我们能够意识到自身的不理性特质,意识到自己在认知能力和情绪能力上的缺陷,以及或可避免或不可避免的无知,所以在实际中采取"社会保险政策"于我们而言是理智且谨慎的。但在一个理智健全之人接受家长式措施作为一种保护时,这于我们而言却是有争议的。

也就是说,我们要问的是,当人们在理性健全的情形下,可能会同意怎样的限制或保护。通过这种叩问,"假想同意"成为家长式作风是否正当的检验标准。当然,困难之处在于我们并不知道一个"完全理性之人"将会作出怎样的同意。毕竟,没有人可以在任何情形下做到完全理性。[223]

---

[222]　Dennis Thompson, "Patenalism", in Morality and the Law 120 (Richard A. Wasserstrom ed., 1971).

[223]　就对假想同意的批判,参见 David Luban, "Paternalism and the Legal Profession", 1981 Wis. L. Rev, 454, 463~67。就对反映在律师协会职业道德规则上的家长作风的讨论,参见 Fred C. Zacharias, "Limits on Client Autonomy in Legal Ethics Regulation", 81 Boston U. L. Rev, 198 (2001)。就关于鼓励人们就自己的情况和能力进行过于乐观的估计的认知偏见的讨论,参见 Jeffrey J. Rachlinski, "The Uncertain Psychological Case for Paternalism", 97 N. W. L. Rev. 1165, 1172 (2003).

于是,一些理论学家提出了第三种方案——一种基于情景的、临时的家长式作风,来检验限制行为是否与客户所承担的义务和想法相一致。举个例子来说,大卫·鲁班(David Luban)教授论证说,家长式作风在保护客户的长期和切实的利益(比如金钱或是自由)而非短暂的需求或心血来潮时是正当的。但是,这样的措施若表面上与客户的实际利益相左,但实际上符合其更深切层的价值需求,也是不正当的。[224] 当然,这仍需律师自己作出判断,尽管这样做难免受到律师自身价值和人生经验的影响,也需要律师对客户价值观有所了解。显然,律师们需要一些判断标准来区分"有没有决策能力"和"如何做一个漂亮的决定"。不然,我们的思考就会陷入这样的逻辑循环:如果客户作出了看上去很"不理智"的决定,他就会被认为是无能力的,而一个无能力的客户会被视为无法作出理智判断之人。[225]

从业人员通过对一些残障客户的服务总结出了数项判断标准来决定其决策能力是否需要家长式作风介入。比如说,当律师为老年人代理时,需要考虑诸如以下因素:客户是否有能力明确地表达其决定背后的原因、他们精神状态的不稳定性、他们对于某个决定所导致后果的理解、结果是否达到实质上的公平、这样的介入是否与他们的毕生理念相一致。[226] 当律师为未成年人代理时,也要考虑一些相似的问题,比如一个"错误"的决定会带来的风险,这个孩子的年龄、内

---

　　[224]　Luban, supra note 42, at 467-74.

　　[225]　Rhode &Luban, supra note 3, at 601;Thompson, supra note 40, at 252; Paul R. Tremblay, "On Persuasion and Paternalism: Lawyer Decisionmaking and the Questionably Competent Client", 3 Utah L. Rev. 515, 533-38 (1987).

　　[226]　Peter Margulies, "Assess, Connection and Voice: A Contextual Approach to Representing Senior Citizens of Questionable Capacity",62 Fordham L. Rev. 1073, 1084-85 (1994). See also Jan Ellen Rein, "Clients With Destructive and Social Harmful Choices-What's an Attorney To Do? Within and Beyond the Competency Construct", 62 Fordham L. Rev. 1101, 1108 (1994).

心成熟程度、心理上的稳定性、做事偏好程度、理智而不受他人过分影响去作出判断的能力。[227]

某些因素会比其他因素更为重要,这取决于情境。《美国律协在儿童虐待与忽视案件中的律师执业标准》也承认了上述标准。标准文件 B-4 中写明,一般情况下律师应当"尊重儿童所表达的意愿,并在诉讼过程中遵从他们的指示"。然而,B-4 文件中还补充道:

> 如果儿童的代理律师认为他的客户所表达的意愿可能对其自身造成严重伤害(而不是仅仅违背了律师认为的有利的做法),那么律师可以请求任命独立的诉讼监护人,然后继续遵循其客户意愿而作出代理……如果在商讨中诉讼监护人可能会对儿童不利,则代理律师不可以暴露其基本诉求。

有关上述条文的评论指出,"在律师为儿童代理的过程中,最棘手的职业道德困境产生于该儿童能够表达其意愿时……而其意愿将导致严重的损害"。如果在儿童希望"(继续)生活在危险的环境当中……而非冒险走入未知的世界如收养者家庭或是其他家庭外的地方",这些损害将极有可能发生。如果儿童选择隐瞒自身的危险处境,那么即使同他的诉讼监护人约谈也无济于事。在这种情况下,一位尽责的咨询者可以行使《律师职业行为示范规则》第 1.14 条规定的裁量权以及在其兄弟姐妹有问题暴露出来时,去寻求合理又必要的"保护性措施"。

---

[227] Peter Margulies, "The Lawyer as Caregiver: Child Clients' Competence in Context", 64 Fordham L. Rev. 1473, 1487-93 (1996); David R. Katner, "Coming to Praise, Not to Bury, the New ABA Standards of Practice for Lawyers Who Represent Children in Child Protective Proceedings: Ethical and Practical Dimensions" (2d ed., 2001).

正如这些例子所示,在客户能力限制的情形下,有效的咨询有时需要治疗技巧和其他相关的知识,而这些却是许多律师无法提供的。[228] 对于一个尽责且有良心的法律意见提供者来说,其中一项最为重要的品质就是意识到自己力所不能及之处,也乐意去寻求他人诸如客户的家庭成员、朋友、同事、精神健康专家和社会工作者的帮助,他们可以在司法系统的功能介入前发挥作用。[229] 这种帮助也有利于保护律师自身的权益:如果律师质疑客户的决定,就会存在被指责的风险,甚至吃官司。而一个为限制能力的客户代理的职业者负有特殊的责任,他们要确保自己拥有丰富的相关专业知识或技能,或者结识可以做到这一点的专业人士。

五、谈判

法律实践中,很少有什么比谈判更为重要。讨论与辩驳不仅是解决争端和处理委托人事务的方法,也是律师维持工作业务关系的方法。法律实践不仅要求对立两方律师间的谈判,也要求律师与委托方、与同僚、与监管者、与支持者和法庭人员间以辩论沟通。因为太多的辩论发生在缺乏正式问责制度的情景下,律师自身的道德规范在管理辩论时起了十分重要的作用。

这些道德规范因人而异,因事不同。下列因素影响重大:

---

[228]　See Jean Koh Peters, "The Roles and Content of Best Interests in Client-Directed Lawyering for Children in Children Protective Proceeding", 64 Fordham L. Rev. 1505 (1996); Bruce A. Green and Bernadine Dohrn, "Foreword: Children and the Ethical Practice of Law", 64 Fordham L. Rev, 1281 (1996).

[229]　关于治疗法学——法律在改善委托人精神福祉方面的作用的讨论,参见 Law in a Therapeutic Key: Developments in Therapeutic Jurisprudence (David B. Wexler and Bruce J. Winick eds. ,1996).

● 谈判参与者之间的关系

参与方之间当下是否有商业往来或者个人关联？谈判是否能一次性快速解决问题？律师是否与委托方有长期的委托关系？谈判策略对律师的声誉和以后的业务有什么影响？

● 司法与社会情境

司法上和社会上管理交易的规范是什么？它们是否有关于公平处理的硬性要求？谈判结果是否会被法庭或中立的三方审核？谈判失责的赔偿如何取得？相关法律文化的规范和要求是什么样的？

● 辩论、谈判的能力

各方以及他们的律师在时间、资金、信息和专业知识方面究竟如何？

● 问题与制约因素

影响谈判结果的关键问题和制约因素是什么？多大程度上受固定的资金因素影响？其他不明显但有"潜在巨大影响"的问题是什么，如"控制力、势力范围、自我和声誉"？[230]

● 个人特质

各方及其律师的道德准则、谈判风格和对风险的承受能力是怎样的？

举一个明显的例子，离婚谈判中处理问题的直率程度和合作程度会受以下因素影响：各方及其律师处理未来重大交易的可能性；必

---

[230] G. Richard Shell, Bargaining for Advantage: Negotiation Strategies for Reasonable People 30 (1990).

须遵守的儿童保护条款和必须取得的司法机关对于处理结果的支持;涉及的经济和非经济风险;委托人承受漫长诉讼的能力;所有参与者的性格特点,是否刻薄,是否厌恶风险;律师对自我角色的定位——"投弹员"还是"问题处理者"。

谈判情景千差万别,谈判原则也有相当大的差异。随后的讨论将指出,实践者和法律道德专家对例如披露文件材料信息和平等对待各方的态度有天壤之别。这种观念上的不一致,反过来解释了为什么制约谈判的道德标准大体上不会超越私法上禁止犯罪和欺骗的范畴。

《律师职业行为示范规则》第4.1条给出了基本原则和标准。禁止律师故意作出"关于重要事实和法律的虚假陈述",也禁止故意在"应当披露重要事实以防止律师帮助犯罪或欺诈的行为时的不作为",除非披露做法有违保密条约[See also DR 7-102(A)(5)]。在表面上,法规只禁止了在谈判中向对手撒谎,但是,该规则第4.1条的注释补充到:

> 特定陈述是否可以被视为一种事实取决于具体情况。在被广为接受的谈判习俗中,某些陈述常常不被认为是关于重要事实的陈述。对交易事项的价格或价值的评估,当事人关于可接受某和解方案的意图表示就属于此类……

美国律师协会职业道德与责任常委会的(06-439号)正式意见与上文相似。意见指出,在第4.1条的语境下,带有夸张和捏造性质的协议方案以及当事人具有优势的陈述通常不被认为是"事实性陈述",另一方不能理所当然地去相信。那么,这类陈述也不会受第4.1条关于虚假陈述禁令的影响。

该规则第4.1条的早期版本有着更为严苛的规定。它增加了许多条件如"在实施谈判中,律师应当公平对待所有参与者"、律师必须披露"对于纠正因先前代理律师造成的对事实或法律的错误理解有必要的"重要事实。[231] 这些规定与《合同法重述(第2版)》和《代理法重述(第2版)》中的条款相吻合。后者允许在相似的情况下废除和解的效力或者使代理者承担民事责任。早期的律师职业行为准则提案同样禁止律师依据被认为是非法或者过度的条款进行谈判,这个提案随后被吸收在美国律师协会诉讼部 2002 年《谈判道德指导条约》(第4-25条中)。

因律师协会强烈的反对,上述增加条款被撤销。反对者所考虑的原因大体如下:一些律师不愿意自身的谈判行为受到任何规则约束,至少不是来自律师协会基本条款的约束;[232] 其他律师不支持建议草案中关于平等和披露的一般规定。在他们看来,条款设置了"一个过分抽象的概括性规定",没有考虑到实践中变化多样的具体情况如地理位置、实体领域和执行环境不同带来的差异。[233]

行为准则中关于这一问题的讨论,不仅展示了不同习俗对于坦率态度和揭发行为的观点,还展示了对于各方代理律师的专业知识和专业阅历的不同期待。许多实践者担心,"如果一个条款的基底前提是法律职业实质同一……其会令业务技术先进的律师在与技术一般的对方律师对抗时处于尴尬的绝望境地,因为阅历上的优势毫无用武之处"。[234] 在这种条款之下,如果这名经验丰富的律师利用了

[231] ABA Model Rule Of Professional Conduct Rule 4.2, Discussing Draft (January 30, 1980).

[232] Geoffrey C. Hazard, Jr., "The Lawyer's Obligation to be Trustworthy When Dealing With Opposing Parties", 33 S. C. L. Rev, 181,191–96 (1981).

[233] James J. White, "Machiavelli at the Bar: Ethical Limitations on Lying in Negotiations", 1980 A. B. Found. Res. J. 926,927(1980). See also Hazard, supra not 51, at 192–96. 关于虚价和其他竞争性讨价策略的道德态度所进行的研究总结,参见 Roy J. Lewicki, Joseph A. Litterer, John W. Minton, and David M. Saunders Negotiation 392–98 (2d ed., 1994).

[234] Hazard, supra note 51, at 195.

他的专门知识,或者抓住了对手所忽略的信息,这个和解是可被撤销的,而且这名律师会受到纪律处分;相反的,如果这名律师提供信息,或者作出有利于双方平等的努力,他的客户最终是在为交易的双方出资,他的对手也会乘他人工作之便不劳而获。根据一些法律和经济理论,这种条款的长期影响可能适得其反,因为没有哪一方有足够的动力去遵守这些条例。[235] 有经验的一方并不愿意在他们无法利用的信息上耗费精力;缺乏经验的一方则仰仗着对方必须披露信息的义务,反而不愿意努力去寻找有利于他们的资料。

主张在和解谈判中加入更多诚实和公平的人,就上述争论作出了实践上和道德上的双重回应。从实践上来看,他们呼吁开展一系列调查,以检验强硬的谈判手段的效率。根据这些调查,以竞争为纲的强硬作风谈会出现"零和"的情景,各方缺乏一个持久连续的关系,并且不容易发现欺骗行为。这种情景的典型性其实并不高。实践中,多数谈判情景都会是一个可以"创造价值"的共同机会以及双方公开讨论所得与所失的"价值声明"的机会。谈判中若不做到相当程度的诚实和公平,却用一些误导性或利用性的手段,将会使双方盲目,可能不利于他们发现双方互利的解决办法。经典的博弈论同样印证了常识(博弈论中,重复的交易会使双方利益最大化,也会使单次交易中的欺骗行为无处藏身)即那些重复碰面的调解者不会善待对己不利的谈判说辞。长远看来,合作总是更好的。[236]

另一些评论者从道德层面讨论了合作、坦率和公平。他们声称个人保持诚实、廉正和公平所带来的自身效益应在衡量和解行为中

---

[235] Alan Strudler, "Moral Complexity in the Law of Nondisclosure", 45 UCLA L. Rev. 337, 374-75 (1997).

[236] See What's Fair: Ethics for Negotiators (Carrie Menkel-Meadow & Michael Wheeler eds. , 2004); Roger Fisher & William Ury, Getting to Yes: Negotiations Agreement Without Giving In(1981).

发挥中心作用。从这个角度看来，为欺骗性或者操纵性策略所说的开脱理由如"每个人都这么做"或者"另一方也这么做"是站不住脚的。这样的开脱想法是对双方道德的贫乏臆断——在其他情景下这样的理由会被狠狠回绝。再则，当律师知道他们的对手有欺骗事实时，报复性的欺骗不仅仅是简单的以牙还牙之举，更是一种希望造成某种伤害的复仇式行为。而这些伤害，是律师们通过揭露欺骗极力避免的。

暂时搁置道德问题，可能存在的问题还有对行为结果的长短期选择性评价的不同。有意识或无意识地，许多个人高估了不道德策略的短时效应，忽视了个人和体系上的长远代价。欺骗对手会同时影响双方和诉讼进程。当不实的陈述引起怀疑或者遭到揭露时，律师的信用被消减，还可能招致防御性或报复性的回应。"欺骗衍生欺骗"这一谚语中的道理告诉我们，讲一个谎言容易，但只讲一个谎言却十分不易。[237] 欺骗的结果通常导致一方的信任度降低，达成公平协议的能力降低，交换承诺时的可信度损伤，自身的气节也受到影响。诚实和公平在某种程度上来讲是积累来的东西。律师越多地追求成为"自由骑士"，则越多地面临在这个职业中维持其受信度、交易公平性的困难。

因此同理，利用对手的疏忽或错误，将导致更大的损失。天赋、资源和信息上的差异必将扭曲谈判应达到的公平结果。期待某方放弃不平等结果带来的所有优势是很不现实的，但有理由相信他们能放弃其中一部分。尤其当各方缺乏获取相关事实的途径时，遵守程度适宜的披露义务既公平，也能提高效率。

[237]　Sissela Bok, Lying: Moral Choice in Public and Private Life (1978); Peter C. Cramton& J. Gregory Dees, "Promoting Honesty in Negotiation", in What's Fair, supra note 55, at 108, 111; Reed Elizabeth Loder, "Moral Truth-seeking and the Virtuous Negotiator", 8 Geo. J. Legal Ethics 45 (1994).

这就是为什么合同法和侵权法会要求各方纠正事实性的错误陈述的部分原因。现行的判例法于《合同法重述(第2版)》第161条中总结到,当有必要去纠正一个先前的错误主张或某个关于谈判假设或者不揭露的问题会违反"好的信念和公平交易的合理标准"时,应当强制披露。《侵权责任法重述(第2版)》第527条和第529条的主旨为,利益受损方可以就事实误导性陈述所带来的损失申请赔偿,这种陈述包括模棱两可且不在意其歧义后果的陈述。部分真实的陈述,如果没有给足充分的信息,事实上也可能会具有误导性。该法第551条提出了类似的道理:如果需要揭露的事实是和解的基础,或者某方基于(与另一方)贸易惯例、与客观环境的关系而期待一个适度的信息披露时,不揭露行为会导致行为方承担相应责任。与《律师职业行为准则》第4.1条不同,该法没有对谎言、"大体上可接受的"夸大、半真半假和真实但有误导性的言论进行明确区分。如果某些谈判方靠这些言论达成了伤害目的,都被视为侵权欺诈行为。在这种情况下,律师如果出现符合欺诈标准的言语,则可能承担民事责任。[238]

唐纳德·朗吉伍特教授(Professor Donald Langevoort)针对"半真假学说"提供了一个经济学上的理由:

> 反欺诈的法律是有效的。它使得占有信息量少的一方不用进行花费巨大且重复的事实性调查工作,从而减少整个和解程序的花费。该法使得信息占有方有责任作出真实陈述。将同样的逻辑延伸到解决半真半假的陈词上也不是特别困难的事……语言本来是不精确

---

[238] See Restatement (Third) of the Law Governing Lawyers § 98; ABA Section of Litigation, Ethical Guidelines for Settlement Negotiation 4. 1. 1 (2002).

的;它没有强迫人们停嘴并分析所述内容是否有需要澄清的歧义……[239]

在衡量这些争论是否应该给谈判中的道德架设或多或少的规则时,以具体案件为例进行思考又变得很有用。下列案例反映了常见的谈判策略。通过这些案例我们可以进行有益思考,思考律师应该做什么,并思考何种后果会伴随着不道德的行为而生。可能性包括撇开一致意见、按程序规则对某方或其律师施加制裁、主张某方或其律师承担民事责任、对律师施加行政处分。

● 在一起争端中,某酒店违反了与某组织签订的接纳会议的合同,酒店方面的代理律师提出可付出5万美元的赔偿。原告某组织方的代理律师称这笔钱并不能弥补损失,会议未能成功举行所带来的损失远远高于5万美元,他们绝不会接受这个数目的赔偿,且陪审团的任何支持都比这个更实惠。事实上,组织方的法律顾问相信,如果案子进入诉讼程序,某组织拿到的赔偿额会比这个数目小很多。基于这个建议,原告方的主席提早授予律师以权力,代他们接受所有高于3万美元的赔偿。

在回应5万美元的初次报价时,原告方律师同时称,他的客户在接到会议合同的变更通知时,距离会议开始的时间已非常短,在那么短的时间内再找一家合适的酒店举行会议是不可能的。然而当律师联系他的原告方客户时,发现实际上另一家酒店已口头上答应了组织举办

---

[239]　Donald C. Langevoort, "Half-Truths: Protecting Mistaken Inferences by Investors and Others", 52 Stan. L. Rev 87 (1999).

该会议。当他之后致电被告方律师，要求接受 5 万美元的解决方案时，被告方律师寒暄道："减轻损失的工作怎样了？"原告方律师回应道："啥都没定下来呢。"最终，赔偿金额为 5 万美元。[240]

● 在一场无争议离婚案件的财产协调谈判中，丈夫和妻子对于一些资产的价值观点不一，包括不动产和家族企业的股票。当查看妻子提出的解决方案时，丈夫的律师发现了对方律师一处 5 万美元的计算失误，使得妻子宣称其在共有房产中的利益被计算得更低。律师将这个发现告诉了丈夫，丈夫认为这个被低估的数字反而更接近真实。因此，律师在回函中延续了这个错误，且使它不易被发现。基于相信丈夫已放弃在不动产分配中讨价还价，妻子便放弃了其在家族企业中的股权和相应利益。双方最终都接受了丈夫回函中的资产处置方案，并签署了最终协议，没有确认各资产的具体价值。[241]

● 在一起涉及银行不当地取消一个贷款协议的案件中，原告贷款方为他们自己塑造了一个十分"乐观"的形象。尽管他们宣称自己的生意已被银行的做法"毁掉了"，他们仍拒绝承认任何精神上的不快。在和解方案的商议中，他们的律师却提出，贷款方因为协议的取消受尽折磨。在各种讨论里，银行的代理人清晰地透露出他认为原告的生意业务已因此停滞。原告的律师并没有提

---

[240]　The case is described in Monroe Freedman, "Lying: Is it Ethical?" Legal Times, Dec. 12, 1994, at 20; see also Monroe Freedman, "Acceptable Lies", Legal Times, Feb. 20, 1995, at 24.

[241]　See Stare v. Tate, 98 Cal. Rptr. 264 (App. 1971).

出这个说法。事实上,原告的业务一直在进行,并且正拟订着一些重要的合同。最终,原告方律师接受了一个解决方案,且没有纠正对方的错误认识。[242]

● 在一个商场租赁商铺纠纷的谈判中,商场方的律师没有披露该商场因无力还款即将被收回的信息,租赁方的律师也没有发现这个问题。在租赁方为装修花费不少后,却被在止赎销售中买下商场的公司赶了出去。[243]

在一项由法律道德专家们参与的调查中,参与者们思考了与上述情景相似的模拟案例。针对与第一个案例相似的情景,大部分专家坚信,无论客户是否授予了律师接受特定价目及某种解决方案的权力,律师直接歪曲事实是不被允许的。其他大多数人则表示,律师可以含糊事实,但他们不会这样做。唯一一个专家觉得,撒谎是可以被接受的,因为对方并不享有"取得该部分信息的权力"。[244] 觉得律师的做法不道德的那些人提出,有经验的谈判者大体上能巧妙回答这种直入主题的寒暄,"你能为我们提供更多(的赔偿)吗"或者"我会尽力做到最好"即为不错的回答。[245]

酒店案例的真实原型发生在 20 世纪 60 年代的华盛顿特区,马塔基尼联合会(Mattachine Society)策划的第一次关于同性恋权益的全国讨论会。曼杰酒店(Manger Hotel)在知道会议主题的情况下同意为其组织会议并提供场地。距会议召开还有两星期,各种宣传与

---

[242] Larry Lempert, "In Settlement Talks, Does Telling the Truth Have its Limits?", 2 Inside Litigation 1 (1988).

[243] Davin v. Daharn, 746 A. 2d 1034 (N. J. Super. A. D. 2006).

[244] See Lempert, supra note 61, at 16.

[245] White, supra note 52, at 933(建议作出回避性答复);Gerald Wetlaufer, "The Ethics of Lying in Negotiations", 75 Iowa L. Rev. 1219, 1237 (1990)(建议律师可以质疑问题是不适当的,或者就其认为合适的数字提出理由)。

邀请函已然发出时,酒店的连锁机构办公室命令其取消这次会议接待。门罗·弗里德曼(Monroe Freedman)教授,也是联合会聘请的律师,为他没有披露成功找到另一接待酒店的行为进行了辩解:

> 在那个时候,任何减轻损失的方法有定论吗? 人这一辈子有可以定论的事吗? 毕竟,马塔基尼联合会曾以为与曼杰酒店的协约是确定的,结果它却被推翻……关于减轻损失的陈述并非一个绝对的否认:它其实是一个模棱两可的回答——一种逃避式的回答,任何一个细心的倾听者能够继续追问道:"你说'没有定下来'是什么意思?"……[246]

根据弗里德曼的观点,新有酒店提供会议支持的消息是保密的,并且只要他没有作出关于重要事实的错误言论,基于《律师职业行为准则》第4.1条的内容,他没有义务去披露这些信息。

对于银行贷款一案,约2/3参与调查的专家认为,关于原告精神上愁苦的陈述是不道德的。其余的专家则认为,"一些(情绪上的)愁苦显然存在",如果贷款方"丝毫不在意就不会发展为法律上的问题了……(律师只是)修饰了这些情绪而已"。[247] 还有一位专家同意夸张的描述可被接受,并举了与案情类似的如汽车销售中夸大言辞的事例。他认为,最根本的问题是你我作为对立的谈判者"各自的合理期待是什么"。[248] 罗纳德·罗唐达(Ronald Rotunda)教授借用了同样的事例,却得出了不同的结论。在他看来,"如果律师想要成

---

[246]　Freedman, "Lying: Is It Ethical?" supra note 59, at 20.

[247]　See Lempert, supra note 59, at 18 (quoting Charles Craver).

[248]　Id. (quoting James White).

为一个二手车推销员，这样在工作中夸大言辞便是一个不错的开始"。[249]

那些认为"吹嘘"可以被接受的人，通常会假定其他人能够识破那些夸张说法。但如果其他人一直能看透，吹嘘本身又有什么用呢。法律实践中出现夸张与吹嘘，也是因为它们有时候起了作用，对方被欺骗了。在罗唐达教授和联邦法官艾尔文·鲁宾（Alvin Rubin）这样的评论人看来，与律师打交道的那些委托方着实不应该被要求拿出十二分的谨慎，就像在远东集市上跟陌生人做买卖一样。[250]

离婚案件"书写者错误"的例子基于一起真实案例。当时的审判法庭指出：

> 如果不是"丈夫"最后精心地画蛇添足，这个错误可能永远都不会被发现。在"妻子"离婚后，"丈夫"为她邮寄了一份包含着错误计算结果的财产分配方案副本。在副本的第一页上，他用大写字母得意地写着——"请注意……你的计算中的错误"。

这位妻子随后提出了重新签订财产分配协议的诉讼，法庭根据《加利福尼亚州法典》第3399条予以批准该动议。在与其他判例所反映出的判例法相类似的条款中，州法典写道："欺骗、双方的共同错误、单方错误在一方知晓或者怀疑存在时，如果书面合同中没有表明知晓信息方的真实意图，那么合同在利益受损方的申请下，是可以被修改的……"

---

[249] Id. (quoting Ronald Rotunda).

[250] Alvin B. Rubin, "A Causerie on Lawyers' Ethics in Negotiations", 35 La. L. Rev. 577,589 (1975).

　　法庭并没有考虑律师的责任,但其他律师道德协会却进行了这样的思索。在 86-1518 号非正式意见中,美国律师协会职业道德与责任常委会审查了一个情景:一个律师发现对方法律顾问拟定的合同终稿里有错误,忽略了一处重要规定。在常委会看来,无论是《律师职业行为准则》还是《律师职业责任示范规则》,都没有要求律师在纠正类似错误前必须征得其委托人同意。尽管他们的委托人有权知道对作出"明智决定"有用的信息,一旦委托人接受了对方的条件,便没有什么遗留的问题需要做决定了。我们可以把美国律师协会的这份非正式意见看作合理的"家长作风式主义"的反映,或者也可以用于律师之间的互利保护,使那些注定会在实践中发生的错误得以纠正,不至于招致最严重的结果。

　　与之类似,在商场一案中,法庭认为两方的律师都有责任。租赁方的律师应该进行更彻底的调查。出租方的律师应该建议委托人披露即将到来的止赎事实;并且如果委托人拒绝披露,律师应该撤销代理。在法庭的观点中,律师"有责任高效且充满活力地进行代理工作",同时也应该"公平、秉持着高尚信念去行动"。诚然,出租方的代理律师"处于一个尴尬的境地",但是,法庭补充道,"法律实践本身也是相当不易的"。[251]

　　对于面临这些事件的谈判者,那些道德困境常常与博弈论中的囚徒困境类似。如罗伯特·康德林(Robert Condlin)教授所言,

　　　　当交易双方开始合作,他们能收到联合行动的福利,而且能创造一个对双方都有利的结果;当一方强势,另一方合作,强势的一方通常会利用合作者,并取得更大的收益;当两方都开始竞争时,他们将资源浪费在了争斗中,

---

[251]　Davin v. Daham, 746 A. 2d 1034 (N. J. Super. A. D. 2000).

147

顾不上集体的利益(根据囚徒困境,个人最佳选择并非团体最佳选择),对经济效益弃之不顾,最后常常因身心疲惫和思维极端化为谈判画上一个平庸的句号。在任一个谈判中,选择向双方展示囚徒困境的道理十分有益,因为在每方看来合情合理的选择常常会导致一个共同不愿看到的结果。如果重复协商,的确存在脱离囚徒困境的最优解……但是在任何单个谈判中,鉴于没有对往后交往的期待,单方若展现出合作的举止,反而是很不合理的,这就是所谓的谈判方困境。[252]

在重复的谈判协商中,"脱离(囚徒困境)"的方法是一个"一报还一报"的过程。那些成功的谈判者通过合作开局;如果对方不合作或举止不道德则开始报复;当对方收敛其反抗行为时又开始合作;并通过这一系列行为向对方清晰地展示自己的态度。[253] 另一个可以在谈判中避免囚徒困境的方法是雇用那些以重视合作、公平、直率而闻名的律师为自己服务。[254]

通过正式法规或非正式的声誉惩罚,也可能同样提高谈判中的直率与合作程度。在一次针对法律实践工作者的全国性大型调查中,大约有40%的参与者认为,修订现有法规是一个帮助改进谈判行为的有效方法。[255] 艾尔文·鲁宾法官提出了这样一个调整

---

[252] Robert J. Condlin, "Bargaining in the Dark: The Normative Incoherence of Lawyer's Dispute Bargaining Role". 51 Md. L. Rev. 1, 12 (1992).

[253] See Fisher &Ury, supra note 55; What's Fair, supra note 55.

[254] Ronald J. Gilson&Rober H. Mnookin, "Disputing Through Agents: Cooperation and Conflict Between Lawyers in Litigation", 94 Colum. L. Rev. 509 (1994).

[255] Stephen Pepe, "Standards of Legal Negotiation", Interim Report for ABA Commission on Evaluation of Professional Standards and ABA House of Delegates(1983).

方案：

> 在律师这个职业的专业精神中，一个固有的观点是，律师能自律且能坚守比法律要求更高的社会性标准。贪婪或者有恶意的委托人既不可能控制律师的良知，也不可能动摇他的道德观。显然，如果这份职业的实践者严于律己，这份职业——在我们法治的社会中主导着法律程序的职业就不会让人失望。在他们以职业身份出面协调谈判时，职业精神要求他坚守两个简单的原则：诚实并且高尚地谈判；不利用他人——无论他人的专业水平或者阅历如何。[256]

即使在成文法典缺失的情况下，许多律师依然恪守着这些准则。长期看来，如果这些标准更加广泛地于实践中被加强，律师和律师职业都将受益匪浅。真正的"市场价值"存在于坦率和公平交易的外在声誉中。如一个律师事务所合伙人告诉我们的那样，"我们最宝贵的资源便是代表委托人与政府机构打交道时以诚信和精确著称的声誉。很多时候要证明某些事实很困难，但总有部门机构会相信我们的说辞"。另一家合伙人称，他们在教导初级律师时，给予了相似的行事标准："如果财务文件中的误导性文字没有被及时修正的话，你不可能在公司里待太久，你也不可能在这个地方的其他公司谋到职位。"诚然，这些话的先决条件是律师会重复地做自己的工作，而不是在某一案件中孤注一掷，这便决定了"名声"的重要性。但是所有的律师在某些做法中都会有重复，而且对于绝大多数法律实践者来说，声誉是他们最重要、最有价值的资产

---

[256]　Rubin, supra note 69, at 593.

之一。

六、游说

经过过去 50 年的发展,游说的重要性大幅提升了,律师作为游说者的角色亦是如此。在 20 世纪 50 年代以前,只有极少的公司或公益组织和几千家工会和行业协会在美国首都有办事处。如今,超过 500 家的公司、2000 个公益组织以及 85000 家工会和行业协会拥有了那样的联络站。[257] 各个组织的规模和重要性不一,从拥有 40 万成员的美国律师协会,到全国冰冻比萨研究所这样名不见经传的小机构,皆设有办事处。游说活动在各州以及各地有着类似的增长,总的算来,活动场数极有可能超过了其在华盛顿特区的数目。

协助这些组织的律师同样增加了,他们的活动范围也大幅扩展开来。"政府关系"工作包括了范围非常广的任务,如提供关于政治和立法发展上的建议;准备立法和行政听证会的见证工作;起草立场文件和法规、规章、注释的提案;参与政府合同谈判;与政府官员和政府机构沟通交流委托人的立场;从地方、州、国家层面协调法律、政治以及公共关系策略。[258] 有效地履行这些职能要求律师在各种层面上都拥有均衡的能力,包括实体性知识、先进的技术、人脉以及信誉,

---

[257] Ronald G. Shaiko, "Lobbying in Washington: A Contemporary Perspective", in The Interest Group Connection : Electioneering, Lobbying, and Policymaking in Washington 3, 7 - 8 (Paul S. Hernson, Ronald G. Shaiko, & Clyde Wilcox eds. , 1998). For an overview, see Congressional Research Service, Lobbyist and Interest Groups: Sources of Information (June 10, 2005).

[258] Id. , at 9 关于游说活动的扩大问题,参见 Congressional Research Service, Lobbying Reform: Background and Legislative Proposal, 109 the Congress (March 23, 2006); 关于这一角色的演进,参见 Mark J. Green, The Other Government: The Unseen Power of Washington Lawyers (1975); Edward O. Laumann, et al. , "Washington Lawyers and Others :The Structure of Washington Reprsentation", 37 Stan. L. Rev. 465 (1985).

还有敏锐的政治判断。与公众心目中的形象相反,律师游说并不是那么虚情假意,并不是靠热情和煽动便能取得胜利,这个工作需要十分细致的准备。[259] 律师帮助人们在公众利益和私人权利之间架起桥梁,而且他们在游说中所做的努力常常能深刻地影响政府决议和政策的形态。

这种程度的影响也相应地带来相当的责任。律师协会的领导们一直以来都强调,当律师在一个非对抗性的情景下针对公共政策提建议时,他们有对公共福利加以重点考量的特定职责。如法学教授保罗·弗洛尹德(Paul Freund)曾表述到,在这种情景里的律师应从"更宽的范围,担着更多的义务去探寻问题,不应受客户可能有的狭隘的顾虑所约束,并且从自己观察到的角度给予委托人建议"。[260]律师自身在信誉上的利益也通常将他们的行为推向上述相似方向。许多专长为政府关系协调的实践者曾将他们职业生涯的一部分投入于服务公职,或者与服务公职的人建立友好的合作关系。这样做的效果通常表现为在这段公职时间内,在特定的人群中赢得一个坦率、公平、端正、合理的信誉,而这些人以后可能成为进一步交往、有业务往来的人。[261] 基于同样的原因,那些周旋于调和公众和私人利益的政府机关的律师也十分关心声誉问题。结果便是,政府工作总会被贴上"合作与妥协,而非对峙与冲突的标签"。[262]

但是,利益集团间、利益集团与政府协调者间的激烈冲突仍是一个问题。在这种情景下,有限的研究结果表明,有着游说者身份的律

---

[259]　Laumann, et al. , supra note 77, at 495; Barbara Rabinovitz, "Another View of Lobbying Puts Emphasis on Public Interest and Legal Expertise", Kansas City Daily Record, May 3, 2006.

[260]　Green, supra note 77, at 12 (quoting Paul Freund).

[261]　Laumann, et al. , supra note 77, at 490-95.

[262]　Id. , at 490.

师,比起他们在其他场景中辩护者的角色,此时同样具有价值偏向性了。[263] 近期凸显的例子包括那些为烟草行业、破产企业、倒闭的储蓄与贷款协会游说的律师。[264] 一个传奇的个案如下:科威顿柏林律师事务的合作人挑战美国食品和药物管理局规定花生酱中的花生含量规定,华盛顿律师的阻挠能力体现得淋漓尽致。行业观点是,大众不会太在意花生酱中有些什么,只要他们尝起来像花生就行。尽管政府机构最后取得了胜利,但这场漫长的斗争耗去了12年,以及大约两万四千页庭审记录,留下了接近七万五千页的文档。[265] 这样的例子也很大程度上催化公众对游说者律师的不信任情绪。根据一位媒体战略家对一名从政府关系协调转行到服务公众的律师所言,在大众眼里,没有什么比"律师且游说者"有着"更加糟糕"的形象了。[266]

如果真的存在更糟糕的形象,恐怕是最近的道德丑闻所带来的。华盛顿著名游说者杰克·阿布拉莫夫(Jack Abramoff)认罪的消息——欺诈、逃税、受贿指控,与接连而来的调查和国会听证,进一步激起了公众对于游说者的不信任。将近90%接受调查的美国公民相信,首都存在严重或者说非常严重的政治腐败问题。[267]

---

[263] Id. .

[264] See Rhode &Luban, supra note 3, at 258-61, 289-91; Ralph Nader & Wesley J. Smith, No Contest: Corporate Lawyers and the Perversion of Justice (Random House: 1998); Richard Zitrin& Carlo Langford, "The Moral Compass of American Lawyers", in Truth, Justice, Power, and Greed (1999); William H. Simon, "The Kaye-Scholer Affair: The Lawyer's Duty of Candor and the Bar's Temptations of Evasion and Apology", 23 Law & Soc. Inquiry 243, 269 (1998).

[265] Green supra note 75, at 133-39 (describing efforts of Thomas Austern).

[266] Mike Soraghan, " Strickland Changes Tack on 'lawyer Lobbyist' Label", Denver Post, Sep. 4, 2001, at A10 (quoting Bob Klein).

[267] Edward Alden, "Abramoff Adds to Pressure For Clean-Up in Washington", The Financial Times(London),January 5, 2006, at 5 (citing AP-Ipos Poll).

我们不用惊讶,律师们试图扩大自己与游说标签间的距离,倾向于将自己描述为"策略家"或者"政府关系"专家。[268] 但是这样一些"专家"相信,提高形象的最佳方法是律师在他们的政策工作中给予公共利益更大的关注。许多成就非凡的政府关系律师这样做,并且在发现委托人处在一个他们不能接受的立场时则撤销代理。著名的案件如首都华盛顿哥伦比亚特区(律师)事务所拒绝帮助一个长期的烟草公司客户,不支持其取消其产品上警示标志的请求。

当然,公共利益的组成是什么常常成为争论的主体。在一些暂时性的、牵涉金融、安全、环境监管方面的问题上,没有一致的回答。游说者身份的律师常借助这种不定性,将他们的工作方向转向他们个人支持的一方。结果就成为游说者们常信心满满地主张他们的立场反映了公众的利益。

另一些道德上的问题,与游说者身份的律师所面临的问题形态不同,牵涉利益之间的争斗。为了同时从表象与事实上根除与消灭不当行为,相当多的联邦、州和地方法律要求详尽地披露游说活动信息;同时禁止游说者向政府官员送礼、邀请用餐和参加娱乐活动。[269] 相关法律还规整了公职与私人执业间的利益关系。一个顾虑是,政府的律师如果希望让未来就业选择面最大化,可能会规避选择那些可能使自己与未来潜在委托人或者雇用方产生隔阂的职位。更远的顾虑是,当前政府律师成为游说者后,他们会不当地利用他们先前的经验和人际关系,用以开发接近机密信息的快捷通道。

为了解决这些顾虑,联邦、州和地方立法机构对前公职人员的活动均加以规范。例如,《政府行为道德准则》永久性地禁止了执行机

---

[268]　Rabinovitz, supra note 78.

[269]　See Wright H. Andrews Jr. , et al. , New Federal Lobbying Disclosure, Gift, and Political Fund Raising Law and Rules: What You Need to do Business in Washington in 1996(1996); Shaiko, supra note 76, at 13-15.

构的前雇主(包括律师)代理任何他们在任职期间曾"以个人身份且实质性地"参与过的事件。条例同时提供了两年的"冷却"期,禁止执行机构的前雇主出于影响在其离职前一年内发生的事件的目的,与联邦机构或者联邦法庭作出任何交流,或者单纯出现在他们面前。《律师职业行为准则》与《律师职业责任法典》相似,皆禁止了前政府律师代理其在前段雇用期曾以个人身份且实质性地参与过的事件,除非相应机构给予书面意见而同意其代理。然而,《律师职业行为准则》允许同一事务所的其他律师提供该事件的代理,前提条件是该前政府律师没有任何参与机会且没有经济利益。这种道德性条例意欲同时消除公职人员的不当影响和保留私营部门对杰出政府雇主的吸引力,也是消除和保留两件事务的平衡。[270]

律师在以游说者身份代理行业协会事务时,另一个关于公共道德的问题便产生了。关键问题为,律师或者事务所是否应该接受对行业有利但对行业成员不利的工作。本质上看来,报道中以及律师协会的道德观点大体上认为,律师或者事务所应接受这样的工作,只要他们不被视为既代理受损个人又代理整个协会。[271] 这是一个需要在特定案件情况背景下予以考虑的问题,利益受损成员的合理期待以及律师于代理阶段取得有关该成员的机密信息的可能性,皆对问题的结果有影响。

更广的问题涉及某些特殊代理的道德性问题如代理那些想要掩盖其成员身份信息的特殊协会或者组织。当这些组织想要发起"隐

---

[270] For an overview, see Rhode &Luban, supra note 3, at 612–20; Geoffrey C. Hazard, Jr., Susan P. Koniak, Roger C. Cramton, and George M. Cohen, The Law and Ethics of Lawyering 510 (4th ed., 2005).

[271] D. C. Ethics Op. 305 (2001); Ernest T. Lindberg, "Representation of Trade Association", Wash. Lawyer, Feb. 2002, at 10; Westinghouse Electric Corp. v. Kerr-McGee Corp., 580 F. 2d 1311 (7th Cir. 1978).

形的"影响公共政策的"运动"且不希望接受公众问责时,这样的问题就产生了。[272] 如果律师游说者以保护客户隐私的特权为由为他们的活动匿形,公民、政策提出者以及新闻工作者就更难了解谁在资助这些组织的活动了,这无疑增加了问题的复杂性。

然而,律师保护客户隐私的特权是否适用于游说工作还是个值得商榷的问题,且逐步引起人们的关注。涉及这个问题的案子相对较少,法庭通常也认为上述类型的政治活动不受反披露信息法律的保护。[273] 但是如果这些活动有重要司法意义,而且律师事务所的律师为这个活动提了建议(与来自公共关系公司的建议区分开),那么委托人与律师的交流大致上是被隐私特权保护的。如果一名律师参与或者从事公共关系咨询者工作,且他又为该组织提出建议,那么这个问题便变得更加复杂——尽管大多数律师工作时都假定他们所有的工作都是受隐私特权保护的。[274]

但随着两则广泛报道的裁决问世,这种假设也出现了一些问题。一个是纽约南区的联邦地区法官的判决,该判决认为无论是律师与委托人间的隐私特权还是起诉材料的保护条款皆不会保护与总统赦免请求有关的的文件、证词。[275] 美国企业高管马克·瑞奇(Mark Rich),在其逃亡前得到了克林顿总统在任期间的赦免。根据地区法院,瑞奇的律师是"以一个游说者而非律师的姿态在工作"。[276] 为

---

[272] Congressional Research Service, Lobbying Reform, supra note 77, at 3; Darrell M. West & Burdett A. Loomis, The Sound of Money: How Political Interests Get What They Want 69-70 (1998).

[273] Edna Selan Epstein, The Attorney-Client Privilege and the Work-Product Doctrine 231 (ABA Section on Litigation 2001).

[274] Luke Mullins, "Open Secrets?: Some Worry About Threats to Lobbyists' Attorney-Client Privilege", Roll Call, July 27, 2005.

[275] In re Grand Jury Subpoenas dated March 0, 2001, 179 F. Supp. 2d ed. 270 (S. D. N. Y. 2001).

[276] Id. , at 289.

这个赦免做担保的首席律师因其政治手段的高明而被雇用,其司法实践能力并未被如此看重,他的团队被"主要用来在实质上为游说和政治公关的事情上包装法律外衣"。[277] 因此,相关的交谈和资料并不受特权保护,传票依然会送达。在另一个案例中,哥伦比亚某地区法官批准了联邦存款保险公司对帕顿·博格斯(Patton Boggs)律师事务所的传票。他们曾为一个牵涉休斯顿存款与借贷协会破产缘由的得克萨斯的商人代理案件,于司法和政治上启动了双重工作,判决结果与前案相似。[278]

法庭这样的分析逻辑对律师或游说者十分不利,因为人们常常看重他们在司法与政治两方面的才能而雇用他们。这样的判决可能招致两个结果:一是更多的律师事务所会尝试在诉讼和游说之间建立一个坚固的道德分水岭;[279] 二是人们在解决多方面的政府关系工作时会更谨慎地聘请律师为自己参考,或者与律师打交道时不再那么坦率。[280] 然而,在法官的意见刚作出的头几年,这两种可能性皆不会有太明显的迹象。[281] 但是从另一方面看来,这个意见具有补偿性效应:它减少了媒体以及起诉人在揭露不法行为时的障碍,为律师阻挠披露行为建立了可信的阻碍。尽管在这种情景下,防止律师越界的最佳屏障是律师自身的内在信条——受这个职业的工作环境因素和实践所强化的信条。同理,对于涉及交易业务的道德问题而言,这个道理也适用——对公众信任的需要往往超过了进行有效管理的要求。

---

[277]　Id. , at290.

[278]　James, Grimaldi, "FDIC Case Against Texas Businessman Hurwitz Moves Forward with Approval of Subpoena", Washington Post, April 12, 2002, at E01.

[279]　Louis Jacobson, "Were They Lawyers or Lobbyists?." Nat. L J., Jan. 12, 2002, at 109.

[280]　Id. .

[281]　Mullins, supra note 93.

第八章

利益冲突

一、导论

委托人—律师关系的基础是忠实义务。当律师有其他职业上或者个人的关系危及这种忠实义务,利益冲突就产生了。这些冲突是美国法律实践领域中一个常见的并且越来越具有争议性的特征。私人律所和他们的公司委托人的规模在快速增长,并且分支机构和子公司也在扩张,这些都增加了切实的、细小的、不经意冲突的可能性。更多的律所客户只涉及短期的特定委托事项,而不是长期的雇用关系,因此,律所客户通常的"构成"在不断发生变化。而且律师之间的横向流动也在增多,这也导致了相应的人事上的变化;因此,律所对冲突查证有越来越多的需求,丧失代理资格的风险也加大了。同样的,律所内部和律所之间的分工越来越专门化,也增大了竞争性利益同时发生或者连续冲突的可能性。法律业务在技术性上越来越复杂,越来越强调之前的执业经验;委托人很可能寻求之前对同样案件有过参与的律师,而这种先前的参与就经常造成丧失代理资格。

那些在地域上、实质上或者"社会网络"上垄断的律所最有可能面临或者可能涉及利益冲突的双方当事人都要求帮助。[282] 美国律师基金会的苏森·夏皮罗(Susan Shapiro)做了一个调查,回应是这样的:大型律所估计,他们因为利益冲突而拒绝 1/3~1/2 的潜在案件。小型律所估计,同样的原因,他们拒绝了 5%~10% 的潜在商业机会。[283]

随着利益冲突问题越来越普遍的出现,在律所内部和律所之间,关于利益冲突的纠纷也越来越多。在律所内部的业务中,在接受哪

---

[282]　Susan p. Shapiro, Tangled Loyalties : conflict of interest in legal practice (Ann Arbor: university of Michigan press,2002).

[283]　Id.

一项委托的问题上造成了越来越多的分裂。"关于冲突的冲突"经常引发重大的跑马占地式的纠纷,偶尔也会造成合伙人变节另投其他律所,因为他们不能接办危及同事委托人的业务。律所已经有必要用更加详细的监管程序来防止机会主义律师去接受有问题的案子,这些机会主义律师原本希望潜在的冲突不会被具体化、不会被查出来、不会被质疑。[284] 在律师的外部关系中,冲突问题也频频引发纠纷,主要是因为它会导致丧失代理资格这样有特色的救济措施。其他的伦理规则经常是事后通过律协的纪律处分或者不当执业程序来实施;与这些伦理规则不同,违反利益冲突规则会导致违规律师在代理前或者代理过程中丧失代理资格。如果一家法院发现了律师滥用秘密信息,可能会禁止律师把工作成果交给继任的律师。这种丧失代理资格的救济是一个有力的武器,增加了对手的开支并且拖延了时间。因此,如果委托人因为利益冲突导致律师丧失代理资格或者不当代理而付出大量的成本,他们有非常大的可能去起诉不当执业。这些救济措施可以帮助我们解释为什么利益冲突原则如此广泛地被诉诸法庭。

利益冲突出现在非常广泛的情况之下,但是一般来说呈现出以下几种形式:

- 多方代理:在同一事务中代理不止一个委托人,而他们的利益是有差别的。
- 连续性代理:在相关的事务中代理现行委托人对

---

[284]　Groffrey C. Hazard, Jr. & Ted Schneyer, "regulatory controls in large law firms", 44 Ariz. L. Rev. 593 (2002); Elizabeth Chambliss, "The professionalization of law firm in-house counsel", 84N. Car. L. Rev. 1515, 563~66 (2006). 这些程序如何在强大的律师个人利益面前失败的例子,可参看 Milton C Regon, Eat what you kill:the fall of a wall street lawyer (2004).

抗前委托人。

● "个人"冲突:委托人的利益和律师的利益在个人财务、职业或者其他方面(包括那些近亲属的利益)相冲突。

● 立场性冲突:代理一个委托人的立场可能在实际上不相关的事务中会不利地影响其他委托人。

● 替代性冲突:律师在一个事务中代理一个委托人,同一组织的另一名成员先前就该事务存在非个人性的冲突。

"情境的律师"(lawyer for the situation)这个术语是路易斯·布兰戴斯(Louis Brandeis)在1916年参议院举行的提名听证会上创造的,这个听证会是要确认他为联邦最高法院大法官。布兰戴斯的任命激起了强烈的抗议,部分原因是一个不好明说的理由:他的自由主义立场和犹太人的身份,部分原因可明确说明:他曾经同时代理了有利益冲突的当事人。批评者反对他在一个家庭成员内部出现纠纷的时候代理了这个家庭事务,他照管了好几个不同利益方的商业交易;为了维持商业交易正常运营,他调解了所有权人和债权人的分歧。虽然委托人已经表达了同意,但争论的核心在于布兰戴斯是否能够合格代理有冲突利益的各方和他是否向各方提供了充分的信息,告知这种共同代理的风险。布兰戴斯虽然承认他披露的信息也许不够充分,但是,他为自己辩护说,自己所做的是"情境的律师"。最后,其他知名律师承认他们也曾经作出过类似的行为,所以,针对布兰戴斯的伦理指控逐渐平息下来。[285]

---

[285] Geoffrey C. Hazard, Jr. Ethics in the practice of law 58-62 (1978); Richard W. painter, Contracting Around conflicts in a family representation : Louis Brandeis and the Warren Trust, 8u. chic. L. Sch. Roundtable 353 (2001).

　　布兰戴斯关于律师角色的观点引发了持续的争论。批评者反对说：律师不是被一个"情境"雇用的；一个既有的情境到底需求什么，在这个问题上，律师和他的委托人也许有非常不同的观点。[286]　多方利益之间的一致，如果有可能的话，也是很少见的；如果多方主体间随后产生了纠纷，为每个人做代理可能看上去就是没有为任何人做代理。

　　在关于丧失代理资格的法律以及律师伦理规则中，多方代理之核心概念就是利益的"困境"。这个概念既指的是一个利益冲突将会发生的可能性，又指的是任何一个利益冲突将会达到的强度。问题不仅仅在于各方是否有不同的利益和倾向，而且在于他们在扩大他们的分歧方面可以走多远。[287]　这反过来经常依赖于法律咨询，有时候对利益冲突的探究会变成循环往复的活动。各方委托人询问律师是否会发生问题，而律师也会问同样的问题。

　　一般来说，多方代理有利有弊。对于各方当事人来讲，相比分别聘请不同的律师，多方代理可能会避免一些花费和可能的恶言相向。对于律师来说，服务于多方当事人可能会导致更多的收费和更少的迟延、更少的不和。然而危险在于，如果产生了冲突，相比一开始就分别代理而言，各方将会以更多的成本和拖延结束多方代理。他们将需要各自雇用不同的律师，新律师通常都不得不重复甚至质疑之前的法律工作。在这种情况下，律师经常成为问题的替罪羊，而这些问题并非必然是他们造成的。在多方代理的语境下，律师不仅被期待要公正，而且要以看起来对每个人都公正的方式来实现。人们还期望律师一开始就要去预测发生利益冲突的可能性。这从本质上来讲是困

---

　　[286]　John P. Frank, the legal ethics of Louis D. Brandeis, 17 Stan. L. Rev. 683, 702 (1965); John S. Dzienkowski, lawers as intermediaries: the representation of multiple clients in the modern legal profession, 1992 U. ill. L. Rev. 741, 784(1992).

　　[287]　Hazard, super note4, at 69.

难的;因为它不仅依赖于代理事务本身的客观事实,而且依赖于各方当事人的主观态度;这些都随着时间的改变而改变。[288]

像其他职业一样,律师界解决大部分利益冲突问题时倾向使用的方法是披露信息和知情同意。同样的,这个策略也有明显的优势和成本。表面看来,披露给每个人提供了一些信息。它为受到影响的各方当事人增加了一些可得到的信息,却使得专业人士卷入谋利活动。[289] 然而关于披露策略的研究发现,这是对利益冲突问题非常不完美的应对。各种各样的认知偏见阻止个人对误导信息适当地进行调整,即使冲突被充分揭露也是如此。因为有如此众多的以自我利益为中心的偏见在潜意识里运作,那些给予歪曲信息的人和那些接受歪曲信息的人,都不能鉴别问题的程度。而且,人们很难忽视信息和怀疑信息,即使他们知道信息是不准确时也是如此。[290] 进一步的问题在于,知情同意策略会减少专业人士对潜在误导信息的关注,鼓励他们只是披露,而不是避免使人难堪的影响。一些实验显示,披露比不披露造成了更加不准确的决策。[291] 在律师—委托人关系的

---

[288]　Id, at 70–73.

[289]　Daylian M. Cain, George Loewenstein, & Don A. Moore, "The dirt on coming clean: perverse effects of disclosing conflicts of interest", 34J. Legal studies 1,2 (2005). Paul M. Healy and Krishna G. Palepu, "information asymmetral : corporate disclosure and the capital markets: a review of the empirical disclosure literature", 31J. Accounting & Econ. 405 (2001).

[290]　Don A. Moore & George Loewenstein, self interest, automaticity, and the Psychology of conflict of interest, 17 social justice research 189 (2004); Cain Loewenstein &Moore, the dirt on coming clean, super note 8. at 3.

[291]　Cain, Loewenstein & Moore, the dirt on coming clean, supra note 8, at 3. 在他们的实验里,实验对象扮演两种角色中的一种——评估者或者指导者。评估者试图去估计罐子里硬币的数量,如果准确的话会得到奖赏。指导者对罐子有更好的视角,而且要指导评估者。在稍做改变后的另一个实验里,当评估者给出更高而非更准确的估计时,指导者可以得到更多报酬,而且这个激励机制是披露出来的。在这个稍做改变后的实验里,与指导者没有这个激励机制或者没有公开这样的激励机制相比,评估者将会给出更不准确的答案。Id, at 16–22.

语境下,这种研究强调了这样的需要:除了披露,还要有预防利益冲突重大风险的规则。

二、同时性多方利益代理

管理同时多方代理的主要伦理规则是《律师职业行为示范规则》第1.7条。在措辞上大致类似之前的规定 DR5-105,规则第1.7条禁止"直接不利于"另一委托人的代理,或者禁止可能造成对其他委托人的义务有"严重限制"和"重大风险"之代理。第一个限制是禁止律师或者律所在一个诉讼中或者类似诉讼的程序中代理对抗的双方。对直接对抗代理的禁止不能够被放弃,委托人不能同意这样的同时性代理,因为这可能会对他们自己的利益和司法体系带来负面影响。《律师职业行为示范规则》第1.7条(b)(3)属于第二个限制,既适用于诉讼关系又适用于交易事务,律师代理了某委托人,当这个代理有可能使得律师对另外委托人的责任造成重大限制时对某委托人的代理就是被禁止的。这样的限制是可以被放弃的;如果律师"合理相信"他们可以为任何一个受到影响的委托人提供胜任且勤勉的服务,得到充分告知的委托人可以通过书面方式同意这样的同时性代理[《律师职业行为示范规则》第1.7条(b)(1)]。[292]

正如《律师法重述(三)》指出的那样,禁止诉讼中同时代理对抗双方的另外一个理由是保护"程序适正性"的要求。[293] 一个律师试

---

[292] 《律师职业责任示范守则》条文 DR5-105 用的术语略有不同,但是在适用中基本是一个意思。它规定,如果律师们代理另外委托人的专业判断将会受到"不利影响",或者如果他们不是很"明显"可以"充分代理任何一方利益",律师们就必须拒绝这样的代理。

[293] Resentment(third) of the law governing lawers, &201 (1991).也可参见 Fred c. Zacharias,"waiving conflicts of interest",108 Yale L. J. 407,413-415 (1998).

图代表冲突中的双方,也许不能为明智的决策提供所必需的强有力的辩护。无论是事实还是看得见的正义都岌岌可危,公布的判例也承认了这一点。

加利福尼亚州是唯一拥有明显不同伦理规则的一个州。它允许在委托人知情同意的前提下进行共同代理[加利福尼亚规则3-310(B)]。然而,加州法院不允许对诉讼中委托人有实质利益冲突(对应于潜在利益冲突)的共同代理,因为此时所谓同意既不够"明"(informed)也不够"智"(intelligent)。[294]

在评估委托人是否达到了知情同意时,法院和评论者强调了以下几个要素:

- 委托人利益的性质和所要提供的服务。
- 律师对相关问题披露的时间、程度、可理解性。这些相关问题包括忠实、保密和律师—委托人特权。
- 委托人评估其利益性质以及共同代理后果的能力。
- 委托人实施非强迫性选择的能力。

所以,比如说,和涉及微小的利益及常规服务、不间断合作关系的业务不同,在涉及重大利益、不稳定环境和对抗性强制性关系的业务中,共同代理更不可能是适当的。在已公布的裁决中不断被提到一个非常明显的要素是,委托人在考虑或者同意弃权的时候是否得到了独立的代理。这种类型最常见的情形是,一个独立的律师事务所从公司委托人那里拿到了弃权声明,这个弃权决定是在征询了公司内部法务部门的基础上作出的。在这样基础上获得的冲突弃权,是很正当的,很难被推翻。

这些极端状态之间的中间地带,是最容易产生问题的地方。尤其是面对淳朴简单的当事人时,老练精明的律师一定要对分别代理

---

[294]　Klemm V. superior court,142 Cal. Rptr. 509,512(APP. 1997).

的优势和成本给予一个现实的评估。可以理解的是,很多身处共同项目中的个体倾向于对他们面临的风险采取乐观主义的态度,忽视将来出现冲突的可能性。在扩大收费和减少交易成本方面,关注自己利益的律师可能也有类似的倾向。但是《律师法重述(三)》第202条指出,知情同意需要委托人"就所涉及的重大风险能得到合理足够的信息"。如果律师在展示这些风险的时候足够坦率,那么所有的参与方将会得到好的服务。

委托人可以放弃现在的和未来的利益冲突。美国律师协会伦理委员会在正式意见93-372(1993年4月16日)里,极力劝阻这种做法,而且警告说,这种放弃声明必须对冲突进行详尽的描述,这样才能保证委托人的同意是真正知情的。一个对未来冲突的弃权如果没有弄清楚潜在的对方当事人,或者至少不知道可能的冲突委托人或者冲突利益的种类,这样的弃权不可能通过审查。然而,正如接下来的讨论显示的,美国律师协会和《律师法重述(三)》已经采用了较为宽容的立场,尤其是对那些老练的和被充分告知的委托人。企业的内部律师经常建议企业放弃现在的和未来的利益冲突(有些情况下要以适当的屏蔽为条件),以获得圈子外很优秀律师的代理。不是很老练的个体委托人在得到律师可以提供有效代理的保证下,也有很大可能提供弃权声明。[295]

在诉讼中,对原告或者被告的多方共同代理引起了特别的关注。诉讼当事人由一个律师来进行代理的主要优势是很明显的。首先并且是最显而易见的,委托人可以节省金钱。通过资源共享,当事人经常可以获得专业律师的服务,否则他们可能承担不起花费。在某些民事或者白领犯罪的情境下,雇主可能愿意出钱获得一个统一的辩

---

[295]　Lenoard E Gross, Are Differences Among the attorney conflict of interest rules consistent with principles of behavioral economics, 19 Geo. J. Legal Ethics 111, 136 (2006).

护,但是不愿意为所有的雇主以及组织分别聘请不同的律师,除非赔偿协议里要求这样做。从个人和雇主的视角来看,共同代理可以促进互惠的"防守"优势,在这个过程里,律师能够通过协调多方当事人或被调查对象来组成"共同阵线"。

然而,多方代理的任何一些优势都相应会带有负面效应。最明显的是,律师也许会放弃以损害另外委托人利益为代价帮助一个委托人的机会。当共同阵线策略是由一个雇主资助的(或者被一个有组织的犯罪集团资助),律师可能会不愿意去谈判达成和解或者认罪协议,因为这种以对一个委托人有利而换取的合作将会对其他委托人造成不利影响。

即使律师真心诚意地试图推进多方委托人各自的个人利益,共同代理也是一个很有风险的主张。如果共同阵线失灵了,事后诸葛亮式的后见之明会显示,如果其中一个委托人采取分别代理模式效果会很好。凯尼斯·曼恩(Kenneth Mann)教授关于白领犯罪辩护的研究描述了这个事实类型:"每一个委托人都握有指控其他人的犯罪证据,而且政府有足够的证据考虑对每个人提起公诉,但是证据还没有多到可以驳回这样一项选择:给予一个委托人豁免权以保证获得决定性的证据以起诉其他委托人。"曼恩总结道:"律师很难做到不牺牲其中一个委托人的利益。如果他建议每个人都不去做辩诉交易,因为他相信可以为这两个被告都赢得胜诉结果,他就牺牲了其中一位的成功性。而且他显然不能够建议一个人去做辩诉交易指控另外一个人。"[296]

这个事实反映了在第七章讨论过的、众所周知的博弈论中的"囚徒困境"。如果两个被告都拒绝合作,每一个人也许有更好的机会逃

---

[296] Kenneth Mann, Denfending white collour crime: A portrait of attorneys at work 170 (1985).

脱指控;相比较而言,如果两个人都试图做辩诉交易,控方只会豁免其中一人。但是从另外一个角度来看,如果两个人不顾对方怎么做都试图达成豁免协议,每个人都会获得更好的结果。如果共同被告拒绝合作,那么做了交易的委托人得以豁免而抵制合作的玩伴会锒铛入狱。相反的,假如共同被告做了这个交易,拒绝合作的委托人很可能走向定罪之路。这个囚徒困境使得任何一方当事人寻求豁免是理性的,即使双方都预见到对方也会做一样的事情,并且他们共同抵制会更好。正如两位博弈论理论家所言,"是的,博弈者将发现自己彻底崩溃了,然而他们别无选择"。[297]

　　向当事人提供建议的律师在这种情况下面临着类似的困境。那些建议联合阵线策略的律师要他们的当事人相信彼此,即使每一个当事人应该知道另一个当事人有很强的动机和控方做交易。但是向一个当事人建议去相信一个有强烈理由违背诚信的人,这是审慎之举吗?而且,每一个当事人都知道另一方知道这个理由。因此,每一个人都有理由怀疑另一方采取了先发制人的交易。作为一个实际问题,有时候在这种语境下,律师的角色也许是尽量说服每一个当事人相信其他当事人是可信赖的。为了打破这个互相猜疑的怪圈,律师也许能够阻止比联合阵线策略更不令人满意的交易,但是这需要建议委托人走上具有重大风险的道路。

　　这些风险绝不只是刑事程序特有的。类似的困境也经常在民事诉讼中出现。比如,共同被告也许在对抗原告的诉求上具有共同的利益,但是每个人也许有动机去和解或提供证据把责任转移到其他人身上。然而,在刑事诉讼中,多方代理引发了特别的关注,因为讨论中牵涉宪法利益。在决定何种情况下利益冲突危及被告《宪法第六修正案》获得律师有效帮助的权利这一问题上,联邦最高法院的裁

---

[297]　Ducan Luce &Howard Raiffa,Games and Decisions 101(1957).

决已经建立了一些标准。在 Holloway v. Arkansas, 435 U. S. 475 (1978)案中,最高法院裁定,在经过了及时的反对之后,律师仍然被迫对多个共同被告做代理,这个有罪判决将会被推翻,除非审判法院认定没有利益冲突存在。在 Cuyler v. sullivan, 446 U. S. 335(1980)案件中,法院拒绝把这样的推翻规则扩展到没有异议提起的情况。在这样的案子里,只有当被告能够证明一个利益冲突对律师的表现有不利影响时,这个有罪判决才会被推翻。还有,在 Mickens v. Taylor, 535 U. S. 162(2002)案件中,法院即使在恶意谋杀罪案件中也坚持了这个规则,在此案中,初审法官任命了一位律师来代理被告,同时这个律师又是该谋杀案受害人的律师,法院并没有对可能的利益冲突进行调查。

基于同样的理由,联邦最高法院维持了一个初审法院对控方决定的批准。这个决定不顾被告人的反对而剥夺了律师的代理资格〔Wheat v. United States, 486 U. S. 153(1988)〕。控方担心的是,被告有可能在接下来的程序中,声称辩护律师有利益冲突,目的是证明律师的帮助是无效的。当然,当被告已经放弃了这样的反对,如果控方声称构成利益冲突,就出现了如下可能:检控方真正的动机是去除一个对手。然而,最高法院表达了信任,认为初审法官在对共同代理进行裁决时会把这种可能性纳入考虑范围。(Id)隐含的观念就是,实际上,如果冲突"本质上是如此严重,没有任何一个理性的被告会故意并且明智地想要这个律师来代理",这种冲突就是"不能放弃的"。[298]

刑事案子中多方代理造成的问题,包括成功的防守辩护对司法所产生的影响,导致一些国家的法律体系要求进行分别的律师代理。[299] 支持这一做法的人指出,多方代理策略上的优势可以通过更小的风险

---

[298]　United states V. Schwarz, 283 F. 3d 76, 95 2d Cir. 2002 还可参看 United states v. Fulton, 5 F. 3d 605(2d cir. 1993)。

[299]　Deborah L. Rhode & David Luban, Legal Ethics 465(3d ed, 2001)(讨论了原联邦德国对共同代理的禁止)。

获得,这就是在分别代理的各方之间有一个联合的辩护协议。这些协议允许被告之间共享秘密信息而又不用放弃委托人—律师特权。[300]然而这些协议下的分别代理仍然有重复工作的经济负担,个体被告或者国家资助贫穷者的辩护体系有时候不能或者不愿意去承担。无论如何,只要共同代理是一个切实可行的选择,辩护律师有特殊的责任来保证委托人在接受这种安排之前能充分意识到风险。

一般说来,虽然在民事诉讼中利益冲突原理禁止律师代理对抗的当事人,法院偶尔也会制造出例外。有一个特例涉及离婚案件。无过错程序的兴起以及在减少经济和情感成本方面的公共利益,导致了更加宽容的方法。有越来越多的司法辖区规定,在有限定的无争议分手的情况下,在律师充分披露并且配偶中每一个人都同意后,允许对配偶双方的共同代理。其他州则坚持认为,产生利益冲突的可能性和保密问题足以阻止这种对两个人的共同代理。

综上所述,法院判决和专家的评论为多方代理情境下的律师提供了一些经验法则。完全的知情同意是必要条件但不是充分条件。当双方当事人具有实质不平等的博弈能力时,当配偶中的一方主导了另一方的决策或者律师和一方当事人的特殊关系使得他无论从事实上还是表面上都很难维持中立时,一个律师可能就不能为双方当事人同时提供足够的帮助了。[301]

在大部分民事诉讼中,如果当事人已经对利益冲突作出了知情同意,他们就很难以律师对他们的代理是不合格的或者以律师不当获得利益冲突弃权为由而说服法院撤销判决。当然,如果事实足够具有说服力的话,法官将会实施法律职业伦理上的要求。一个有名的相关案例是 Amchem Products, Inc. v. Windsor, 521 U. S. 591(1997),法院裁定因

---

[300] 参见 Amy Foote, Note, joint defence agreement in criminal prosecutions: tactical and ethical implications, 12 Geo. j. Legal Ethics377 (1999).

[301] 参见 Rhode & David Luban, supra note 18, at 579.

为集团律师的利益冲突而取消了这个集团诉讼。如果委托人能证明不适当的利益冲突破坏了对他们的代理,一个更常见的补救是针对律师的不当执业作出判决,之前的第七章讨论了这个问题。

三、立场性利益冲突

当一个律师为了他的委托人采取了一个立场,这个立场可能对他的另外一个和这件事没有直接关系的委托人产生不利影响,那么就产生了一个立场性利益冲突。一个常见的例子是,律师提出一个新的理论来保护借款人的利益,但这个律师同时也代理了商业贷款人如银行。如果这个理论被法院接纳,会在将来对银行造成不利后果,就产生了立场性利益冲突。

无论是《律师职业责任示范守则》还是《律师职业行为示范规则》都没有绝对禁止立场性利益冲突。然而,两部规范性文件都包括了在特定情境下对这种冲突的禁令。首先,如果一个立场性利益冲突将危害到律师代理任何一个委托人的"独立职业判断",根据《律师职业行为示范规则》第2.1条和它的前身《律师职业责任示范守则》DR5—105,这种做法是不允许的。如果这个代理将会对另外的委托人有直接不利影响,根据《律师职业行为示范规则》第1.7条(a)(1),这种做法是不允许的。如果立场性冲突有滥用委托人信任的风险,根据《律师职业行为示范规则》第1.6条和它的前身《律师职业责任示范守则》DR4—101,这种做法是不允许的。

关于对律师判断和表现的影响而言,对《律师职业行为示范规则》第1.7条(b)的注释这样写道:

> 律师在不同的审判庭,在不同时间代理不同的委托人时,他持有不一致的法律立场是很常见的。代理一个

委托人主张一个法律立场,可能形成一个先例,这个先例对这个律师在另外一个不相干案件中另一个委托人的利益有不利影响,仅仅是这样的事实不构成一个利益冲突。然而,如果一个律师代理一个委托人的某些行为,对这个律师在另外不同的案件中代理另外委托人的有效性构成了重大限制或有实质性的重大风险,则一个利益冲突就形成了。比如,当支持一个委托人的判决形成了一个先例,很有可能严重削弱该律师代理另外委托人的立场。决定委托人是否需要被告知风险的相关因素包括案件在哪里受审、争议的问题是实体性还是程序性的、有关事务之间的时间关系、争议问题对于涉及委托人之眼前利益和长远利益有什么意义以及委托人对于聘请这个律师的合理预期。如果存在产生严重限制的实质性风险,并且缺乏受影响委托人的知情同意,律师必须拒绝其中一个代理,或者退出对一方或双方事务的代理。[302]

在这个框架下,重要的问题是,什么会构成对有效性的限制,谁来做决定。

重大的立场性利益冲突显然会有对委托人的风险。给委托人造成痛苦(如上面那个例子中的银行)没有也不应该等于对伦理准则的违反(虽然它可能导致委托人雇用另外的律师)。在实践中,律师和律所经常发现他们所持的立场和某些委托人关心的事情背道而驰。在下列情形中那种背道而驰是典型的事实:当律师做公益的工作,同时代理涉及公众的商业公司,或者在有重大社会影响的案件中为付

---

[302]　美国法律协会《律师法重述(三)》第 128 条评注 f 持有相同的立场。

费的委托人做代理。法律论辩的自由表达以及它伴随的公共利益内
涵,为职业独立的理想带来了活力。[303]

保护律师的独立性对于确保他们参与法律改革或者律协的相关
事业也是很重要的。虽然这些活动有时候是通过委托人付费的方式
来进行的,但是也反映出见多识广的法律职业人士的公正判断,这些
专业人士可能会倡导其委托人所拒绝的观点。律师界长期以来支持
这样的倡导。美国律师协会《律师职业责任示范守则》8-1 中的伦理
考量强调律师"应该提出建议或者支持其所赞同的立法改革,可以不
考虑委托人或者前委托人的一般利益和欲望",伦理考量 7-17 也有
类似的建议:"一个律师可以在公共议题上采取某一立场和拥护他想
要的法律变革,不必考虑任何委托人个体的观点。"《律师职业行为示
范规则》第 1.6 条继续了这个传统,规定律师"可以服务于……一个
关涉法律变革的机构……尽管这个改革影响到某个委托人的利益"。
这样的职业独立是一个运转良好的民主机制之核心,这个机制需要
那些对法律和政策之不足有见识的个体有解决该问题的自由。

在《律师法重述(三)》里,美国法律协会扩展了这些已经牢固树
立的原则。根据其关于法律的概括总结,律师可以在争议问题上有
公开的立场,这个立场可以和委托人的意见相左并且不需要委托人
的同意。[304] 另外一种观点协调了社会和职业的利益。例如,如果一
个税务律师关于税务改革所倡导的立场只能被迫服务于现行委托人
的利益,公众将错过一些最有能力的人士对政策制定所作出的客观

[303]　参见 Ronald D. Rotunda, Alleged conflicts of interests because of the appearance
of impropriety,33 Hofstra L. Rev. 1141,1143(2005);Norman W. spaulding,the prophet and
the bureaucrat: positional conflicts in service Pro Bono publico, 50 Stan L. Rev. 1395
(1998).

　　[304]　Resentment,super note 17 & 125 commente(2000).

贡献。[305]

另一种立场性冲突涉及我们经常说的"意识形态"的冲突。虽然不牵涉直接的利益，一个律师在特定事务上的立场和另一个委托人相对，这时就产生了意识形态的冲突。这些冲突可以有助于解释，为什么在特定独立实体领域工作的专家通常只代表"一边的意见"；人身伤害案中的原告律师一般不做保险辩护的案子，工会律师也不代理管理部门。

另外一类意识形态的冲突涉及政治立场。当律师代理法律援助或者参与其他公共服务，而这些活动冒犯到付费的委托人，这时候就产生了典型的政治性意识形态冲突。根据一项全国性的调查，大约40%的律师报告说，他们所在的组织不鼓励这一类法律援助工作即这种工作推进了和委托人利益及价值不一致的立场。[306]　然而，律师愿意承办不得人心的案件，这是一种极大的骄傲：既是他们自身的骄傲，也是整个职业的骄傲。律师协会经常把最高的奖项授予这些律师，他们可以冒着疏远其他委托人或者潜在案源的风险做事。把法律区隔出来成为一种职业的部分原因在于，它的成员具有这样的意愿即通过参与法律援助的工作把原则置于利益之上。

四、连续性代理

相比现行委托人之间的冲突而言，现行委托人和前委托人之间的冲突引发了稍微有所不同的关注。对现行委托人而言，律师负有

---

[305]　Id.

[306]　25：Deborah L. Rhode，Pro Bono in principle and in practice 146 2004. 也可参见 Esther F. Lardent，positional conflicts in the pro bono context ：considerations and market forces，67 Fordham L. Rev. 2279（1999）；Spaulding, supera note16；john s. dzienkowski, positional conflicts of interest，71 Tex. l. rev. 457（1993）。

忠实和保密的义务。对于前委托人而言,忠实义务被大大限制。比照适用于现行委托人的标准来永久地保护前委托人,实际上将毁掉独立的法律业务:一个代理过某个委托人的律师绝不能从事对这个委托人不利的业务。随着律师们职业生涯的发展,他们的前委托人的数量也在不断增长,他们可以接办新案子的能力也在按比例递减。事实上,律师永远和特定委托人和案件相联系。

然而,虽然律师可以接受对其前委托人不利的业务,但是代理终止以后,对前委托人的一些义务仍然保留下来。律师不可以利用前委托人的秘密来反对他们,而且也不可以直接抨击为这些委托人做的工作。说到忠实,《律师法重述(三)》第132条评注b解释说:"在律师代理前委托人的时候,律师不应该有动机去埋下伏笔以便将来反对这个委托人,例如在合同中起草一个条款,将来对这个条款可以作出不利于委托人的解释。"

就涉及保密而言,法院和伦理准则已经把重心放在是否现行代理和之前的代理之间有着实质的联系。根据《律师职业行为示范规则》第1.9条,"如果一个律师在以前的业务中代理过某委托人,在同样的或者有实质联系的业务中其他人的利益对该前委托人有着重大不利影响,律师就不应该代理这个人,除非前委托人给出书面形式的知情同意"。如果有一个"实质的风险,即一般来说在之前代理中获得的事实上的秘密信息将会在随后的业务中大大推进委托人的立场"。这样的业务会被认定为有实质联系(《律师职业行为示范规则》第1.9条评注)。[307] 当之前的业务和新的业务具有"实质性联系"时,就产生了一个推定,那就是律师获得了相关的秘密信息,于是就产生了利益冲突。这个推定的理性基础是,前委托人不需要证明实质上已经向律师传达了秘密信息,否则就需要不可能获得的信息或

---

[307]　也可参见 Restatement, super note17, & 132 comment。

者需要揭露恰好想要保密的事项。[308]

然而,根据《律师职业行为示范规则》,如果提供代理服务的是律师已经离开的律所,并且这个律师没有亲自卷入之前的事务中去,那么丧失秘密的推定就不适用。《律师职业行为示范规则》第1.9条(b)规定,当一个律师以前所在的律所在同一个或者有实质联系的业务中代理过某个委托人,这个律师可以接受一个新的代理,除非是和现任委托人的利益处于敌对状态且这个律师个人获得了相关的秘密信息。同样的,在那些没有涉及实质性联系案子的代理中,《律师职业行为示范规则》第1.9条(c)只是简单地要求律师不能利用秘密信息对前委托人造成不利。另外,根据《律师职业行为示范规则》第1.10条(b),一个律师离开了律所,如果剩下的律师并没有亲自卷入先前业务当中,那么这些剩下的律师不会被阻止代理对该离职律师的委托人不利的业务。

就代理过政府的律师而言,规则稍微宽松一些。反映这一做法的《律师职业责任示范守则》和《律师职业行为示范规则》被绝大多数法院和律师伦理委员会所采用,并且《联邦政府行为伦理法》把这个模式法典化了。[309]《律师职业行为示范规则》第1.11条(a)规定,曾经作为公职人员履职,或者作为一个政府机构前雇主的律师不允许利用秘密信息给政府带来不利,并且"如果这个律师曾经作为一个公职人员或者雇主亲自且实质参与过这个业务,也不允许代理和此业务有联系的委托人,除非是适当的政府机构给予了书面确认的知情同意"。根据《律师职业行为示范规则》第1.11条(b),如果一个政府律师没有资格进行代理:

---

[308] 参见 T. C. Theatre Corp. v. warner bros. pictures, 113 F. supp. 265, 268 (S. D. N. Y. 1953); Analytica Inc. v. NPD Research Inc, 708 F. 2d 1263, 1266 (7th cir. 1983).

[309] 18 U. S. C. §§ 201-209. 参见 ABA Formal OP. 342(1976).

该律师所属律所的任何一个律师都不可以故意地代理或者继续在这个业务中的代理,除非是同时满足以下两个条件:

(1)这个失去资格的律师及时被屏蔽,对这个业务不能有任何参与,而且不能分享任何代理的费用。

(2)已以书面形式迅速通知了适当的政府机构,使其能够查明对规则中相关条款的遵守情况。

[还可参见 DR9-101(b)]。

允许对公职律师采用屏蔽政策反映了这么一个事实:这些律师中的大多数并没有想继续留在公共机构。美国的政治体系是这样的:如果他们的政治党派失败了,政府领导包括高级别的律师会离职。遭遇这样的一个失败后,律师们通常都会返回到私营领域,还希望将来再重返公共部门。很多低级别的律师也经常做一段相对短时间的行政部门的工作,希望能够获得技术和关系,这将有利于他们在私营领域的工作。这种模式一般被称作"旋转门"。如果利益冲突规则对于公职人员太过严苛的话,这个旋转门将会停止旋转,而且政府雇用能干律师的能力(尤其是低薪还相当普遍)也将大打折扣。对职业流动的不当限制也将剥夺公共部门获得新鲜视角的机会,私营领域也将丧失获得宝贵政府经验的机会。有其他工作机会的公务员也将更能够去挑战与公共利益不一致的政府立场。曾经在重大政府职位工作过的私营领域的律师可以拥有更多的经验、更高的声望和信誉,来应对委托人有关于法律遵守问题的咨询。[310]

---

[310] Robert W. Gordon, private career building and public benefits : reflections on doing well by doing good, 41 Houston L. Rev. 113,131-32 (2004).

　　然而,对前公职人员的适正性在事实和表现形式两个层面的关注,使得有必要制定一些规则。屏蔽已经是一个选择策略。因此,就像接下来要谈的,对前政府律师的屏蔽,避免了在新的执业情境中把律师利益冲突的推断适用于其他人。然而,这种情境下屏蔽机制的有效性问题,也已经引发了更一般情况下利益冲突规则的基础问题。如果这样一个屏蔽机制可以适用于前政府雇主,那它为什么不能也适用于其他律师呢?

五、替代性无资格代理、屏蔽和弃权

　　律师界关于利益冲突的传统观点是,一个律师事务所或者法律组织中一位律师代理资格的丧失也会传染给其他所有律师[《律师职业行为示范规则》第 1.10 条、《律师职业责任示范守则》DR5-105(b)]。仅有的例外就是政府律师和某些冲突,即这样的冲突"建立在被禁止律师个人利益的基础上……(这些冲突)没有带来对律所中其他的律师代理委托人的重大限制之重大风险"[《律师职业行为示范规则》第 1.10 条(a)、《律师职业责任示范守则》DR9-101(B)]。替代性无资格代理的潜在理论基础是,同事之间共享收益、名声和发展前景,以及很难察觉到的交换秘密信息的机会。查尔斯·沃夫姆(Charles Wolfram)教授概括了对屏蔽策略的传统反对立场:"到头来,进行屏蔽的律师这只老狐狸自利性地承诺说会认真看好被屏蔽的律师这些小鸡。"[311]对这一说法的检验不是很多,其中有一项显示,所有被调查的律师都相信,对方对屏蔽的违反不会被发现。[312]

　　然而,在律所规模越来越大以及他们成员间的横向流动越来越

　　[311]　Charles Wolfram, Modern Legal Ethics 402 (1986).

　　[312]　Lee A. Pizzimenti, Screen Verite :Do rules about ethical screens reflect the truth real-life law firm practice? 52 U. Miami L. Rev. 305,331-32 (1997).

多的时代,严格的替代性无资格代理的规则似乎已经越来越成问题。尤其在大型律所,那里有好几百名律师分布在众多的分所,分享秘密信息的预设看起来是一个不合时宜的谬误,并且可能不当地限制了委托人获得合格辩护人的机会。在会计师事务所发展出了"隔离墙"的方法,以对利益冲突雇主进行隔离,这个方法也相应地在法律职业领域获得了支持。越来越多的州已经规定,最起码在一些利益冲突中,屏蔽是恰当的反应。[313]

美国律协道德 2000 年委员会建议,当一个无资格代理的律师流动到了一个新的律所,只要秘密信息在将来的代理中不可能有重大意义的,并且通知到了任何受影响的委托人,那么这个屏蔽就是允许的。这个委员会的建议建立在这样的基础上:在允许屏蔽的司法辖区,实际上没有任何损害投诉,其中有些辖区允许这样的做法已经有十几年了。关于现行规则存在的问题,这个委员会也听取了大量证据:对律师流动的不当限制、当事人过高的成本、法院处理丧失资格动议的不必要负担以及屏蔽只适用于前政府律师而不适用于其他人这样不合理的预设。虽然美国律师协会全国代表大会拒绝了这个委员会所建议的关于屏蔽的规则,但这很可能成为一个持续争议的主题,并且作为一个模式被一些州采用。

在目前的状况下,律所采用各种各样的方法来识别利益冲突。美国律师基金会资助的苏森·夏皮罗(Susan Shapiro)所做的研究发现了四个主要的策略。极少数律师——这个群体中的"鸵鸟",并没

---

[313] 一项 2006 年的调查发现,有 11 个州允许屏蔽横向流动律师的规则,不管这个被屏蔽的律师在前律所的业务中了解的层次和卷入的程度。大部分司法辖区需要通知前委托人,并且禁止这个被屏蔽的律师分享这个业务带来的费用。7 个其他的州在特定情况下允许屏蔽。相关的因素包括律师参与前一个业务的程度、之前获得的信息和后一个业务具有关联的可能性。Attorneys' liability Assurance Society, Loss prevention Manual(2006).

有特别关注这个问题,他们对此抱有乐观的态度。一少部分人是"大象",他们相信从不会忘记他们曾经代理过的业务,仅仅依靠律师和工作人员的回忆。依靠这个,很难产生充分有效的结果,因为回忆会淡化,当律师退休或者流动到其他的律所,机构的历史就消失了。律所的第三个群体是"松鼠",保留尽可能多的文件,当要办理一个新的案件时,就去详细查看他们的记录。在某些律所,律师或者雇主简单地查阅一下委托人名单来保证潜在新业务中的对方当事人不是曾经的委托人。在其他律所,律师会详细检查邮件目录和时间、账单以及会计记录。第四个群体是"网络松鼠",已经发展出电子数据库来管理利益冲突,这些体系在复杂程度上有不同,但经常都是非常复杂和劳动密集的。经验已经证明,即使最精确的计算机,在进行利益冲突查证时也需要法律工作人员的监督。一些大型律所雇用了多达十名专业人员,他们唯一的职责是修改数据库并且进行计算机上的利益冲突查询,然后,律师再进行复审。[314] 经验上的有限证据显示,很多律所的程序在这几个方面还有很多有待改进之处:关于收集的冲突信息的质量、信息更新的频率、关于屏蔽提供给当事人的通知以及维持屏蔽的程序。[315]

　　利益冲突问题的频繁发生,已经导致了越来越多的事前弃权和"合同屏蔽"。这后一个术语指的是这样一种安排:委托人对所界定的冲突发出弃权声明,包括当前的利益冲突,或者有时候是将来的利益冲突,律所同意屏蔽为不利利益服务的律师。随着律所变得越来越大,并且在接受新业务时面临越来越大的时间压力,合同屏蔽很有可能成为标准做法。的确,一些律师事务所,它们的服务被认为是独特的或者近乎独特的,它们现在坚持广泛的利益冲突弃权,这是理所当然的事。

---

[314]　Shapiro, super note 1, at 9

[315]　Pizzimenti, supra note31, at 321-24.

提前弃权,尽管并非不道德,也不是预防随后发生问题的完全可靠的方法。《律师职业行为示范规则》第1.7条的评注里提到:"这种弃权的有效性一般来说取决于委托人在多大程度上合理理解了弃权所承担的重大风险。对将来可能产生的代理类型以及这些代理带来的实际上和可预见的不利后果解释得越广泛,委托人就越可能作出必需的理解……如果同意是一般性的和不确定的,那么这个同意是无效的,因为委托人不可能合理理解涉及的重大风险。"这个评注,就像美国律师协会的正式意见05—436(2005)一样,也更多地强调了要看委托人之前的法律经验和老练程度。如果一个具体化的冲突不能根据一般的利益冲突条款表示同意,那么这个提前的弃权就是无效的(《律师职业行为示范规则》第1.7条评注)。

弃权和屏蔽明显在上升,而且大型律所某个办公室在任何时候都可能实施着十多个"屏蔽"措施。一些州仅仅允许把屏蔽措施适用于前政府雇主、有"个人性"利益冲突的律师或者自发实施屏蔽模式的律师(经常作为委托人弃权的条件)。相比之下,在最容许使用屏蔽规则的州里面,屏蔽受到了更严格的管理和监督。[316] 足够讽刺的是,相比大部分司法辖区的限制规定,屏蔽方面的自由规则似乎反而为委托人提供了更多的保护。

如果这个趋势持续下去,律师界在利益冲突问题上制定成本—效益战略时将会面临越来越多的挑战。很多律所已经面临艰巨的任务去管理他们的数据库和避免地盘战争。成千上万需付费的时间都奉献给了屏蔽和关于新业务的暗战。[317] 虽然付出更多成本是一个越来越复杂和竞争的法律环境所固有的,但是,尽量减少关于冲突的冲突是这个职业应该优先考虑的事。

---

[316]　Id. .

[317]　Shapiro, supra note1, at 9—11.

六、代理组织

除了现行委托人和前委托人之间的利益冲突,利益冲突也可以发生在组织委托人的内部。一般来说,律师伦理规则和关于组织的法律指示律师代理的是这个"实体"的利益而不是任何它的特定成员(《律师职业行为示范规则》第1.13条评注)。然而,这些利益是什么以及应该由谁来做决定,面对这些问题,这些指示所能提供的帮助也许就很有限了。

法律实践中相当大的一部分业务,尤其对交易事项而言,律师代理的是组织,律师打交道的是个体而不是严格术语意义上的"委托人"。高级职员、董事、雇主都是这个组织性委托人的代表或者受托人。组织是律师忠实义务、保密义务的受益人,而且是公司的法律权利以及委托人—律师特权的所有人。律师对这个实体负有忠诚义务并且要负有合理注意的义务。存在不符合标准的地方,他们就要被解雇并且承担执业不当的责任。这些后果由公司法、合伙法、代理法和律师伦理规则来规定。然而,从实践角度,一个组织只能通过它的个体代表才能说话和做事。用物理学术语表达,这些个体就是组织的具体体现,但是在法律原理上,他们就不是这样了。这个区别就是公司业务中产生特殊利益冲突问题的根源。在股东、经理和董事会之间的利益产生分歧的时候,律师们经常遭遇的问题是,决定谁可以代表委托人和代表他去行动。

这种利益冲突呈现出多种形式。常见的例子包括确定管理层薪酬、在股东派生诉讼中为公司或者它的高级职员辩护、在第三方提起的诉讼中对这个实体和它的雇主进行代理以及对雇主作出可归咎于组织的不端行为进行调查或者起诉。

《律师职业行为示范规则》第1.13条系统规定了所涉及的法律

关系。规则第 1.13 条(a)规定了这样的前提:委托人是组织,而不是它的"组成人员"如高级职员、董事和雇主。这个规则反映了公司法的基本原理:这个实体是一个法律的建构,可以有独立的能力去聘请律师。规则第 1.3 条(b)和第 1.3 条(c)接着说明了这个前提的含义。概括地说,如果律师面临的是高级职员或者雇主如下的行为:该行为违反了他们应该对公司履行的义务或者该行为很可能使得公司承担重大责任,律师必须追求这个组织的"最佳利益"。基本上,律师有义务去建议、反对,或者如果有必要的话,把这个事情提交组织内更高的机构。

在这些情况下,内部律师与代理这个组织的外部律师相比面临更大的困境。不仅仅是他们对所涉及的决策制定者负有更多的个人责任,而且他们在职业上也更为脆弱。他们只有一个委托人,该委托人发给他们薪水和福利,而且这个委托人可以无需原因就解雇他们。此外,内部律师经常有非正式的途径获取更多法人运作的信息,包括一些法律上成问题的信息。总之,内部律师有最大的责任,职业安全度却最低。

组织的利益也许会与组织成员的利益冲突,《律师职业行为示范规则》第 1.13 条评注规定:"律师应该告知任何一个成员……存在的利益冲突或者潜在的利益冲突……律师必须认真确保该个体成员懂得如下内容,即当存在这个利益冲突的时候,这个组织的律师不能够为组织的个体成员提供法律代理,组织的律师和个体成员间的讨论也不能享受律师—委托人特权。"然而,从实践角度来看,律师的警告越明确,个体成员越不可能对质询和调查进行配合,越不可能暴露令人难堪的信息,而这类信息的暴露对组织的适当反应来说可能是很重要的。承认了这个明显的问题后,《律师职业行为示范规则》第 1.13 条的评注拐弯抹角地规定:"组织的律师是否应该把这样的警告提供给组织的任何一个个体成员,取决于每一个案件的事实。"

一个相关问题是,律师是否可以对组织和组织成员中的任何一个进行共同代理,也将取决于特定案件的事实。一般的考量内容就是前文讨论多方代理时所列出的要素以及《律师职业行为示范规则》第1.8条(f)有关第三方支付法律费用的那些规定。这个规则禁止律师接受第三方的报偿,除非是委托人给予了知情同意、没有干预律师的独立判断以及律师和委托人的关系而且秘密信息得到了保护。

这种情况下,共同代理还具有使成本最小化的优势,而且可以协调事件的一致表述,并促成统一的辩护。这种安排的明显弊端是,组织、高级职员或者雇主之间的利益到最后可能会发生分歧。如果要证明双方都是无辜的,共同代理有很大的好处。但是,如果不是这样,这个组织可能会否认雇主的行为,并且可能在理论上认定雇主单独负责而诉求赔偿。那么,下列分歧就产生了:关于雇主是否在他们被雇用的范围内行动,或者他们的行动是否在监管者的监管之下,或者特定的行动是否在保险单范围之内。在可能负刑事责任的情况下,个体雇主还有机会和控方合作来换取宽大处理,这就引起了和前面讨论的囚徒困境有关的问题。

通常说来,考虑到经常是雇主面临同意共同代理的压力,律师个人的雇用关系可能产生偏见,共同代理的风险对于个体来说要比对于组织来说更大;出于这种关切,赋予公司律师特殊的责任,确保对共同代理的同意不仅得到了充分告知而且在相关情况下是合理的。当一个利益冲突可能形成的时候,律师应该迫不及待地退出代理;不要等它浮出水面,因为到那时,个体的利益也许已经遭到了无可挽回的损害。而且,如果律师已经得到了令人难堪的秘密信息,他们或许要被迫退出对组织和个人的代理,这个结果对内部律师而言尤其是一个问题。[318]

---

[318] Nancy J. Moore, conflict of interest for in house counsel : issues emerging from the expanding role of the attorney-employee,39 S. Tex. l. Rev. 497,508 (1998).对于内部律师所面临的挑战,参见 Sung Hui Kim, the banality of Fraud Re-situating the inside counsel as Gatekeeper,74Ford. L. Rev. 983(2005).

股东派生诉讼会产生相关的问题。《律师职业行为示范规则》第1.13条评注把律师对组织和管理部门以及高级职员的共同代理推定为有效：

> 大部分派生诉讼是一个组织经营事务中的常见事件，像任何其他诉讼一样，由组织的律师来进行辩护。然而，如果起诉涉及对掌管组织的人之犯罪行为进行严重指控，在这两者之间就产生了一场冲突：一方是律师对组织的义务，另一方是律师与董事会之间的关系。在这种情况下，规则1.7(管理同时性利益冲突的一般准则)管理了谁应该代理董事和组织。

相比之下，《律师法重述(三)》第219条遵循最近的判例法，把共同代理推定为无效。一般来说，分别代理是可取的，除非股东的主张明显缺乏合理性。[319] 因为内部律师和管理层是紧密认同的，对于公司来说，常规的实践做法是成立一个由外部董事组成、不作为被告的独立委员会，来审核这个主张的合理性，而且在适当情况下挑选外部律师来代理组织。

七、代理政府

政府律师在识别"委托人"的时候，相关的问题出现了。从理论上来说，这个委托人可以是公众、作为整体的政府、雇用这个律师的政府部门、律师工作所在的机关或者是对律师行为负责的官员。法

---

[319] Geoffrey C. Hazard, Jr. Susan p. Koniak, & Roger C. Cramton &George M. Cohen, the law and ethics of lawyering 537-38(4th ed. 2005).

院、评论者和律师协会伦理准则持有不同的观点,虽然他们都认为在公共机构工作的律师对公众承担特殊的责任。[320] 困难在于确定什么是公共利益以及当政府成员意见有分歧的时候它有哪些要求。

这种困难出现在很多种事实背景下。在一些情况下,在一个机关工作的律师负责代理另外机关的立场,但是发现该立场和现行法、政策、其他机关的立场或者社会关切不一致。在其他语境下,律师所在机关的高层或者是中央行政机关或许命令他们以某种方式行事,而律师们发现这种方式同样是成问题的。例如,在诉讼悬而未决的过程中,行政上的一个变化可能会产生让政府律师改变立场的指令,尽管这个律师发现新的立场也得不到法律和事实的支持。在另外的层面,立法或者执行机关不愿意为政府的一些机构如监狱或者精神健康机构提供足够的拨款,将会使得律师处于这样的状态:为他们认为违反了宪法标准或侵犯了个人权利的条件来进行辩护。另外一些常见的困境产生在这样的情况下:律师知道了一些秘密信息,但他们认为这些信息应该被其他立法部门、行政部门、司法决策者或者一般公众所分享。

在这种情况下,很少有法律能够用来帮助确定谁是"委托人"。[321] 评论者或者律师协会伦理准则采用三个主要方法。一种立场是,委托人一般来说是雇用这个律师的政府机构。这个"代理人方

---

[320]　参见 Model Rule of Professional conduct 1. 13; Model Code of professional Responsibility EC 7-13（1969）; Symposium on Government Lawyering, 61J. Law & Contemp. Probs. 1（1998）; Steven K. Berenson, Public lawyers, private values : can, should, and will government lawyers serve the public interest? 41 B. C. L. Rev. 789（2000）; Steven K. Berenson, The duty defined: specific obligations that follow from government lawyers' duty to serve the public interest, 42 Brandeis L. J. 13（2003）; Jack B. Weinstein & Gay A. Crosthwait, Some reflections on conflicts between government attorneys and clients, 1 Touro L. Rev. 1（1985）。

[321]　总结性意见请参看 Hazard, Koniak, Cramton, & Cohen, super note 38 at 583-86。

法"体现在联邦律师协会《联邦律师职业行为示范规则》第1.13条中。然而这个规则有这样的附加说明："比起相同情况下为私营组织代理的律师,政府律师有权在更全面的范围内质疑这种行为……"《律师法重述(三)》体现了"代理人方法"的一种变异版本。该法第156条评注指出,在大部分案件中,政府律师的委托人是卷入纠纷的政府机关,但律师的责任将随着情况的变化而变化。

代理人方法有几个优势。一个优势是熟悉;它模仿在私营领域执业的律师和委托人关系。也因为这样,一些评论者认为代理框架促进了政治责任的承担。通过限制政府律师对公共利益作出独立判断的自由裁量权,这个方法把决策制定权授予经过选举的官员,因为他们更直接地对公众负责。[322]

然而这个代理方法既没有解决所有的模糊性问题,也没有对民主体制的局限进行适当的应对。其中一个问题涉及谁代表政府机关讲话。一般来说,应该是对决策负责任的官员。但是,正如法院和评论者所强调的,律师代理的是这个组织利益而不是经过选举或者政治任命暂时作为领导的个人利益。[323] 而且,最起码在一些情境下,代理框架在政治责任方面体现了不切实际的假设,也体现了政府律师的社会责任这一无力的概念。毕竟,大部分政府决策都是官僚作出的,他们不受多数决定的直接控制。甚至高级别机构的

---

[322]　See,e. g. Catherine J. Lanctot, the duty of Zealous Advocacy and the Ethics of the Federal Government Lawyer. The Three Hardest Questions, 64 S. Cal. L. Rev. 951, 1012 - 17 (1991);Jonathan R. Macey & Geoffrey P. Miller,Reflections on professional responsibility in a regulatory state, 63 Geo. Wash. L. REV. 1105, 1116 (1995); Geoffrey P. Miller, Government lawyers' Ethics in a system of checks and balances,54 U. Chi. L. Rev. 1293,1294-95 (1987); Michael Stokes Paulsen, Hell,handbaskets,and Government lawyers :The Duty of Loyalty and its Limits,61 Law & Contemp. Probs. 83,85-86 (1998).

[323]　Hazard,Honiak, Cramtor, & Cohen,super note 38,at 584;Micael Paulson, who owns the government' Attorney-Client Privilege?,83 Minn. L. Rev. 473,486-87(1998).

官员在民主问责方面也有很大的局限。高级别的联邦官员把他们的职位归功于某一次选举,在选举中没有候选人获得多数票,更不用说对摆在政府律师面前悬而未决的问题达成一致。[324] 更为根本的问题是,机关作为委托人的框架,也许会不当地限制律师作为政府雇主来确保政府政策被恰当执行的义务。比如,当更高级别的官员指令一个律师用某种方式去做事,而这种做事方式违背了现行法、规章或者广为接受的法律原则,那么努力去挑战这种指令和民主价值是一致的。

为此目标,第二种方法确认政府律师的委托人是作为整体的政府。《律师职业行为示范规则》采用了这个观点。对规则第1.13条的评注指出:

> 在委托人是政府的语境下,精确界定委托人的身份并且规定律师所承担的义务将是更加困难的,并且是超出示范规则范围的事情……虽然,在某些情况下,委托人也许是特定的机构,可能也是政府的一个部门,例如行政部门,或者是作为一个整体的政府。例如,如果作为或者不作为牵涉某机关的领导,那么根据这个规则的目的,或者这个机关所隶属的部门或者相关的政府部门是委托人。而且,在涉及政府公务员行为的事务中,根据现行法,一个政府的律师有权去质疑他们的行为,而且范围比相同情况下为私营组织代理的律师更为全面。

然而,这个方法提出的问题和它回答的问题一样多。事实上,

---

[324] Note, Rethinking the Professional Responsibilities of Federal Agency Lawyers, 115, Harv. L. Rev. 1170, 1175 (2002). see also Berenson, Supra note 39, at 823.

《律师职业行为示范规则》也充分意识到了，认为以下问题超出了它的范围：律师在面对错误行为的时候，可以采取哪些具体的行动。

最后一种方法，把公众视为委托人这种观点原则上貌似有理，但在实践中更加含混。人们做了努力去详细说明这个方法在特定情境下的内涵。例如，《律师职业行为示范规则》第 3.8 条和《美国律师协会刑事司法实施的标准：公诉职能》煞费苦心地将控方的义务阐释为"追求正义"，而不是简单地定罪。[325] 该义务包括以下方面：

- 仅在有可能成立的理由支持下才提起指控；
- 适时公布无罪或者罪轻的证据；
- 确保被指控者有合理的机会获得律师的帮助。

在民事领域，对政府律师义务的界定更为有限且更不明确。例如，《律师职业责任示范守则》EC 7-14 规定：

> 在民事诉讼或者行政程序中，政府律师有责任去寻求正义并且展现一个全面且公正的记录。而且他不应该利用他的地位或者政府的经济权势去骚扰当事人，或者取得不公正的和解或结果。

然而，什么构成一个"不公正"的和解经常是引起争议的问题。在以下这些问题上，代理律师持有不同观点：政府是否应该揭露不利的重大事实，是否应该主张诉讼时效，是否应该警告没有代理人的对手自证其罪的风险，是否应该就可能击败一个有价值诉求的程序缺

---

[325]　这句话来自 Berger v. United States, 295 U. S. 78, 88（1935）。

陷向对方律师提出建议。[326] 美国副总检察长办公室的律师很久以来都同意,有时候这么做是适当的:政府"承认错误"并且请求最高法院撤销下级法院有利于政府的裁决。但是哪些特定案件中提出这样的请求显得正当,这些律师还存在分歧。[327]

关于政府律师伦理责任的一项个案研究受到高度关注,涉及联邦律师在签署"9·11"恐怖袭击后的"酷刑备忘录"这一事件里的角色。两个最具争议的备忘录来自法律顾问办公室,并且得出结论说《日内瓦公约》不适用于基地组织和塔利班的俘虏。这些为乔治·布什总统的声明打好了基础,他肯定了这个结论,并且声明这些囚犯的待遇符合日内瓦原则,"在某种程度上是适当的并且同军事需要相一致"。[328]

同样引起争议的是由法律顾问办公室主任杰·拜比(Jay S. Bybee)签署的备忘录,该备忘录得出这样的结论:各种严厉的审讯策略不违反美国根据国际《反酷刑公约》应尽的义务,也不违反具体实施该公约的制定法之下应尽的义务。在备忘录里有这些结论:

- 只有所施加的疼痛"严重到伴随着死亡、器官衰竭或者是身体功能的严重损害",才能上升到酷刑的程度。

---

[326] Bruce A. Green, must government lawyers seek justice in civil litigation?, 9Widener J. Public law 235 (2000).N. Y. State Bar Association, committee on professional Ethics, OP. 728(2000)(结论是,对于一个市政府律师而言,告知一个没有代理律师的对手,他面临自证其罪的风险,如能有律师的建议则可能更好,这样做是正当的).

[327] David A. Strauss, the solicitor general and the interests of the united states, 61 Law & Contemp. Probs. 165,169 (1998).

[328] 关于这些备忘录的讨论,参见 David Luban, "Liberalism, Torture, and the Ticking Bomb", in the torture debate in America 35, 52-53 (ed. Karen J. Greenberg, 2006); Hazard, Koniak, Gramton, &Cohen, super note 38, at 587-90; W. Bradley Wendel", Legal Ethics and the separation of law and morals, "91 Cornell L. Rev. 67 (2005); Anthony Lewis, "Making torture legal", New York Review of Books, July 15,2004.

● 在反恐战争中,把反酷刑法适用于总统授权的讯问是违反宪法的。

● "在当前情况下,(因为)必要性或者自卫",所以违反刑法禁止酷刑规定而使用的讯问方法是正当的。[329]

在紧随而来的广泛的批评声浪中,法律顾问办公室抛弃了拜比的备忘录而代之以更加慎重的反对酷刑的声明,并且抛弃了严重疼痛这样的狭隘概念;但是除了最臭名昭著的拷问的方法外,几乎没有谴责什么酷刑,并且拒绝讨论自卫或者必要性这些正当性的问题。[330]

这些备忘录引发了关于政府律师角色更广泛的问题。首先,这个角色是不是需要法律顾问办公室规定最佳实践到底应该是什么样的:律师要给出"精确和诚实"的建议,即使这样做会"限制行政机关追求想要的政策"?[331] 或者说,律师能否恰当地为行政机构领导认为的国家利益提供任意的似是而非的正当化论证。正如法律教授大卫·鲁本(David Luban)设计的这个问题,假如白宫需要的不是坦诚的顾问而是忠实的"赦免者",政府律师能够合乎伦理地顺从吗?[332]

法律教授艾瑞克·波斯纳(Eric Posner)和安德里亚·万姆(Adrian Vemeule)坚持认为这些律师可以这么做。在他们看来,把法

---

[329]　Office of the Legal Counsel, Department of Justice, Memorandum for Alberto R. Gonzales, Counsel to the President Re: Standards of conduct for interrogation, Aug. 1, 2002, reprinted in the Torture Papers, super note 47, at 53, Wendell, super note 47, at 68; and Hazard, Koniak, Gramton, & Cohen, supra note 38, at 587.

[330]　Memo from Daniel Levin, for James. Comey, Deputy Attorney General, Re: Legal Standards Applicable Under 18 U.S.C. § § 2340-2340A, December 30, 2004, discussed in Luban, supra note 47, at 72.

[331]　Walter E. Dellinger et al. , Principles to Guide the Officer of Legal Counsel 2004, quoted in Wendel, supra note 47, at 112. 这个办公室的好几个前主任以及众多的副手和律师顾问签署了这个声明。

[332]　参见 Luban, supra note 47, at 68-72.

律顾问办公室的功能看作"仅仅提供公正的建议或者政府的良心,就是对复杂现实进行了感伤的、扭曲的和自私自利的图解"。起草了酷刑备忘录的律师没有被问到酷刑是否符合道德,他们在这个问题上也不比他们的政治领导有更深刻的见解。毋宁是,这些律师被问到的问题是关于"讯问的法律限度",并且他们在这个问题上提供了"合理的法律建议"。[333]　相反,鲁本认为这个建议是不合理的,而是和稳固的国际法、美国法以及广为接受的道德准则相悖。在他看来,"作为赦免者的律师",其角色类似"放任的卖家"角色,和职业规则以及职业原则是不一致的。[334]

　　一个相关的争议问题是,如果政府律师的建议被拒绝了,而他们的上司所坚持的立场在这些律师看来无论在法律上还是道德上都是不正当的,那么政府律师应该怎么做呢?律师可以或者应该找到哪个上级来挑战管理者的决策?如果行政机关授权去做的行为被律师认为是违法的,律师可以或者应该去举报他们吗?向谁举报呢?就像一些行政官员在酷刑论辩过程中所做的那样,律师泄露备忘录草稿或者相关的秘密材料是恰当的吗?[335]　或者退出代理是唯一选择吗,或者在非常重要的情况下选择辞职?如果律师选择不辞职,那么发表公开声明正式提出与已采取立场之分歧是否恰当?一个有名的例子涉及劳伦斯·华莱士(Lawrence Wallace),其职务是政府律师,是政府首席代理律师,当时他为美国国税总局辩护,国税总局拒绝为实施了种族歧视的一所大学进行免税。然而在案子审理的过程中,出现了一个行政上的变化,它的新领导命令该办公室逆转立场去支持这所大学。华莱士递交了一份摘要,遵守了这个命令,但是内含了

---

　　[333]　Eric Posner and Adrian Vemeule, opinion, A Torture Memo and the Torture Critics, Wall St. J. July 6, 2004, at A22.

　　[334]　Luban, supra note47, at 68-72.

　　[335]　Hazard, Koniak, Cramton, & Cohen, super note38, at 588-89.

一个声明,说这个摘要没有反映政府首席代理律师的观点。[336]

这些案件已经可以提出一般性原则,它们暗含了律师的一些义务,通过促进遵守现行法,确保实体和程序决策的公正,来维护政府的合法性。当计划中的政府行为看起来与这些原则不符合的时候,律师至少有义务寻求内部审查和重新考量。如果这些内部的努力不奏效,律师应该考虑这样的需求:披露这些信息给其他主体如立法机关、法院或者公众。这些主体或许能也或许不能逆转正在审议案件中的决定,但是他们能够改变未来的政策。

在涉及政府官员违法行为的情况下,披露相关信息或者是强制性的,或者受到联邦法和州法的保护。[337] 例如,联邦雇主需要向首席政府律师汇报联邦官员可能的刑事违法行为。《1989年保护告密者法案》也禁止联邦机构对披露信息并作出下列行为的雇主采取不利的人事行动:违反法律、规则或管制;严重管理不善;严重浪费资金;滥用职权;对公众健康和安全造成明确的重大危险。[338] 对于政府雇主来说,告密基本上都是有代价的,但是它也带来了大量的社会效益以及依照造福于公共利益的道德原则行事而产生的个人满足感。

八、代理集团诉讼

最后一种群体内部的利益冲突模式发生在集团诉讼中。集团诉

---

[336] Philip B. Heymann & Lance Liebman, The social Responsibilities of Lawyers: Case studies, 139, 181 (1988).

[337] 参看 Hazard, Koniak, & Camton, supra note 38, at 590; Roger C. Cramton, The lawyer as whistleblower: Confidentiality and the government lawyer, 5 Geo. J. Legal Ethics 291 (1991)。

[338] 28 U. S. C. §535; 5 U. S. C. §3202 (b)。

讼成员之间的利益很少是完全一致的,律师和委托人在意识形态和利益上也许有着巨大的分歧,并且,集团诉讼成员也许不知道这些冲突甚至不知道冲突就是集团诉讼的一部分。集团诉讼的崛起成为美国法律程序的一个显著特征,利益冲突已经出现在非常广泛的情境之中如消费者诉讼、大规模侵权的索赔、职场歧视案例以及公益诉讼。虽然这些集团诉讼的结构特征有所不同,但它们却呈现出一些共同的问题。

这些案例的基本架构体现在《联邦民事程序规则》的规则 23 以及各州法律的相应规定。根据规则 23,如果满足下列条件,集团诉讼是适当的:

(1)集团的人数太多了,所有人都共同参加诉讼太不切实际;(2)集团面临着共同的法律或事实问题;(3)诉讼代表人的诉求或辩护典型地体现了集团的诉求或辩护;(4)诉讼代表人将公正和充分地保护集团的利益。

根据民事程序规则、律师协会伦理准则和相关的判例法,律师以及被指定的集团代表人必须"公正和充分地保护集团的利益"。然而,司法和律师协会伦理的裁决并没有为律师的具体责任提供充足的指南。没有回答的问题包括,是否"利益"除了偏好可以指任何东西以及律师应采取什么样的步骤去查证和处理集团内部的利益冲突。

最为重要的基础问题是,这个程序是否被审判法官确认为一个适当的集团诉讼。确认以后,几乎所有的集团诉讼都会以和解结案。确实,一个不断被广泛运用的程序安排是"仅行和解"集团诉讼,当提交的集团诉讼和协商和解同时被法院批准的时候这个诉讼才结束。几乎所有的集团诉讼都涉及一些利益冲突。通常的冲突都以这些问题为中心：集团内部对判赔资金的分配、在禁制令和经济救济之间的权衡以及集团诉讼律师费的数额。[339]

在公益诉讼中，在救济问题上的冲突尤其复杂。废除校园种族隔离的案件持续不断地展示了这些困境。例如，冲突以下列问题为中心：种族融合的相对重要性、财政资源、课程改善以及矫正教育不平等时少数人支配的问题。即使原则上支持校园种族融合的选区，也对特定情境下它的价值有争论，这些情境可能导致漫长车程或者白人逃离这样的后果。同样的，挑战双语和特殊教育项目适当性的家长也在这个问题上产生了分歧：究竟回归主流化和提升分班教育哪个才代表了更好的教育。涉及精神疾病治疗的案件也在要求改善住院设施还是建立替代性的社区保健中心这一问题上产生了冲突。在职场歧视的案件中，关于以下几种因素如何权衡的问题也产生了争议：欠薪赔偿裁决和预期救济、计算损失赔偿的公式以及用来重构招聘、升职、调动体系的方式选择。[340]

像其他诉讼当事人一样，集团诉讼的成员在愿意妥协和承担诉讼拖延风险方面有不同意见。考虑到大多数集团诉讼后果不确定及救济不明确的问题，厌恶风险的原告也许会准备进行重大的妥协。另外一些集团成员也许会选择斗争，"如果不是斗争至死，至少一直到最高法院拒绝签发调卷令"。[341] 如果案子的和解仅仅对集团律师

---

[339] Rhode & Luban, Legal Ethics, supra note 18, at 624 – 62; Hazard, Koniak, Cramton, & Cohen, supra note 38, at 549–631; Symposium, Protecting Consumer Interests in class actions, 18 Geo. J. Legal Ethics 1161–1477 (2005); David J. Kahne, Curbing the abuse: a call for greater professional accountability and stricter ethical guidelines for class action attorneys, 71 Geo. J. Leg. Ethics 741 (2006).

[340] 例如，参见 Nancy Morawetz, Bargaining, class representation, and fairness, 54 Ohio ST. L. J. 1, 37–38 (1993); Rhode & Luban, Legal Ethics, supra note 18, at 626–41。

[341] Deborah L. Rhode, Class conflicts in class actions, 34 Stan. L. Rev. 1183, 1191 (1982).

很有利,对于已经登记的原告给予过多不适当的赔偿,或者偏爱现在的集团诉讼成员胜过将来的集团诉讼成员,那么所发生的冲突就非常混杂了。[342]

虽然在集团诉讼中,法院对确保实体和程序公正有着最终的责任,但是他们也经常对律师赋予相应的责任。正如一个联邦上诉法院所表达的,"从本质上来说,集团诉讼的律师对那些没有到庭的人承担着信托义务"。[343]在这些义务当中,首要的是告知审判法官或许有利益冲突,可能需要分别代理或者其他的矫正措施。

这个责任在原则上简单明确,但是在实践中很难执行。虽然很多律师花了大量的精力去识别和适应一个集团内部的分歧,很多律师也面临相当大的压力去保持统一战线。最显而易见的是,律师竭力避免为对方挑战集团诉讼来奠定基础。如果这种挑战的努力成功的话,律师将失去相当多的投资,而且这种损失在委托人那里也无法弥补。至少,在确认集团诉讼问题上的争议将导致花销和拖延,这样其他基本的资源就会被浪费。对利益冲突的强调也可能会引发更多律师参与,他们可能会来抢风头,分享对诉讼裁决的控制权以及分享可用于律师费用的相关资源。

冲突的暴露也会损害律师服务于集团最佳利益的目标。一个常见的例子涉及有关制度改革的建议:为当前的集团诉讼成员提供了慷慨的和解条件,但是对于将来的成员或受害人却几乎没有保护功

---

[342]　例如,参见 John C. Coffee, Jr, Class wars, the dilemma of the mass tort class action, 95 Column. L. Rev. 1343（1995）; Amchem Products, Inc. v. windsor 521 U. S. 591（1997）; Juile Creswell & Jonathan D. Glater, For law firm, serial plaintiff had midas touch, N. Y. Times, June 6, 2006, Al, and The trial lawyers' Enron, Wall St. j., July7, 2005, A12(描述了Milberg Weis 律师事务所在多个证券集团诉讼中为同一列名原告带来了丰厚的赔偿,这种集团诉讼经常为集团律师带来丰厚的报酬,给集团成员带来的却是微不足道的救济)。

[343]　Greenfield V Villager Indus, Inc., 483 F. 2d 824, 832（3d Cir. 1973）. see generally Rhode, supra note 60, at 1204-05.

能或者鲜有价值。[344] 这种建议也可能造成委托人和律师个人利益之间的冲突,这种冲突很难预防,也很难处理。这样的关切使得司法监管很重要,然而在实践中很难制度化。

部分困难在于,法院已经采取的针对利益冲突的主要救济方法是拒绝对集团诉讼的确认,或者推翻对特定集团成员进行不适当代理所产生的判决。然而这些救济措施经常使得无辜的原告处于不利地位,他们得到的赔偿被拖延或减少了,但对这个问题负责的律师却没有受到适当的处罚。[345] 对于律师的表现不满以及缺乏有效应对所引发的失望已经使得一些愤愤不平的集团成员提起了不当执业诉讼。[346] 然而这样的救济对于绝大多数委托人来说也会被证明是不充分的,他们缺乏足够的信息和动机去提出要求承担民事责任的诉讼。为此,大多数专家建议法院和纪律惩戒机构进行更多的监督,尤其是律师个人利益和委托人利益产生冲突的时候。

九、律师的个人利益

信托法和律师协会伦理准则禁止律师进行受其自身利益"重大限制"的代理,除非他们合理地认为他们能够提供"称职和勤勉"的帮助,并且也得到了委托人的知情同意(参见《律师职业行为示范规则》第1.7条,也可参见《律师职业责任示范守则》DR 5-101)。无论是《律师职业行为示范规则》还是《律师职业责任示范守则》都管理

---

[344] 对于最高法院批评集团诉讼律师没有适当代理未来成员的利益,最近的案例可参见 Amchem Products, Inc. v. Windsor, 521 U. S. 591 1997, and Ortiz v. Fibreboard Corp, U. S. 815 (1999).

[345] 参见 Kahne, supra note 58, and Susan P. Koniak & George M. Cohen, In hell there wll be lawyers without clients or law, in Ethics in the practice of law 177 (Deborah L. Rhode, ed. 2000).

[346] David Wesse, Now being sued: class-action Lawyers, Wall St. J. March 24, 2005, A2.

有可能引起冲突的特定行为像律师—委托人商业交易、礼物馈赠、财务资助以及性关系(《律师职业行为示范规则》第1.8条《律师职业责任示范守则》DR5-104)。这些管制的原理之所以设计出来特定的原则,是为了防止剥削无知的、脆弱的或者缺乏博弈能力的委托人。比如,律师不能和委托人进行商业交易,除非这些条款是公平的、合理的、信息披露充分的,并且委托人得到建议寻求了独立法律咨询后给出了书面的知情同意(参见《律师职业行为示范规则》第1.8条(a),也可参见《律师职业责任示范守则》DR 5-104)。一些行为充满了滥用的风险,以至于被绝对禁止。比如,起草对自己进行遗赠的遗嘱,对于缺乏独立顾问的委托人预先限制律师执业过失责任,或者和委托人发生性关系,除非这个性关系发生在代理之前[参见《律师职业行为示范规则》第1.8条(c)、(h)和(j)]。

这些规则的主要目的是保护委托人,但是对利益冲突的一些限制是为了保护公众以及维护职业的公信力。例如,禁止"助讼"——对委托人个人花销承担经济帮助,这个禁止规则被设计出来的部分原因是预防"委托人提起本来不会提起的诉讼"(参见《律师职业行为示范规则》第1.8条的评注)。这个规则也试图防止律师用货币刺激来竞争委托人,并且防止律师在代理的结果中享有可能会使得他们违背伦理义务的重大利益(参见《律师职业行为示范规则》第1.8条的评注)。

然而,这些条款在事实上是否都能服务于公众还有争议。禁止助讼就已经遭遇了特别的批评。在一些法院和评论者看来,绝对禁止对贫困委托人提供借款也经常阻止了本来应该提起的诉讼。它逼迫有正当诉求的当事人接受不适当的和解,而不是坚持抗争以求得合理的判决。[347] 这种关切也构成了《律师法重述(三)》里更为宽松

---

[347] Jack P. Sahl, the cost of humanitarian assistance ; Ethical Rules and the First Amendment, 34 St. Mary's L. J. 795 (2003); Fred C. Zacharias, Limits on Client Autonomy in Legal Ethics Regulation, 81 Boston U. L. Rev. 198,236-37 (2001).

方法的基础。该法第 48 条允许律师以"公平的条款"来提供借款,如果这样做是必需的,"使得当事人能够承担诉讼拖延,而这种拖延有可能不正当地诱使委托人仅仅因为经济困境而不是案件本身的原因去和解或者撤销一个案件,并且这个律师不能在被雇用之前就去做借款承诺或者提供借款"。

对另外一些潜在的律师—委托人冲突而言,更多的冲突已经被组织的政策或者执业过失保险要求所管理,伦理准则和法律原则管理得比较少。例如,无论是《律师职业行为示范规则》还是《律师职业责任示范守则》都没有禁止律师成为委托人董事会的一名成员,虽然《律师职业行为示范规则》第 1.7 条评注警告律师,反对其在"危害到律师职业判断独立性"的情况下落入双重角色。很多律师职业伦理专家都相信这种情况下的风险一直都是存在的。[348] 因此,一些律师事务所禁止律师参与委托人的董事会,还有一些律师执业过失保险不覆盖律师的这种角色。相比之下,也有一些律所愿意承担一些利益冲突的风险,来换取律师参与委托人董事会相伴随的好处像提高声望、信誉度以及和公司决策者的个人关系。[349]

就律师投资于委托人而言,组织政策上也已经出现了类似的差异。在 20 世纪 90 年代末,伴随着互联网以及其他高科技公司的繁荣,很多著名的律所在收费协议方面做了一些开拓:在公司创始阶段,缺乏资金的企业用股票或者投资的方式来补偿律师。这个做法

---

[348] Wolfram, supra note 30, at 739; Craig C. Albert, the lawyer-director: an Oxymoron? 9 Geo. J. Legal Ethics 413,426(1996).

[349] 对这一争论的综述,可参见 SEC Staff Report on Corporate Accountability F2G-F31 (1980); Dean Starkman, Lawyers Debate Ethics of Role in Boardrooms, Wall St. J. Aug. 5, 1996, at B1. Samuel C. Stretton, Lawyers serving as corporate directors may have a conflict if they represent the company, 25 Pa . L. Wky. 244 (2002);Susanna M. Kim, Dual Identities and Dueling Obligations: Preserving independence in corporate representation, 68 Tenn. L. Rev. 179 (2001).

已经有了很长的历史,例如,做房产开发的律师经常分享股份收益作为他们的律师费用。然而,在律师界内部,这种做法经常引发一些争议:既因为它有危害律师独立判断的风险,又因为律师有时候可以得到看起来和提供服务极其不成比例的大笔意外款项。

为了应对这种关注,美国律师协会正式意见 00-418(2000)总结道,如果可查明是在正在交易的情况下,条件是合理的,那么以委托人股份的方式抵消律师费用,既不违反《律师职业行为示范规则》,又不违反《律师职业责任示范守则》。为了减少就其合理性所存在的争议,一些专家和律协伦理委员会建议律师雇一个投资专家来评估相关利益。为了减少风险,使律师职业判断不被他们保护自己投资的欲望所扭曲,一些律所已经建立了共同基金的制度。在这些律所,从委托人那里来的有价证券进入一个单独的基金;在那里,律所的成员可以进行投资。对特定委托人的法律建议也许会影响律师个人投资,这些制度安排削弱了此举的效应。用这些制度对抗利益冲突是否足够,看起来律师界对此问题将会有一个不断的争论。[350]

然而,这些投资协议不是唯一的,甚至不是主要的关于在代理费用上律师—委托人冲突的来源。正如第十章讨论所指出的,几乎所有的付费形式都会引起律师和他们委托人之间经济利益相背离的风险。按小时收费的协议创造了这样的动机:扩张工作量与可得到的预算相符合。[351] 相形之下,胜诉酬金协议创造了相反的动机。在这些案件当中,委托人不是在为律师的时间付费,因此,他们的利益仅

---

[350] 对这一争论的综述,可参见 Brian J. Redding, Investing in or doing business with clients : some thoughts on lawyer liability and legal ethics issues, Professional Lawyer 113 (Fall 2000); Debra Baker, who wants to be a millionaire?, ABA J., Feb. (2000), at 36; Edward H. Cohen, Lawyers Investment in their clients : the rules of professional responsibility, 14 Insights 2 2000; John S. Dzienkowski & Robert J. Peroni, the decline in lawyer independence: lawyer equality investments in clients, 81 Tex. L. Rev. 405(2002)。

[351] Deborah L. Rhode, In the interests of justice: the Legal profession 61 (2000)。

仅体现在所获得的结果上。相比之下,律师还应该考虑获得一个好的结果所必须付出的努力以及在这些资源上的相互冲突的要求。

如果一个和解协议包括了律师费的条款,或者极端慷慨或者非常不够,那么潜在的律师—委托人冲突就会加严重。当这个诉讼被所谓律师费转移规则支配的时候,它规定要向胜诉的原告支付律师费用,这些困境也是很普遍的。如果对方在和解协议中对委托人非常慷慨,但是给了律师很少的费用,甚至没有给律师费用,就会产生一个两难困境。最高法院的裁决允许对方以放弃律师费作为和解的条件,或者达成不对案件的是非曲直作出判断的和解,以规避制定法关于律师费裁决的规定。[352] 当和解使得律师成了主要受益人的时候,相反的问题也产生了:他们因其最低限度的工作而获得数百万美元,而集团诉讼的成员仅仅获得象征性的赔偿,或者获得的主要是可购买被告产品的、没有多少价值的优惠券。[353] 原告的律师经常会争辩说,这些案例推进了阻止不当行为这项有价值的功能,而面临这个不当行为时,个人所受到的损害太小了以至于不值得提起诉讼。然而评论者经常质疑律师费和获得的结果或者付出的努力是否成比例。从理论上说,对集团诉讼和解以及胜诉酬金进行司法监管就是防止这些滥用行为。然而,从实践中看,审判庭不愿意去干预既结清了他们的案件又没有上诉风险的协议。[354]

律师和集团委托人之间利益冲突的特定案件关系到"优惠券和

---

[352] Evans V. Jeff D. , 475 U. S. 717 (1986) ; Buckhannon Bd. And Care Home, Inc. v. West Virginia Dept. of Health & Human Resources, 532 U. S. 598 (2001).

[353] 引用的例子可参见 Rhode & Luban, supra note 18, at 553-54; Rhode, supra note 51, at 176; Susan P. Koniak & George M. Cohen, In Hell There will Be Lawyers without Clients or Law, in Ethics in Practice 177-204 (Deborah L. Rhode, ed. 2000)。

[354] Judith Resnik, Dennis Curtis, & Deborah R. Hensler, "individuals within the Aggregate : Relations, Representation, and Fees", 71 N. Y. U. L. Rev. 296 (1996) ; Rhode, supra note 60.

解"。向商家的索赔要求可以通过这样的方式和解:不仅可以支付金钱,而且优惠券也可以,这种优惠券可以打折购买商家的物品或者服务。实际情况是,所支付的这些优惠券对集团成员来说是无价值的,因为数量太少、不足以挽回损失,或者因为集团成员不需要或不想在指定时间内去购买被告的其他产品。随着优惠券和解的问题大量浮出水面,国会最终作出了反应。《2005 年集团诉讼公平法案》要求,在这些案件中,一个律师的收费应该建立在赔偿给集团诉讼成员的优惠券价值的基础上,或者是基于合理花费在案件上的时间。如何才能更好地管理其他有关收费的问题,可能会引起立法、司法以及律师界越来越多的关注。

　　非经济的利益冲突对于法院、委托人以及律师惩戒机构来说,更难处理。律师经常有着同信托义务相对抗的职业利益。例如,他们可能有兴趣吸引公众注意力,确立其组织的影响力,或者获得审判的经验。[355] 从长远利益的角度出发,律师会与以下主体保持良好的关系:法院、对方律师、潜在委托人以及法律体系的其他参与者像保险理算员、监管机构人员以及执法机构官员。这些利益也许有时候会和特定委托人的目标相冲突。也因此,在涉及公共利益或政府诉讼的情况下,律师也许有自己的意识形态,这种意识形态和他们代理的集团或者机构的意识形态不同。谈到对这些冲突的评论,德瑞克·贝尔(Derrick Bell)教授说,对原则的关注"尽管比对贪婪的关注要稀罕",但是更难控制。[356] 从一定程度上来说,个人利益冲突出现在任

---

　　[355]　参见 Berenson, supra note 39, at 808－11. Macey & Miller, supra note 41, at 1117-19; Michael Selmi, Public VS. Private Enforcement of Civil Rights: The Case of Housing and employment, 45 UCLA L. Rev. 1401 (1998).

　　[356]　Derrick A. Bell, serving Two Masters: integration ideals and client interests in school desegregation litigation, 85 Yale L. J. 470, 504(1976).其他的例子,参见 Rhode, supra note 60.

何职业关系中,处理这样的冲突,正式规则和执法机构在能力上有明显的局限性。

这个例子昭示了一般性利益冲突更为普遍性的问题。在正式追责机制缺乏的地方,律师具有特别的责任去确保自己关心的东西不会代替其当事人所关心的东西,因为当事人将不得不承受着诉讼的结果去生活。

第九章

接近正义 *

　　20世纪90年代以来,许多国家以"接近正义"作为民事司法改革的主题和口号。所谓"接近正义"实指不断改革司法制度及其运作方式,使人民能够更便利地利用司法制度,使司法制度能够更公正、更有效地解决纠纷。也可意译为"获得司法救助",也有翻译为"诉诸正义""诉诸司法"的情形。——译者注

一、问题的性质

人们普遍认为，美国有太多的法律、太少的正义——即便是对于负担得起诉讼的人来说，诉讼也是过多的，而对那些负担不起诉讼的人来说，则意味着很难获得法律救济。多数美国人认为美国有太多的律师，并且 4/5 的美国人都认为律师提起了太多的没有意义的诉讼。[357] 多数美国人还认为财富决定了人们能够获得何种司法救助。[358] 但是，人们很难就应采取什么方法来解决这个问题达成共识。其中部分原因在于多数人无法充分知晓如何获取司法救助，或者对于获取司法救助存在严重的矛盾心理。他们低估了诉讼的真实成本，高估了"有产者"（富人）好讼的程度，也不愿为"无产者"（穷人）提供补贴，使其获得充分的法律服务。

好讼

对好讼的抱怨多是基于以下三个假设：美国有太多的律师，律师提起太多的诉讼，诉讼程序的成本太高了。以上三个假设的事实基础都值得进一步推敲。

从殖民地时期开始，美国人就抱怨律师的数量，早期移民曾努力

---

[357] See sources cited in Deborah L. Rhode, Access to Justice 26, 29 (2004) ; Deborah L. Rhode, In the Interests of Justice: Reforming the Legal Profession 117 (2000) ; ABA Section of Litigation, Public Perceptions of Lawyers Consumer Research Findings 7 (2002).

[358] Marc Galanter, "Farther Along", 33 Law & Soc'y Rev. 1113 (1999)（调查结果显示，1/3 被调查的美国人认为，司法制度区别对待富人和穷人）; Abaca Perceptions of the U. S. Justice System 5 (1999)。

想完全废除律师制或者至少限制律师的作用。[359] 18 世纪晚期,爆发了针对"可恶的饥饿毛虫"的起义。[360] 现代侵权改革运动也经常出现类似的幽默表达来讥讽律师。[361] 这些批评通常预先假设美国法律职业所采取的评价标准显得太宽泛,虽然他们也不去证明这个假设的正确性。但这种假设却暗示着,相对于其他国家,美国的律师数量是实在太多了。

但是,许多批评者都存在致命的认识错误。例如,虽然部分政治家声称,美国拥有世界上 70% 的律师,但是也有数字显示这一比例在 1/4～1/3,这与美国的国民生产总值占到全世界国民生产总值的比例大体相当。[362] 跨文化的比较也可能产生误导,因为这种比较不能揭示在其他国家从事律师职业的人员数量,因为那些国家存在大量虽未取得律师执照但却接受过法律培训,并且从事在美国专属于律师业务的人员。例如在德国,公司内部法律顾问不隶属于律师行业,并不被视为法律职业的成员,但是他们提供了与美国律师相同的法律服务。在日本,被认可担任法院辩护人士的人员数量仅仅占到了接受大学法学教育并且提供法律建议和起草法律文书的人员数量很小的一部分。导致日本法律职业人员和接受过法律训练的专业人员有巨大差异的原因在于,

---

[359] See Lawrence M. Friedman, A History of American Law 45 – 46 (1985); Terence C Halliday, "Six Score Years and Ten: Demographic Transitions in the American Legal Profession, 1850-1980", 20 Law & Soc'y Rev. 53(1996).

[360] 见前注,Friedman,第 96 页。

[361] 参见 Rhode, In the Interests of Justice, 见前注,第 119 页; 参见 Rhode Access to Justice, 见前注, 第 26－29 页; Marc Galanter, Lowering the Bar: Lawyer Jokes and Legal Culture (2005).

[362] Hebert M. Kritzer, "Lawyer Fees and Lawyer Behavior in Litigation: What Does the Empirical Literature Really Say?" 80 Tex. L. Rev. 1943, 1981(2002); Marc Galanter, "The Vanishing Trial: An Examination of Trials and Related Matter in Federal and State Courts",1 J. Empirical Leg. Studies 459(2004).

日本律师资格考试的通过率被人为地控制在较低的水平,尚不足 5% 。

关于美国诉讼供过于求的说法也需加以限定。专家普遍认为,无论是与以前历史时期的诉讼率相比,还是同很多其他并不因好讼而闻名的西方工业国家的诉讼率相比,目前美国的诉讼率并不是特别高。在殖民地时期以及 19 世纪、20 世纪早期,部分州的某些社区中人均诉讼率还要更高。[363] 当下美国与加拿大、澳大利亚、新西兰、英国和丹麦的案件数量相当,并且高成本的诉讼案件所占比例正在下降。[364] 不管怎样,诉讼率不再是好讼文化的晴雨表。在美国,超过 98% 的诉讼是在州法院提起的,诸如离婚和遗嘱等无争议事项占据了案件总量中的绝大部分。[365]

其他经常被用来证明美国存在过度诉讼现象的例子,都是些奇闻逸事:有人举例说明似乎是贪得无厌的律师用无意义的诉讼充斥了司法体系。但是何为无意义,也只有旁观者自己清楚了,侵权改革评论和大众媒体所描述的情景也极具误导性。[366] 某本教科书曾引用了一份诉麦当劳快餐连锁涉及数百万美元的判决。美国全国商会用传统视角将该案描述为:"就因为你洒了一杯咖啡到自己身上,就可以从一家餐馆获得数百万美元,这公平吗?"[367] 但是,仔细想来这

---

[363]　See Marc S. Galanter, "Reading the Landscape of Disputes: What We Know and Don't Know (and Think We Know) About Our Allegedly Contentious an Litigious Society", 31 UCLA L. Rev. 4, 55-58 (1983).

[364]　Marc Galanter, "The Life and Times of the Big Six; or, the Federal Courts Since the Good Old Days", 1988 Wis. L. Rev. 921,942-45(1998).

[365]　National Center for State Courts, Examining the Work of State Courts, 10, 13 (2001).

[366]　William Halton & Michael McCann, Distorting the Law: Politics, Media, and the Litigations Crisis (2004); Deborah L. Rhode, "Frivolous Litigation and Civil Justice Reform", 54 Duke L. J. 447, 450-56(2004).

[367]　See Rhode, In the Interests of Justice, supra note 1, at 122.

样的说法是具有高度误导性的。该案的原告是一名 79 岁的老妇人，她被 180 华氏度的咖啡烫成三度烫伤。在麦当劳拒绝支付她 8 天的医疗费用之后，她提起了诉讼。在审判中，陪审员获知在过去 20 年间发生的 700 多件其他涉及麦当劳咖啡引起的烫伤案件，也获知了医疗专家关于饮料温度引起严重伤害的警告后，陪审团作出了包括惩罚性损害赔偿在内的 230 万美元的判决，即麦当劳两天的咖啡销售收入，而法官将判决金额降至 64 万美元。为避免上诉，原告随后接受更低赔偿额而终结该案。麦当劳设置了警告标识，其他快餐连锁企业也采取类似的措施。虽然对于该案最终结果的评价众说纷纭，但是该案很明显并不像媒体批评的那样"荒谬"。[368]

　　因此，在此类案件中虽然个人的损失很小，但是该判罚可以对企业疏忽或者不当行为形成有效的威慑。如果说以上案件都没有意义的话，那么本书第六章所建议的制裁方式就是一种适合的回应，而不是由律师无条件地起诉和诉讼。如对好讼进行更充分地讨论，就需要对基本问题进行更深入地分析。我们需要为法律救济支付多少钱？诉诸法律与对社会资源的其他需求相比如何？有哪些替代诉讼的方法？法律和律师处理公众需求是否最为经济？是否应该对于昂贵的证据寻找过程施加更多限制，或者败诉方是否应当支付对方的律师费？

　　公众对上述问题的认识不一，但是多数人都会关心法律程序的成本。有调研表明超过 4/5 的美国人认为诉讼浪费太长时间、太多成本，3/4 的美国人认为诉讼时间和成本损害了国家的经济。[369] 但是，这一观点仍旧缺乏坚实的事实依据。虽然我们缺乏可

---

　　[368]　Id. See also Ralph Nader & Wesly J. Smith, No Contest 267-72(1996). 在关于民事司法改革的立法争论中麦当劳案件具有很强的标志意义。Halton & McCann, supra note 10 at 279。

　　[369]　See Rhode, Access to Justice, supra note 3, at 32.

靠的方法来评估民事责任的全部成本,但是对于侵权案件进行的有效评估,并未发现诉讼对于经济和生产力造成严重负面影响。就最遭受批评的侵权案件而言,在过去的 20 年间,审判案件的数量已经有了明显下降,小部分进入审判程序的案件,其平均赔偿额比媒体报道的少得多,平均赔偿金额低于 4 万美元,吸引大众关注的大部分案件的赔偿金额通常在二审中都会有所减少。[370] 布鲁金斯学会(Brookings Institution)的研究数据估计,侵权责任总赔偿金额大约不会超过美国商品和服务总价格的 2%,这个金额绝不可能会对美国经济产生严重影响。其他类似的评估数据认为,工商企业所承担全部责任赔偿支出(包括侵权诉讼)大约占到其 100 美元收入中的 25 美分。[371] 无可否认,在部分领域中判决金额是增长的,例如医疗纠纷,相对应的保险费也在增长,对此应当给予适当关注。但是此类案件的诉因和救补通常会比大众公开讨论的内容更为复杂。

另外,还有一个更深层次的政策性问题:与什么进行比较? 反对者可能并不是想完全不要任何有效的法律管理。例如,相对于美国,欧洲的人身伤害案件数量就少了很多,但是他们有更多的税收项目,能为每个被伤害的人提供广泛的医疗和残疾保障。在欧洲,针对企业管制的诉讼更少,但是针对政府指导企业行为的案件更多。虽然在完全不同的法域进行成本比较是非常困难的,但是很难说美国的法律体系是不堪重负的。

---

[370] Rhode, "Frivolous Litigation", supra note 10, at 457, 463; Rhode, Access to Justice, supra note 1, at 30; Myron Levin, "Coverage of Big Awards for Plaintiffs Helps Distort View of Legal System", L. A. Times, August 15, 2005, at C1.

[371] Robert E. Litan, "The Liability Explosion and American Trade Performance: Myths and Realities", in Tort Law and the Public Interest: Competition, Innovation, and Consumer Welfare 127-28 (Peter H. Schuck ed., 1991); Nader & Smith, supra note 12, at 279.

　　在保护普通公民的利益上也有类似的问题。在欧洲,传统上政府在雇主和消费者关系中具有广泛的"家长式统治"的权力。而在美国法律系统中,这些关系一般都会留给私人自行处理,并通过私人行为(包括诉讼)来实现。

　　很多美国人,包括部分对法律系统进行批评的名人,严重低估了人们对保护个人权利的法律援助(legal assistance)的需求,也低估了造成这类法律援助成本高昂的内在因素。为使法律援助更为有效,美国的对抗制一般会要求双方都委托拥有充分资源的称职律师,向中立的法官提交案件。这样一个过程就要求多种多样的专业人员、配套设施和辅助行政人员。不同于诉讼,交易行为往往要求很少的专业人员,而且经常可以避免复杂的法律问题,但是也可能导致巨大损失。

　　这其中的部分原因是,法律技能与其昂贵的市场价格是相称的,尤其是在美国。无论是在美国法律体系内部还是外部,美国律师的能力都是很值钱的。执业者不仅精通法律,而且能够成为精明的问题解决者、政策分析者和财政规划者。如果法律工作不能使律师获得充足报酬的话,这些技能能够帮助很多律师选择其他报酬优厚的职业。很多诉讼律师有非常广泛的执业领域:政府、金融、房地产、保险、知识产权、企业管理、游说等,所有这些领域也都能让律师获得与法律工作一样的报酬。大约1/4的法学院毕业生最终会选择进入这些领域。[372]　这就是法律服务的价格结构,在美国这样一个高度重视个人权利的文化中,寻求法律服务就需要付出相当高的成本。

　　要想美国"好讼"需求进行公平和理性的评价,就需要既考虑成本也考虑收益。举个经常引用的例子,产品责任诉讼费用可以显著

---

[372]　Joe G. Baker, "Employment Pattern of Law School Graduates", The Law School Admission Council Research Report 00-01 1 (2001).

提高橄榄球头盔的价格。但是,橄榄球头盔的价格提高也可以大幅度降低头部受到严重伤害的概率。[373] 这样的预防措施是否值得,涉及复杂的情境判断。正如劳伦斯·弗里德曼(Lawrence Friedman)教授所指出的那样,法律索赔的收益"往往是难以确定甚至是无法测量的:扩大了妇女和少数族裔的机遇,扩展了公民自由、制度之内的正当程序、政府限权。谁能否定这些不是巨大的收益?"[374]其他国家提供直接的政府救济,通过集中行政方式来满足的此种需求,例如为受伤害的当事人提供医疗保险,美国人却需要通过私力诉讼的方式来解决。[375] 企业化的律师行业有责任制止危险产品、欺诈行为、歧视行为和其他侵犯法律权利的行为。诉讼成本由律师和败诉方负担,可以避免花费纳税人的金钱来执行法律标准以及赔偿受害人损失。只要美国仍依靠私人诉讼来实现公共利益,那么诉讼就可能保持较高水平并且耗费巨大。

因此,真正的问题并不是在抽象意义上讨论现行制度是否"耗费巨大",而是与"什么比较",以及现行制度是否是最有效的保护法律权利的制度? 例如,大量的研究表明,现行的侵权体系不能完全补偿受害者,却过分补偿包括律师在内的相关中介。几乎所有的研究都表明,大量受害者并未获得充足的赔偿,被告承担赔偿的很大部分都消耗在了不适宜的法律成本上,例如,有一个非常系统的研究表明,只有 10% ~ 12% 的事故和医疗事故的受害者提起诉

---

[373] Compare John Stossel, "Protect Us From Lega Vulturres", Wall St. J. , Jan. 2, 1996, at A8 with Rhode, In the Interests of Justice, supra note 1, at 127-28.

[374] Lawrence M. Friedman, "Litigation and Society", 15Ann. Rev. Soc. 17, 26-27(1989).

[375] Rober Kagan, Adversarial Legalism: The American Way of Law (2001); Thomas Burke, Lawyers, Lawsuits, and Legal Rights (2000); Rhode, Access to Justice, supra note 1, at 37-38.

讼,但是实际收到赔偿的比例更低。[376] 因此,在赔偿方面的错误是赔偿太少了,而不是赔偿太多。[377]

而且,交易成本还是太高了。每年原告律师大约收取 300 亿美元的律师费,这其中部分费用本应花费在赔偿或者预防伤害方面。[378] 在被调研的侵权案件中,由保险公司支付的费用中,受害者只能收到 40% ~ 50%;那些类似石棉大案的集团诉讼侵权案件中,2/3 的赔偿支付给了律师和专家。[379] 这些成本是可以避免的,很多国家依靠官方调查和替代性纠纷解决程序来解决事故和侵权索赔,从而避免这些巨大的支出。例如在日本,律师费只占赔偿金额的 2%。[380] 当然,这些法律体制也可能产生赔偿不足的问题。但是,这些赔偿不足问题同样困扰着美国的诉讼程序,还使得普通索赔也需要巨大花费,并给其他人造成了巨大的交易成本。

虽然有如上缺陷,但是仍有超过 4/5 的美国人认为他们拥有世界上最好的司法体制。这种自信的部分原因在于,大部分人很少获知穷人是如何获得法律救济的。大约 4/5 的美国人也错误地认为,穷人在民事案件中可以获得律师帮助,只有 1/3 的美国人认为低收入的人很难获得法律帮助,总体上这种看法并不符合实际。[381] 对于绝大部分中低收入者而言,最大的问题不是法律太多,而是太少。

[376]　Rhode, "Frivolous Cases", supra note 10, at 459–60.

[377]　David M Studdert, et al. , "Claims, Errors, and Compensation Payments in Medical Malpratice Litigation", 354 New England J. Med. 2024(2006).

[378]　Rhode, "Frivolous Cases", supra note 10, at 464.

[379]　Rhode, Access to Justice, supra note 1, at 34; James S. Kakalik et al. , Costs of Asbestos Litigation vi, viii(1983); James S. Kakalik & Nicholas M. Pace, Costs and Compensation Paid in Tort Litigation xii (Rand Institute for Civil Justice, 1986).

[380]　Kagan, Adversarial Legalism, supra note 17, at 136–37; Rhode, Access to Justice, supra note 1, at 34.

[381]　Id. , at ABA, Public Perceptions, supra note 1, at 26.

法律需求

律师协会和政府调查通常表明,法律需求很大程度上得不到满足。他们估计 4/5 的穷人、2/5 ~ 3/5 的中等收入者的民事需求没有获得满足。[382] 这些调研可能把问题轻描淡写了,因为,他们通常都是依据个人对于需求的主观感受,但是个人并不总能意识到哪些是能获得法律救济的合法事项。当事人可能不知道他有权获得某些利益,例如,他们的消费贷款未能符合法律要件,或者不知道他们的公寓违反房屋规范标准。多数法律需求的调研也排除了集体公共利益事项,例如环境风险问题,学校财务管理中种族歧视问题,或者政治选区重新规划问题。

而且,统计问题并不能全面反映未获满足的法律需求,因为这种方法并不能区别如下问题:紧急事项与轻微不满;要求大量需求的事项与仅仅要求极小需求的事项;需要律师专业技能方能解决问题与仅仅需要通过较低费用即可解决的问题,例如获得外行专家帮助和私力救济。解决法律需求的最好方法并不总是需要更多的法律、律师和法律程序。马克·加兰特(Marc Galanter)教授针对相关问题,似乎有些慷慨激昂地说道:"诉诸正义的乌托邦想法不就是所有争议都经由裁判解决的状态吗?"[383] 毕竟,诉诸正义(获得司法救济、接近正义)的制度并不能保障实体法上的正义。如第六章所述,富人除了获得律师帮助之外,还具有其他优势,如调查取证的资源和专家证言,可承受拖延的能力和撤销不利法律判决后的上

---

[382] Legal Services Corporation, Documenting the Justice Gap in America(2005); Rhode, Access to Justice, supra note 1, at 3.

[383] Marc Ganlanter, "Justice in Many Room," in Access to Justice and the Welfare State 147, 150–151 (Mauro Cappelletti ed. 1981.)

诉或者游说的能力,这些因素都导致富人在获得法律救济方面占据优势。[384]

美国人普遍认为,"社会正义"(如社会资源更为公平的分配)可以通过"民事审判"的方式来实现(如向法院申诉的权利)。[385] 但是从政治的角度看,这是颇具争议的议题。分配正义只能部分通过法律制度实现,且仅能通过大量的公共补贴和法律援助来实现。的确,反对提供法律服务主要是反对将诉讼作为再分配的策略来分配住房、教育和医疗等资源。很多美国人相信分配问题应当通过民主政治程序来解决,而不是通过更多的司法程序。正如以下讨论,这种观点严重限制了法律援助的种类,而这些援助是可由公共补贴项目来提供资金支持的。

为确保获取的法律救济有意义,有必要考虑法律援助的质量。"法律面前人人平等"是经常出现的法院大门上的标语,但是它并不反映大门背后发生的事情,也不能指导国家对哪些项目进行优先补贴。除极少数情形外,有民事法律需求的当事人无权获得任何法律帮助,更不用说获得公平的法律帮助。在拉西特诉福利局[Lassiter v. Department of Social Services, 452 U. S. 18(1981)]案件中,美国联邦最高法院支持宪法条款,即在民事诉讼中,只有有证据证明在诉讼程序中无律师代理会出现不公正时,才会要求提供律师代理,这个标准在现实中几乎是不能实现的。[386] 其他国家的标准更具包容性。例如,欧洲人权法院在斯蒂尔和莫里斯诉英国[Steel and Morris v.

---

[384]　Marc Ganlanter, "Farther Along", 33 Law & Soc'y Rev. 1113,1114 (1999); Marc Ganlanter, "Why the Haves Come Out Ahead: Speculations on the Limits of Legal Change", 9 Law & Soc'y Rev. 95(1974).

[385]　Geoffey C. Hazard, Jr., "Social Justice Through Civil Justice", 36 U. Chi. L. Rev. 699(1969).

[386]　See Rhode, supra note 1, at. 9.

United Kingdom, 41 E. H. R. R. 22（2005）]一案中认为,在案件中委托律师代理的权利是利害攸关的重要利益,因为无律师代理的诉讼当事人"不能进行有效的自我辩护"。

即便在刑事法律体系中,贫困的被告人本应享有有效律师代理的宪法权利,但也毫无实现的可能。[387] 法院指定公设辩护律师的办案数量和其报酬费率的设定非常不现实,这种设定根本没计算公设辩护律师为绝大多数被告人所做的庭前准备。公设辩护律师的办案数量太多,每年每名律师办理 3500 件轻罪案件和 900 件重罪案件,一般重罪案件的律师费被限定在 1000~1500 美元。[388] 培训、调查和专家的费用非常不充足,全国用于检控的花费是用于辩护花费的二倍以上。[389]

虽然无法避免出现低质量的代理,但是除了极少部分案件,法官还是几乎在所有案件中发现指定的律师代理是无效的,一项研究表明,99%这样低质量代理的案件最终都败诉了。[390] 甚至是死刑案件中,定罪都是在律师睡着、醉酒、吸毒、遭受严重精神疾病,或者在公诉案件的关键环节去停车时作出的。[391] 部分律师只用比普通美国人工作前淋浴所花费更少的时间来做重罪案件的庭前准备;有的律

[387]　See American Bar Association（ABA）, Gideon's Broken Promise: America's Continuing Quest for Equal Justice(2004).

[388]　Rhode, supra note 1, at 12; ABA, supra note 27, at 17; Vivian Berger, "Timer for a Real Raisek" Nat'l. J. Sept. 13, 2004, at 27.

[389]　ABA, supra note 27, at 13; Rhode, Access to Justice, supra note 1, at 12, 129.

[390]　Vicor E. Flango & Patricia Makenna, "Federal Habeas Corpus Review of State Court Convictions", 31 Cal. W. L. Rev. 237,259-60(1995).

[391]　Stephen B. Bright, Statement Before the Senate Committee on the Judiciary on the Innocence Protection Act of 2001, Federal News Service, June 27, 2001; Texas Defender Service, Leghal Indifference（2002）; David Cole, No Equal Justice: Race and Class in the American Criminal Justice System 87(1999); Stephen B. Bright, "Sleeping on the Job", Nat'l L. J., Dec. 4, 2000, at A26.

师甚至在死刑案件中曾忽略关键的程序和实体法。[392] 但是,改变私人律师微薄的法定费用,以及改变公设辩护律师过度工作的努力鲜有成功。[393] 事实上,受到案件工作量巨大困扰的法官经常不愿意鼓励律师作出更加有效的代理,因为律师的有效代理会需要更多审判和预审程序的时间。[394]

二、可能的回应

当然,法律并非唯一未获满足的基本需求,穷人总是处于严重的弱势地位。然而,我们应当注意我们法律体系的追求和运作之间存在鸿沟。获得司法救济(接近正义、诉诸正义)是法律和民主进程正当性的关键要素。正如美国联邦最高法院所认同的那样,"起诉和辩护权"是"所有其他权利的基础,是有序政府的基础"。[395] 对于多数人,在多数情形下,如果没有得到任何法律帮助,接近正义的权利就没有任何意义了。

但是,提供充足的法律帮助也会遇到实践和理论问题。以实践问题来看,对所有不能负担律师的人来说,保证其享有民事法律代理

---

[392]　Bright,"Sleeping on the Job",supra note 31,at A26;Rhode,supra note 1,at 13;ABA,supra note 27,at 33-34. 美国律师协会的职业伦理观点支持法院为穷人指定的律师,如果因为工作量大阻碍其提供充分代理的话,律师应当拒绝指定代理。参见:ABA Sanding Committee on Ethics and Professional Responsibilities,Formal Opinion 06-441 (2006).

[393]　Rhode,supra note 1,at 128,132. 对于脆弱辩护系统提出挑战的案件,参见 ABA,supra note 27,at 16.

[394]　See James L. Kelley,Lawyers Crossing Lines:Nine Stories 171-72(2001);Rhode,supra note 1,at 128,132. 对于脆弱辩护系统提出挑战的案件,参见 ABA,supra note 27,at 33-34.

[395]　Chamber v. Baltimore & Ohio R. R.,207 U. S. 142,148 (1907). See David Luban,Lawyers and Justice:An Ethical Study,263-64(1988).

的权利可能是非常昂贵的。当然，可以参考欧洲国家采用的做法，对这些权利进行限制，按照案件所涉重要利益和胜诉可能性，采用浮动制补贴方法。然而，这种做法不仅大幅度提升了法律援助预算，而且增大了对方当事人的法律诉讼成本，也增大了通过法律程序获得救济的金额。如果要保证美国穷人都能享有普通法和政府项目确定的全部权利，那么，财政负担可能是非常巨大的。因此，在当前的政治氛围下，此种改革计划是没有希望的。

但是，这并不意味着我们不会尽力来应对未获满足的需求，我们有必要减少法律代理中的不公平。很多不富裕的国家在此领域做得比美国好，因此可以期待，美国法律体系应采取一些比较容易的改革举措。这些举措包括三个方面：减少法律干预和法律援助的需求；降低法律程序和服务的成本；增加获取有补贴律师代理的机会。

第一个方面涉及简化或者改变法律规则和程序，以使当事人不再需要法律援助。例如，设置小额诉讼法庭，采用通俗的英语法令，实施无过错保险计划，为简易医嘱和无争议离婚提供标准化格式，提供当事人自我代理的法庭服务，诸如履行抚养费从工资中自动扣除的计划。第二个方面即是依靠计算机程序、在线服务、替代性纠纷解决程序和律师之外的专家来降低法律帮助的成本。第三个方面即是利用公共补贴的法律援助项目和私人律师提供的公益法律服务来扩大律师的参与。

三、法院改革和非律师服务

在处理租房、破产、小额诉讼和家庭琐事的"'穷人'法庭"中，当事人没有律师代理是非常常见的现象。至少一方当事人没有律师代理远比双方都有律师更为常见。在一些法庭中，超过 4/5 的诉讼程序是由当事人进行自我代理的。[396] 但是,这些当事人参与的制度大多都是由律师设计并为律师所用。对那些致力于实现接近正义(获得司法救助、诉诸正义)的社会,面临的挑战是如何使这些制度对那些负担不起律师的当事人来说更为有效。

为了实现这个目的,越来越多的司法管辖区已经实行自我帮助项目,涉及程序简化、扩大小型法庭的数量、标准化表格、教育出版、在线资料、交互信息亭和起草文件的自助中心,以及志愿律师或者法院辅助人员的免费现场咨询。[397] 但是很多法院仍然没有正式的自我帮助服务,即使有这些服务,多数需要这些服务的当事人却不能获取这些服务:如没有受过教育且计算机水平和语言技能有限。最常见的情况是,没有代理律师的当事人经常被寄希望能自己准备好表格,能自己探寻令人困惑的复杂程序。法庭书记员和调解员不能提供法律建议,因为,从技术上来讲,如果他们提供法律建议就是严重违反法律的"非法执业"行为。[398] 很显然,给这些人提供更多帮助是实现"法律面前人人平等"的关键要素。

大多数司法管辖区均可以效仿某些司法系统的做法,包括建立"全面的"、"治疗性的"和专业化的社区法院。这些法院可以与包括心理健康专家、社会服务工作者等非法律专家合作,以解决诸如家庭暴力、无家可归,以及涉及卖淫、毒品和未成年人的轻微犯罪或违法

---

[396] Pamela A. MacLean, "Self-Help Centers Meet Pro Se Flood", Nat'l. J. J., June 26,2006, at 1,15; Russell Engler, "And Justice Fro All-Including the Roles of the Judges, Mediators, and Clerks", 67 Fordham L. Rev. 1987(1999); Jona Goldschmidt, "How Are Courts Handling Pro Se Litigations?", 82 Judicature 13, 14(1998).

[397] For an overview, see Rhode, Access to Justice, supra note 1, at 84 – 86; Goldschmidt, supra note 40, at 29–34; Engler, supra note 40, 2049.

[398] Engler, supra note 33, at 2056, 2060, 2064; Tina L. Rasnow, "Traveling Justice: Providing Court Based Pro Se Assinstance to Limited Access Communities", 20 Fordham Urban L. J. 1281, 1293(2002).

行为。这种方式力图解决根本原因，而不是简单地陈述法律症状。有研究表明有很多方式可以有效降低犯罪和有效实施救济。[399]

法庭之外的非律师服务的改革也是有必要的。每个司法管辖区都会对未取得律师协会执业证书的非法"执业"人课以刑事处罚。不同司法管辖区对于禁止的范畴各不相同，但主要都是禁止他们作出个人化的法律建议。总之，非专业人士可以录入文件，但是不能回答哪怕涉及法律的最简单的问题或者修正明显错误。网络服务提供商可以提供信息和通用文件，但是不能提供专业意见。[400] 律师协会伦理规则也禁止律师帮助非法执业活动[参见《律师职业行为示范规则》第5.5条;《律师职业责任示范守则》"惩戒规则"第3-101(1)条]。

以上伦理规则和法律的禁止性规定也遭受到越来越多的批评。在过去的10年中，过半数州的法院和立法机关开始考虑有关非律师专业人士的建议，一些州已经放宽了关于非专业人士提供文件的规则。这些建议部分上是对有人要求法律程序简易化、运用计算机软件、标准化格式、替代性纠纷解决程序的回应，这也为律师提供了替代性纠纷解决机制以供其作出选择。关于国内外的非律师作用的调研也推动了非律师的帮助，这项调研发现在提供法律需求方面的最常规事项上，非专业人士至少可以表现得与律师一样的专业。[401] 这项调研结果并不令人震惊，因为法学院并不会教这些信息，律师协会并不考核离婚、租赁纠纷、破产、福利和类似诉求等方面的专业信息。

因此，多数对上述问题做过系统调研的学者和律师协会认为，应

---

[399] Rhode, Access to Justice, supra note 1, at 86; Greg Berman & John Feinblat, Problem Solving Courts: A Brief Primer(2001).

[400] See Rhode, In the Interests of Justice, supra note 1, at 136; ABA, Consumer's Guide to Legal Help on the Internet; Self-Help, available at http://abanet.org/legalservices/publicdiv.html; Model Rules of Professional Conduct, Rule 5.5, Comment. (2002).

[401] See sources cited in Rhode, Interests of Justice, supra note 1, at 136 - 38; Herbert Kritzer, Legal Advocacy: Lawyers and Nonlawyers at Work 193-203(1998).

当重新考虑非法执业规则,采取可替代的其他管理形式。[402] 例如,各州可以为非律师和网络服务设置许可机制,并且对不道德的或不称职的服务提供者执行更为严格的禁止性规定。也可以要求非专业人士购买不当执业的保险,捐款以设立欺诈客户的赔偿基金,他们也须承担与律师相同的伦理义务,包括保密、称职性和利益冲突。上述管理应由地方检察官和消费者保护机构负责实施,而不是律师协会,因为律师协会在限制非律师竞争方面显然存在经济利益。

四、补贴律师服务

美国的第一个律师援助协会是在 1876 年成立的,当时曾作为帮助德国移民组织的一部分。在此后百年来,通过私人慈善和地方补贴的形式,很多城市和地区也设立了法律服务项目。1919 年雷金纳德·希伯·史密斯(Reginald Heber Smith)发表了里程碑式的研究论文《正义与贫穷》,该研究中说全国只有不到 40 家从事这项工作的组织,并且这些组织的资源严重不足。美国律师协会随后任命史密斯担任法律援助常务委员会主任,开始为地方组织提供帮助。直到 1963 年,美国全国只有 250 家法律服务办公室,且年度综合预算只有大约 400 万美元。[403] 考虑到该组织会与私人执业律师展开竞争,并可能导致州和联邦采取更多的职业控制措施(法律行业类似"社会化

---

[402]　See sources cited in Rhode, in the Interests of Justice, supra note 1, at 136–38; Kritzer, supra note 45; ABA Commission on Nonlawyer Practice, Nonlawyer Activity in Law-Related Situations: A Report with Recommendations(1995).

[403]　Bryant G. Garth, Neighborhood Law Firms for the Poor: A Comparative Study of Recent Development in Legal Aid and in the Legal Profession 19–20(1980). For accounts of the earlier development of legal aid programs, see Ronald Pipkin, "Legal Aid and Elitism in the American Legal Profession", in Before the Law: An Introduction to the Legal Process 185(John J. Bonsignore et al. , eds. 2d ed. 1979).

医疗行业"），多数律师协会起初抵制法律服务组织的扩展。引用美国律师协会一位主席的话，"在我们自由的美国，政府进入提供法律服务的领域太过危险，应予禁止……"[404]

20世纪60年代，在自由主义政治氛围下，"向贫困宣战"*政策为民事法律援助带来大量联邦政府补贴，也带来律师协会的普遍支持和新兴的改革风潮。成效迅速显现，救贫办公室在消费者、福利、住房、卫生和相关法律领域取得很大的成功。但是，这些成功也导致了政策的反弹，此种反弹表现为基金的缩减和对律师从事此类案件和行为的限制。为使救贫办公室免受政治干涉，1974年美国国会设立了法律援助机构（Legal Aid Corporation），该机构的理事会成员由总统任命，参议院批准。虽然该机构可以对法律服务项目进行监督，但是国会享有削弱该机构举措的权力，如缩减法律援助预算，防止联邦补贴项目从事有争议的行为。根据目前的基金规模，法律援助项目只能帮助不到1/5的目标人群；根据官方界定的穷人概念来计算，每个穷人平均的年度综合预算小于10美元。被禁止的行为包括游说、社区组织、集体诉讼、涉及囚犯、无证外国人、堕胎、同性恋权利、废除学校种族隔离、为被控毒犯提供住房等案件。[405] 美国联邦最高法院虽然认定某项关于医疗改革判决中的限制属于违宪，但下级法院一直支持，另一些其他限制条件是获得联邦基金的前提条件。[406]

---

[404]　Jerold S. Auerbach, Unequal Justice: Lawyers and Social Change in Modern America 236（1976）（quoting Harold J. Gallagher）; Alan w. Houseman, "Political Lessons: Legal Services for the Poor-A commentary", 83 Geo. L. J. 1669, 1678(1995).

　＊ 20世纪60年代，面对大量贫困人口涌现，美国总统林顿·约翰逊于1964年提出"向贫困宣战"口号，约翰逊政府推行包括发展教育、兴建住宅、增加营养、扩大就业等在内的社会福利计划。——译者注

[405]　See U.S.C. §2996 et seq.

[406]　Legal Services Corporation v. Velazqes, 531 U.S.533（2001）; Legal Aid Society of Hawaii v. Legal Service Corporation, 145 F. 3d 1017(9th Cir. 1998).

虽然得到律师协会的强力支持,但是扩大法律服务的预算和行动受到了强大抵制。对这些项目的批评源自思想界。右派批评者经常公开谴责救贫律师成为义务警察,认为他们试图策划社会变革,但是又不承担社会责任。[407] 其他评论者质疑法律服务在收入和权力再分配中的有效性。在他们看来,救贫律师为"赖账"的消费者或者承租人辩护,而对方额外的法律成本就会以更高价格的形式传递给其他低收入的个人。[408] 另外,考虑到双方当事人判决后的关系、执行难以及撤销立法的可能性,对正式权利的确认可能不会有显著效果。有的批评者还质疑,向穷人间接提供商品和法律服务方面,是否不如直接资助物质更有效益,例如通过住房拨款、社区再开发项目,或者扩大医疗需求的覆盖面。[409]

左派批评者则关注其他问题。一方面,他们关注公共补贴法律援助,将争议引导至为个体性的申诉来寻求小范围的救济,而不是变成系统化或者根本权力关系问题,这可能不利于根本变革。因为国会限制游说、集体诉讼和社区组织,这就使得救贫律师很难表述与贫困人士的法律需求相关的结构性原因。另一方面,为平息立法批评和避免进一步缩减预算,联邦补贴项目不得不关注于使非争议事项中的受益人数达到最大。结果却使提供的法律服务质量降低,使得很多从政策性角度易受侵害的需求没有得到法律保护。另一个长期被关注的问题是,部分救贫律师对他们所服务的阶层、种族和族裔需求不够敏

---

[407] Kenneth F. Boehm, "The Legal Service Program: Unaccountable Political, Anti-Poor, Beyond Repair and Unnecsssary", 17 St. Louis Publ. L. Rev. 321, 372-34, 340-51(1998); Patrick J. Kiger, An Unsolved Mystery: Why Are Rogue Politicians Trying to Kill a Program that Helps Their Neediest constituents? 2 (Brennan Center for Justice, 2000).

[408] Hazard, supra note 29, at 737.

[409] Richard Posner, Economic Analysis of the Law 479-481 (6th ed. 2003).

感,不能使当事人更具备能力去单独或者集体地解决自己的问题。[410]

相反的,民事法律援助的支持者认为该项目可保障基本权利,有助于质疑政府和企业不法行为,是一种赢得低收入群体支持的重要方式。对于很多贫困当事人而言,法律服务可能是在医疗、住房、福利、教育、家庭法或者相关事项中满足其基本需求的唯一渠道。此外,不同于立法机构,法院是为权利而设,法院最易诉诸帮助,虽然法庭不总是最为有效的,但是仍然可以是寻求救济的。对于很多评论家而言,为了将小困难转变为根本变革而阻碍法律服务的做法,不仅在策略上值得怀疑,而且在道德上也应受到反对。因为,那种直接给穷人现金比提供直接法律服务更为有效的设想,忽视了此种给付的政策性障碍,以及满足不可估量的需求或者集体需求的重要性。给每名穷人与法律援助补助相等的现金——现在是大约每年 10 美元——几乎不能做任何保护其需求的事情。相反,法律援助项目至少可以阻止或者降低一些严重的不公正,帮助部分当事人形成自我救助的能力。

在这种目的下,多数救贫法法律专家主张,可以将资源更多用于普遍性的问题,用于社区的共同诉求。通过将部分资源集中用于教育项目、自我救助项目、地方组织代理以及用于与其他社会服务提供者的合作,法律服务办公室可以帮助低收入当事人,不仅解决个人问题,而且能够发现部分深层次的原因。[411]

---

[410]　For concerns, see Gerald Lopez, Rebellious Lawyering (1992); Marc Feldman, "Political Lessons: Legal Services for the Prior", 83 Geo. J. J. 1529, 1537-41, 1552-56 (1995); for challenges, see Alan W. Houseman, "Racial Justice: The Role of Civil Legal Assistance", 36 Clearinghouse Review: Journal of Poverty Law & Policy 5 (1992) at 5.

[411]　Lopez, supra 54; Rhode Access to Justice, supra note 1, at 117-19; National Association of Legal Aid and Defender Association Leaders for Justice. A National Leadership Development Initiative for the Aid Community and the Equal Justice Movement (2002); Mattew Diller, "Lawyering for Poor Communities in the Twenty-First Century", 25 Fordham Urb. J. J. 673,678(1998).

考虑到法律援助项目长期缺乏资金,很多专家也主张增加其他财政支持。这些建议包括增加法院立案费用,增加与法律相关的税收。相关的可能性包括更多的公益项目,更多如下文所述的私人律师的公益服务。

五、公益法和"义务律师"

虽然"公益法"(public interest law)和"义务律师"(cause lawyering)都是相对较新的术语,但是这些概念都植根于早期的公民自由和公民权利运动。有组织的公民自由运动始于第一次世界大战,一群和平主义者发起设立一个组织,后发展成为美国公民自由联盟(American Civil Liberties Union)。该联盟的活动实际上非常广泛,不仅包括言论自由和结社自由,而且还包括平等权和生育权。美国第一个主要的民权组织——国家有色人种进步协会也诞生于20世纪初。20世纪30年代晚期,国家有色人种进步协会的法律辩护基金独立成为一个组织,以针对种族不公正并开展精心策划的、系统的法律运动。[412] * 其他小型组织也加入上述活动,并成为现代公益组织

[412] See Richard Kluger, Simple Justice: The History of Brown v Board of Education and Black America's Struggle for Equality(1976); Mark V. Tushnet, The NAACP's Legal Strategy Against Segregated Education, 1926-1950(1987).

* 美国法律中的成熟原则,该原则要求呈交联邦法院的案件必须是现存的实际争议,法院不受理仅是假设性或推测性的问题。因而,每一个案件中其法定权益相冲突的当事人之间是否存在实质争议,具有充分的紧迫性和现实性以促进法院作出确认判决,是很重要的问题。在司法审查中,成熟原则指除非争议的行政行为已发展成熟到适合作出司法裁决的阶段,法院不愿给予确认判决和禁制令的救济手段。这一原则存在的基本理由在于避免法院过早进行裁判,陷入抽象的行政政策争论,同时也保护行政机关在最后决定作出之前及行政行为对当事人发生具体影响之前,免受法院干涉。法院判定行政争议已成熟到可以进行司法审查的标准有二:一是问题适于法院裁判;二是推迟审查将对当事人造成困难。参见赵琪、卢婧:《法律英语中 Mootness Doctrine 的翻译》,载《西南民族大学学报》(人文社科版),2009年11月。——译者注

的典范。

20 世纪 60 年代晚期到 70 年代初期,政治活动的发展以及基金会资金的大幅增加,导致出现了新类型的义务律师。司法和立法行动进而促进义务律师的发展。各种试验性诉讼(test-based litigation)不仅成为法院放宽成熟原则(ripeness)、适格原则(standing)和主权豁免等概念的有效策略,而且成为国会在各种公民权、消费者、环境及类似案件中立法授权"胜诉方"的律师费转付制度的有效策略。公益法理事会将公益法律组织概念界定为:至少雇用 1 名律师,并且至少将其 30%的资源投入先前没有律师代理的涉及公共政策利益的法律代理工作的非营利性组织。[413] 到了 20 世纪 90 年代,拥有 1000余名律师的 200 多个组织符合上述界定。美国全国法律就业协会对于公益法律组织作出更宽泛的定义,包括"法律服务机构和其他民事法律服务组织资助的情况,以及私人非营利诉辩组织或者以义务为导向组织的情况……非营利性的政策评论员和研究组织以及公设辩护律师"。根据该定义,只有不到 3%的法学院毕业生目前正就业于公益法律组织。[414] 此外,大量将其主要工作投入公益代理的私人律师事务所并不符合上述非营利性免税标准。

20 世纪 60 年代晚期,当公益法律组织的术语首次出现的时候,该术语就与自由事业相关联。到了 20 世纪 70 年代中期,越来越多的保守派诉辩团体开始涌现。在接下来 20 多年中,因与宗教权利、自由主义和自治机构联合在一起,这些团体在规模上有了巨大发展。[415] 某些这样的组织已经超过公益法理事会关于公益律师的界

[413] 见前引注。

[414] National Association for Law Placement, Jobs & J. D. s: Employment and Salaries of New Law Graduates-Class of 2005(2006).

[415] Ann Southworth, "Conservative Lawyers and the Contest Over the Meaning of 'Public Interest Law'",52 UCLA L. Rev. 1223(2005).

定范畴,因为他们已成为企业资助者的代理人。

公益法理事会的定义,使得人们对"公益"组织的作用和意义开始了长久的质疑。关于公益法的传统观点是,当前的政治和市场结构不能给予无组织的、低层和下层团体所关注的事项以足够考虑。当这些组织的交易成本居高不下的时候,当事人只拥有有限资源或者个人代理存在风险的时候,阐释公益诉辩的基本理论就最充分了。但是这个基本理论并没有解决关键的定义问题。必须清楚"未获代理"和非营利状态并不能使其符合或达到"为公共利益"服务的法律定位。例如,很少有人将公益的标签贴到一个寻求废除与儿童发生性关系的禁止性规定的成年人组织头上。但如果公益的概念是以普遍共同的价值或者社会正当标准为先决条件,那么这些价值或者标准应当如何确定? 谁可以确定? 就法院所面对的许多非常重要的社会问题而言,法律诉辩组织处于争议的两极,双方都声称代表了公共利益。

义务律师引起的那些广泛关注,类似补贴法律服务所引发的关注。右派批评家传统性地埋怨公益运动不能对绝大多数司法过程产生巨大影响,而左派批评家则埋怨这样的影响过于局限而不能产生持久变革。保守的反对意见建立在长期质疑司法能动主义基础之上。公然宣称旨在机制重构或者资源重新分配的法律诉讼,已经招致批判,因为法院缺乏实现上述目标的能力或者责任。在批评者看来,对上述案件作出裁判的法官缺乏必要训练、对制度和实施机制也缺乏了解。[416] 但是,在过去的数十年里,随着任命的联邦法官日趋保守,这一传统的批判变得更为有限,代表保守势力的司法能动主义

---

[416]　Ross Sandler & David Schoenbrod, Demoracry by Decree: What Happens Wthen Courts Run Government(2003); Gerald N. Rosenberg, The Hollow Hope: Can Courts Bring About Social Change? (1992).

恰恰是保守法律团体经常拥护的内容。[417]

对于公益的传统批评引发多个层面的回应。捍卫者认为,这种批评与公众将某些职能授权非多数群体利益的民主原则相悖。在一个不可避免地由富裕利益所主导的政治体制下,这种授权非多数群体非常符合保护"分散和孤立的少数族裔"的需求,也符合因缺乏组织资源而分散的大多数人的需求。[418] 法院在执行其他政府部门未能维护的宪法原则方面发挥至关重要的作用。同时,公益组织在将这些案件提交法院并由法院进行司法监督方面,也发挥同样重要的作用。

而且,公益工作经常致力于游说或者提出旨在深化未来发展的法律战略,而不是破坏立法目的。例如,提起符合环境保护、职业安全和消费者保护规定的诉讼。在很多情形下,公益组织越来越多以提供否则就会缺失的审查,来发挥在政府政策制定中的作用。民选代表可能缺少时间、信息和专业技能来监督法定授权的实施。法院也面临着相同的限制,法院只能依仗特殊的专家或者代理人来解决,这样就使得具有必要技能和知识的利益相关人参与进来。[419]

一方面,右派批评家经常担心义务律师会有太大影响;另一方面,左派批评家则担心义务律师的影响太小。从他们各自的观点看来,公益律师过度依靠诉讼和正式权利,这削弱了那种可使权利有意义的政治组织的努力。在太多情境下,公益律师缺少资源来监督试验性诉讼判决的遵守情况,一些被告——尤其政府机构(如监狱、学校或者精神病医院)——缺少资金来充分实施司法救济。缺乏公众支持的判决也

---

[417]　Southworth, supra note 59.

[418]　United States v. Carolene Products Co. , 304 U. S. 144, 152(1938); Luban, supra note 39, at 358 – 70; Stuart Scheingold & Austin Sarat, Something to Believe In: Professionalism, Politics, and Cause Lawyers(2004).

[419]　Charles F. Sabel & William H. Simon, "Destabilization Rights: How Public Law Litigation Succeeds", 117 Harv. L. Rev. 1015(2004).

很容易遭到立法机构推翻或者行政机构抵制。批评者认为公益律师过分依赖于诉讼，因为其公信力和职业声誉取决于那些可见成就，也因为他们的背景使其不能发挥其他诸如草根组织的作用。其结果是，律师使其当事人无法改变其所处的底层状况，而只能减轻他们的症状。[420]

以上的关切以及更广泛的文化趋势，导致很多公益法律组织关注更多的不是诉讼，而是进行更多的游说、教育、研究、拓展、咨询和相关项目。[421] 联邦法院渐增的保守主义，以及更为严格的关于送达和资格要求的规定，也促使自由主义公益组织发起试验性诉讼的次数更少但更加策略化。在某些案件中，提起诉讼或者威胁提起诉讼，仅仅是为了在庭外和解时获得讨价还价的优势。在其他情况下，法律诉讼主要是作为政治行动和组织性努力的催化剂。即使公益组织输了诉讼，也会在对公共支持、社区营造和政策改革进行更广泛的斗争中，在庭外取得胜利。

由公益法律引发的最后问题是关于责任和利益冲突的问题。正如在第八章中讨论的集团诉讼，委托人的组织性越低，对律师的限制也就越少。根据定义，公益律师具有超越委托人利益的政治和道德上的责任。[422] 在批评者看来，缺乏责任担当的律师，绝不会比行为备受争议的政府官员，更能为公益而游走。在何种情况下，这些律师会比民选或者行政官员更能代表公众呢？

为了回应上述批评，公益律师指出，无法承担某种形式的责任并不说明他们不能代表公众。他们的影响力来源于各种人员对他们的信

---

[420]　Lopez, supra note 54；Anthony Alfieri, "Practicing Community," 107 Harv. L. Rev. 1747(1994).

[421]　Laura Beth Nielsen & Catherine R. Albiston, "The Organization of Public Interest Practice：1975-2004", 84 N. Car. L. Rev. 1591, 1612(2006). 越来越多的公益法律组织关注向自然人委托人提供直接法律服务。同前引，第1593页。

[422]　Scheingold and Sarat, supra note 62；Nielsen & Albison, supra note 65.

任:当事人、资助者、法院、政策制定者、评论家、同行和社区组织。从长远看来,任何公益组织的有效性都是基于其责任担当——能够代表广泛的共同价值,维护重要原则和保证为其持续性诉求提供需求的能力。

六、公益代理

博学职业(learned profession)包括法学和医学,其与商业的不同点在于其强调对于公共服务的共同付出。美国律师行业有着悠久的"为了公益"(pro bono publico)*提供无偿服务或者降低收费的传统。公益是一个非常广泛的概念,包括司法改革、参与律师协会、民间组织以及个人或者群体的代理。接受服务的当事人也是非常广泛的,包括穷人、非营利组织、意识形态或者政治性事业、朋友、亲属或者律师雇主。

虽然律师行业原则上长期支持公益,但实际上公益付出是受到很多限制的。《律师职业责任示范守则》仅仅将向无法付费的群体提供法律服务列为鼓励律师承担的"基本责任"。《律师职业责任示范规则》**中"道德考虑"的第2~25条进一步加强这项责任,但是"惩戒规则"却不涉及这项责任,美国律师行业内部对这一点的看法亦不统一。20世纪70年代中期,一个代表性研究显示,律师用于从事这项责任的工作时间平均占到其计时工时的6%,而这其中只有5%的工作时间是帮助穷人。大部分的公益法律服务是提供给朋友、亲属、雇主、律师协会和中产或者高收入阶层,例如美国青年商会、美国少

---

    * pro bono publico 为拉丁语,英语为 for the public good,可以翻译为,为了公益,提供无偿专业性服务的,奉献于公众利益的、公益性的、慈善性的等。——译者注
    ** 美国律师协会 1969 年通过《律师职业责任示范守则》包含"道德考虑"(Ethical Considerations,ECs)和"惩戒规则"(Disciplinary Rules or "DRs)两个部分。1983 年美国律师协会通过新的《律师职业行为示范规则》,之后已对该规则进行了多次修正。——译者注

年棒球联合会和交响乐团。[423]

20 世纪 80 年代,起草《律师职业责任示范守则》的委员会曾努力提高律师的公益服务,曾建议在规定中明确一个标准,要求律师以无偿或者降低收费的方式提供每年 40 工作小时的服务,或向穷人或向帮助穷人的组织捐助等同资金。这项建议很快就遭到了普遍反对,因此,《律师职业责任示范守则》仅把此标准规定为律师志愿工作。相应的,《律师职业行为示范规则》最初仅仅包含了鼓励条款,随后一系列的修订逐步改变了这种规定。目前的《律师职业行为示范规则》第 6.1 条规定:律师"应当追求每年不少于 50 小时的公益法律服务",并且应当将"绝大多数"的免费法律服务提供给"穷人"或者帮助穷人的组织。关于该条规则的注释清楚表明"不会通过惩戒程序来实施"以上规定。

在过去 20 年间,许多州的律师协会和法院拒绝实施强制性公益法律服务的要求,但是一些司法辖区强加了有限的要求。根据美国律师协会公益和公共服务常务委员会,有 5 个州要求其律师协会的成员报告其对于志愿法律项目的付出情况。11 个州做了自愿报告的规定。新泽西州任命了为穷人服务的免费法律顾问,其他州还有规定,想获得付费案件的律师,必须先提供公益法律服务。[424] 虽然美

[423] Joel F. Handler, et al. , "The Practice Lawyers," 68 ABA J. 1388, Public Interest Activities of Private 1389(1975).

[424] See ABA Standing Committee on Pro Bono and Public Service Responsibilities, summarized in 22 ABA/BNA Manual on Professional Conduct 321 (2006); Deborah L Rhode, Pro Bono in Principle and in Practice 17 (2005).佛罗里达州律师协会进行项目规定,希望每名佛罗里达州的律师每年直接向穷人提供不少于 20 小时的免费法律服务,或者捐献 350 美元。每名律师必须报告是否满足上述标准,但是如未满足也不会受到任何惩戒。Talbot D'Alemberte, "Tributaries of Justice: The Search for Full Access", Florida Bar J. , April, 1999, at 12. Madden v. Township of Delran, 601 A. 2d 211(N. J. 1992);新泽西州律师协会免除了律师的诸如公设辩护律师、法律援助律师和通过称职法律援助组织向穷人提供不少于 25 小时的志愿服务等要求。"Exemptions from Madden v. Delran Pro Bono Assignments for 2002", N. J. Bar J. March 11, 2002, at1.

国联邦最高法院从未就要求律师提供公益法律服务的合宪性问题发表过完整的意见,但是最高法院的法官在附带意见和某份驳回上诉的摘要中暗示说,这种规定是被准许的。[425]

我们无法获得关于律师提供公益法律服务的全部信息。只有3个州强制要求报告,很多律师肆意理解"公益"(Pro Bono)的定义,将参与律师协会的活动以及任何无报酬的或者未获完全报酬的服务也定义为公益,甚至将有望获得报酬的法律服务也定义为公益。[426] 在美国律师协会所做的全国范围内的调研表明,依据广义的公益概念,有2/3的律师报告曾提供过公益法律服务。[427] 但是,如果各州统计的是每年提供20~40小时免费法律服务,那么这一数据应当是相当少的。[428] 不到10%的执业律师曾接受过联邦补贴法律援助办公室或者相关救贫项目补贴州律师协会转交的案件。[429] 与付出时间相比,多数律师更吝啬用钱来做慈善。简而言之,最有效的研究可以发现,美国律师行业平均用于支持公益法律的服务,低于每周半个小时,也低于每天50美分。[430] 美国律师中富裕群体并未表现更为出色。只有大约1/3的大型律师事务所满足美国律师协会关于公益法律服务的要求,即要求贡献出与其总收入3%~5%相当的法律服务,

[425] Sparks v. Parker, 368 So. 2d 528 (Ala. 1979), appeal dismissed, 444 U. S. 803(1979); Powell v. Alabama, 287 U. S. 45, 73(1932).

[426] See Carroll Seren, The Business of Practicing Law: The Work Lives of Solo and Small-Firm Attorneys 129-33 (1996); see also sources cited in Rhode Pro Bono, supra note 68, at 19-20.

[427] ABA, Supporting Justice: A Report on the Pro Bono Work of America's Lawyer (2005). 根据美国律师协会的定义,参与律师协会活动是符合无偿法律服务的定义的,尽管这些活动经常并且主要与律师的职业利益相关。

[428] Rhode, Pro Bono,见前引,第20页。

[429] LSC statistic: Private Attorney Involvement, All Programs, available at http:// www. lsc. gov/pressr/pr_pai. htm.

[430] Phode, Pro Bono,见前引,第20页。

全国前 200 名的大型律师事务所只有不到 1/3 的律师每年提供不少于 20 小时的公益法律服务。[431]

通过强制性义务规定要求律师提供公益法律服务的努力遭到了伦理上和实践中的反对。作为原则,很多律师坚持认为自愿慈善与强制义务明显相悖。在他们看来,强制要求会危害公益服务的道德意义,侵害律师自身权利。对于某些律师来说,这样的义务似乎等同于"非自愿性的劳役"。[432] 如果接近正义(获得司法救济、诉诸司法)是社会价值,那么就应当全社会负担其成本。穷人对于服务和医疗有着基本需求,我们不能强制要求杂货商或者内科医生提供帮助来满足他们的需求,那为什么要求律师承担更大的责任呢?

公益法律服务义务的支持者提供如下几个意见:律师拥有特权,特权即包含特别义务,获取法律服务救济这一正义不论是对于个人福祉还是司法制度的正当性都具有重要意义。美国高度发达的法治文化意味着提供法律帮助"是对社会具有重要意义的活动的本质要求"。[433] 美国律师与其他国家的律师相比,在提供法律帮助方面享有更为广泛、更加专有的权利,在提供重要服务方面,美国律师也比其他职业更具有垄断性。[434] 长久以来,美国律师行业独享这些特权,并且严格限制外行竞争。在这种情况下,公益法律服务的支持者

---

[431] Michael Aneiro, "Room To Improve", The American Lawyer, July 2006, at 100.

[432] Tigran W. Eldred & Thomas Schoenherr, "The Lawyer's Duty of Public Service: More Than Charity?", 96 W. Va. L. Rev. 367,391 n.97(1993-94); and sources quoted in Rhode, Pro Bono, 见前引,第 37-38 页。

[433] Harry T. Edwards, "A Lawyer's Duty to Serve the Public Good", 65, N. Y. U. L. Rew. 1148,156(1990).

[434] Andrew Boon & Jennifer Levin, The Ethics and Conduct of Lawyers in England and Wales 55-59, 402(1999); see also Christine Parker, Just Lawyers: Regulation and Access to Justice 1-9(1999).

认为,期望律师提供这些慈善性的服务作为他们获取特权状态的回报是合理的。美国律师协会所建议的每年 50 小时的服务标准,即大约每周 1 小时的无报酬的服务,不能被视为等同于奴役。

而许多原则上支持公益法律服务的律师认为,强制义务在实践中是不可行的。界定何为合格的公益法律服务以及监督义务的履行都会遇到巨大的挑战。按照美国律师协会《律师职业行为示范规则》的建议,如果公益法律服务的首要目标是帮助"穷人",那么强制要求对救贫法没有兴趣或者专长的律师提供法律服务,几乎不能认为是一种具有实效性的提供服务的做法。针对公益法律服务支持者而言,还会出现"与什么做比较"的问题。对于许多低收入群体,有帮助会比没有帮助好得多,这就是他们的现实选择。律师协会支持志愿项目的经验表明,具有实效性的做法可通过如下两种方式来解决:为参与者提供与教育项目和支持机制结合更为广泛的参与机会;允许不能或者不愿提供直接服务的律师选择以现金资助法律援助。即使不能确实完全满足公益法律服务的要求,这些方法至少可以支持那些愿意提供类似的公共服务但其所在的机构不愿其参与的律师。

无论关于强制公益法律服务的争论是否得以平息,律师行业仍有坚定的理由鼓励律师志愿参与。对于很多律师来说,这样的参与可提供至关重要的机会帮助他们掌握新技能,获取有价值的庭审经验,增强他们在社区的联系和声誉。就律师从事公益法律服务的缘由而言,这样的机会也是将许多执业律师和最初把他们送入法学院的关注者联系起来的一种方式。很多律师发现自身在执业中缺少这样一种纽带。律师行业持续进行的调研发现,律师对于其职业最大的不满在于对社会公益付出的匮乏。[435] 公益

---

[435]　ABA Young Lawyers Division Survey: Career Satisfaction 11 (2000).

法律服务不仅提供这样的机会,而且可帮助参与者更好地理解司法体系在面对穷人时是如何正常运作、如何失效的。[436] 这样的结果,可以使人们对改革更加支持,也更加将接近正义作为法律职业的优先考虑。

---

[436]　Steven Lubet & Cathryn Stewart, "A 'Public Assets' Theory of Lawyers Pro Bono Obligations", 145 U. Pa. L. Rev. 1245, 1299(1997); Rhode, Pro Bono, 见前注,第29页。

第十章
法律服务市场的管理

之所以对律师如何推销(promote)、如何构建服务组织以及如何对服务定价进行管理,标准的解释就是法律服务市场尚有瑕疵。这些瑕疵包括经济学家所描述的信息壁垒(information barriers)、搭便车(free riders)和外部性(externalities)等原因。*

引发信息壁垒问题的主要原因是,很多消费者无论是在购买服务之前或者之后,都无法对他们所接受到的服务作出明智的评价。多数自然人(相对于组织委托)委托人往往寻求法律服务时进行的是一次性消费,很多人在一生中咨询律师的次数仅有一次或两次,他们中的大多数每次还都选择不同的律师。缺乏经验,再加上购买专业服务比普通消费更为昂贵和困难,就使得消费者很难作出符合效益的决定。在外部监管缺失的情况下,委托人很容易因为遇上不称职或者缺乏职业道德的律师而遭受重大损失。一方面消费者不能在提供的服务中作出精准选择,另一方面律师也缺乏动力去提供称职的代理服务,因此就会出现"柠檬市场"(market for lemons)**。

搭便车指的是没有向集体财产作出贡献却从中受益。例如,律师行业在获得公众信任,以及使得每个律师的行为能够值得受托以维持其信任时具有共同的利益。但是,如果没有有效管理体系,个体律师可能没有充分的经济动力去避免实施欺骗,他们可以搭便车,不遵守基本伦理准则而利用律师行业的整体信誉。

最后一个亟待管理的问题是,某些有利于特定委托人及其律师的行为,可能会成为社会和第三方的外部成本。例如,公众一般愿意公平和迅捷地解决纠纷,放弃没有价值的诉请,但是在某些情形下,

---

* 外部性的概念是由马歇尔和庇古在20世纪初提出的,是指经济主体(生产者或消费者)在自己的活动中对旁观者的福利产生了一种有利或不利影响,这种有利影响带来的利益(或者说收益)或不利影响带来的损失(或者说成本),都不是经济主体自身所获得或承担的,而是一种经济力量对另一种经济力量"非市场性"的附带影响。——译者注

** 柠檬市场是指自由竞争的结果使服务质量更糟。——译者注

诉讼当事人或者律师的经济利益可能恰恰与此相悖。

虽然关于法律职业的评论者一般都认为这些问题需要管理，但是对于应当采取何种管理形式，以及在管理过程中法律职业行使何种程度的控制权，仍然存在相当大的争议。下文将进一步研究这些问题。

一、广告

很多律师都认为法律服务的广告是新兴的、令人遗憾的发展，但是对其进行限制却是近期才开始的。古希腊和古罗马的法律执业者会毫不犹豫地兜售他们的服务。即使是美国19世纪的一些著名律师，如亚伯拉罕·林肯（Abraham Lincoln），以及第一位法律伦理专著的作者大卫·霍夫曼（David Hoffman），对法律服务的广告也并不避讳。

但是，正如第二章所表述的那样，自19世纪以来，律师行业的领导者开始逐步关注律师的推销行为（promotional practices）。美国律师协会1908年的《律师职业道德准则》规定，律师做广告是"非职业性的劝诱雇用的做法"。甚至规定，即使间接的推销方法，例如在报纸上发表评论，也会被认为是不适当的。根据《律师职业道德准则》第2.1条，任何形式的"自我炫耀"将会"违反传统，降低我们职业的声誉"。总的来说，从第2.1条发布时起直到20世纪70年代，该条规定一直就是律师行业所采取的立场。在20世纪绝大多数时间里，相比于任何其他伦理规则，律师职业道德委员会花费了更多时间来完善和实施对于广告和劝诱行为的限制。[437] 不被许可的行为包括：散发载有律师姓名和职业的日历、压花火柴纸夹、圣诞卡；用显眼的大号字体来展示办公室标识；与杂志串通将律师事务所塑造成"蓝筹

---

[437] James Willard Hurst, The Growth of American Law：The Law Makers 331（1950）；Philip Shuchman, Ethics and Legal Ethics：The Propriety of the Cannos as a Group Moral Code, 37 Geo. Wash. L. Rev. 244,255-56(1968).

律师事务所";穿戴有州律师协会徽章的饰品以及在电话号码簿上使用黑体字。[438]

但是,透过这些看起来琐碎的法律伦理问题,应当看到其背后亟待解决的更为严重的问题。对于律师行业的领导者来说,禁止广告和劝诱深刻表达了他们对于法律的理解,即将法律作为一种职业(profession),而非一种商业(business)来看待。从他们的视角看,允许明显的自我推销将会侵蚀职业主义,不仅容易滋生欺骗,还会毁损律师的公众形象和声誉。

伦理规则

20世纪60年代末期开始,对于广告的广泛禁止遭受越来越多的质疑。引发对律师行业反竞争政策的批评有多重因素:随着消费者运动的兴起,人们对于其他职业广告的态度越来越宽容;案例受理量大、收费低的法律诊所开始出现;法律需求未获满足的收入拮据群体越来越受到关注。因而,许多律师认为这些禁止广告的政策已经过时。他们认为这些政策建立在一个小城镇法律现状的模型基础之上,在这个小城镇里,职业的声誉是众所周知的,有关服务价格和服务质量的信息是很容易获得的。此外,批评家们不赞同那些支持律师协会政策的精英人士的观点,认为他们存在偏见。为富有的个人

---

[438] Geoffrey C. Hazard, Jr., Susan P. Koniak, Roger C. Gramton, & George M. Cohen, The Law and Ethics of Lawyering 930(4th ed. 2005)(关于杂志封面和日历);in Re Maltby,202 P. 2 的902(Ariz 1949)(关于纸板火柴); ABA Comm. On Prof. Ethics, Formal Op. 309(1963)(关于圣诞卡); in re Duffy, 242 N. Y. S. 2d 665(App. Div. 1963)(关于霓虹灯标识); Henry S. Drinker, Legal Ethics 289, app. A., at 289(1953)(关于标识尺寸); Belli v. State Bar, 519 P. 2d 575(Cal. 1974)(关于刻痕); ABA Comm. On Prof. Ethics, Formal Op. C-747(1964)(关于联邦律师协会珠宝); ABA Comm. On Prof. Ethics, Formal Op. 184(1951)(关于电话簿); but see ABA Comm. On Prof. Ethics, Formal Op. 1222(1972)(关于许可使用带有美国律师协会徽章的珠宝)。

或公司进行代理的律师们往往有很多机会对上流社会的潜在委托人进行自我推销；他们所在的律师事务所不仅资助社会活动或成为私人俱乐部会员，还会花钱进入律师协会认定的针对大型企业的律师事务所名录。相反，代理穷人和中等收入者的律师很少有机会宣传其法律服务，潜在委托人也鲜有其他渠道来获取这些信息。

这些问题引起法律上的质疑，最终提交到美国联邦最高法院。第一个诉讼是贝茨诉亚利桑那州律师协会［Bates v. State Bar Arizona, 433 U. S. 350(1977)］，该案涉及某法律诊所(legal clinic)一则"以非常合理的费用提供法律服务"的广告。这个广告也列明某些日常业务的收费，例如无争议离婚、领养和简单的个人破产。联邦最高法院认为律师协会不应对律师广告进行限制，律师广告也不必因律师协会的限制而被禁止，争议中的广告受到宪法第一修正案的保护。

在随后的 In re R. M. J.［455 U. S. 191(1982)］的判决中，联邦最高法院再次推翻关于非误导性广告内容上的限制。在中央哈德森电气公司诉公共服务委员会［Central Hudson Gas & Electric Corp. v. Public Service Comm. , 447 U. S. 557(1980)］的案件中，联邦最高法院提出了一般商业言论(general commercial speech)原则，并将其方法总结如下：

> 与合法行为相关的内容真实的广告行为，有权享有宪法第一修正案的保护。但是，一旦广告的特定内容或者方法自身存在误导性的暗示，或者当经验表明此种广告事实上极易被滥用，那么各州可以加以适当的限制。但是各州不能对于某些可能存在误导性的信息进行绝对的禁止，例如，律师的执业领域列表，如果这些信息不是以欺骗性的方式呈现的话……虽然在职业服务广告中存在欺骗和混淆的可能性非常大，但是禁止此类广告可能并不比阻止欺骗行为更为合理和必要。
>
> 即使信息交流并不具有误导性时，各州也应当有权对

此进行某些管理。但是各州应当声明哪些属于核心利益，对于言论自由的干涉程度应当与所要保护的利益相称。此种限制应当严格设定，各州应以法定形式管理其限制范围，以维护各州的核心利益。（见 In re R. M. J. 455 U. S. 第 203 页）

之后的判例进一步明确，各州不能禁止有关进行中诉讼的、不存在欺诈的说明或者描述，见桑德里诉律师纪律办公室案件［Zauderer v. Office of Disciplinary Counsel, 471 U. S. 626(1985)］；不能禁止向特定接收人而不是公众发送邮件，见夏皮罗诉肯塔基律师协会案件［Shapero v. Kentucky Bar Ass'n, 486 U. S. 466(1988)］；或者不能禁止律师对认证审判专家进行的准确验明，见皮尔诉律师登记和纪律委员会［Peel v. Attorney Registration and Disciplinary Comm'n, 496 U. S. 91(1990)］。

以上这些判决在法院内部和律师行业内部都激起了强烈反对意见。虽然广告业目前是一个十亿美元产业，并且几乎所有律师都从事某些推销活动，但是只有很少的律师会在大众媒体或者广播中进行商业推销。[439] 多数律师依靠宣传册、黄页、网页和涉及职业、市民、社会功能的外展服务活动。[440] 调研普遍表明，多数律师反对公共传媒广告。[441]

---

[439] For the industry estimates. See Willianm Hornsby, Jr., ,"Clashes of Class and Cash: Battes from the 150 Years War to Govern Client Development", 37 Ariz. St. L. J. 255(2005). For mass media estimates, see sources cited in Deborah L. Rohode & David Luban, Legal Ethics 739 (4th ed. 2004)

[440] Rhode & Luban, supra note 3 at 739; Geoffery C. Hazard, Jr., "Advertising and Intermediaries in Provision of Legal Services: Bates in Retrospet and Prospet", 37 Ariz. St. L. J. 307, 313(2005)

[441] Archer W. Honeycutt & Elizabeth a. Webker, "Consumers' Perceptions of Selected Issues Relating to Advertsing by Lawyers", 7 J. of Prof. Services Marketing 119, 120(1991)(finding that almost ninety percent of surveyed ABA members believe that advertising harms the profession's image). See Mary Hladky, "High court Case to Test Limits on Lawyer Ads", Legal Times, Jan. 9, 1995, at 1.

相反的,多数消费者都表示可以接受这些广告。[442] 调和公众和法律业界利益是一项艰巨工作,反映在不断修订中的律师协会伦理规则。

《律师职业行为示范规则》关于律师广告规定如下:

第7.1条 关于律师服务的信息交流

律师不得就其本人或者服务进行虚假或者误导性的信息交流。如果该交流包含有对法律或者事实的重大虚假陈述,或省略了使得该陈述整体看来无重大误导性所需的事实,该信息交流就是虚假的或者误导性的。

评论:

[2]……如果真实性的陈述省略了使得该律师信息交流从整体看来无重大误导性所必需的事实,该陈述就具有误导性。如果具有真实性的陈述存在这样的可能,即它会引导常人在没有合理事实基础的情况下就该律师或者律师的服务得出一个特定的结论,那么该陈述也具有误导性。

第7.2条 广告

(a)在遵守第7.1条和第7.3条规定的情况下,律师可以通过书面、录制性或者电子交流手段,包括公共传媒,为其法律服务做广告。

评论:

————

[442]　William E. Hornsby, Jr. , "Ad Rules Infinitum: The Need for Alternatives to State-Based Ethics Governing Legal Services Marketing", 36 U. Rich. L. Rev. 49, 87–88 (2002); ABA commission on Advertising, Lawyers Advertising at the Crossroads: Professional Policy considerations(1995).

[3]……律师广告的有效性和品位问题，都是理论和主观判断的问题。一些司法管辖区曾广泛禁止电视广告，禁止在律师的具体事实之外做广告，禁止"不得体"的广告。现在，电视是当下公众获取信息最有效的媒体之一，特别是低收入和中等收入的人群，因此禁止电视广告会阻碍大部分公众获取关于法律服务的信息。限制广告中的信息也能起到类似作用，这就意味着律师协会可以准确预测哪些信息与公众相关。

2002 年这些规则进行过重大修订与合并，以回应 2000 年道德委员会提出的建议。这些修订普遍表现出相对于既往标准来说更为宽容的态度，但很多州仍然采取比《律师职业行为示范规则》更为严厉的方法。[443]

当前的争论

各州关于广告规则的一项重要差异是，其管理表现形式不同。很多州禁止推荐书、背书、专业头衔，或者"自我炫耀"，或者要求他们必须获得免责声明。在很多广告形式中，强制性免责声明往往被认为显得累赘和不可行。其他司法管辖区规定，律师若使用不是由州律师协会颁发而是其他组织颁发的专业证书时，必须在免责声明中说明所在的州不认可也不要求此种证书。[444] 许多法律伦理评论家和消费者保护专家对这些规则提出质疑。在提交给美国律师协会广

---

[443] Louise L. Hill, "Change Is in the Air: Lawyer Advertising and the Internet", 36 U. Rich. L. Rev. 21, 22(2002).

[444] 关于管理法律服务信息交流各州所出台的伦理条款，参见美国律师协会委托人发展责任委员会，关于管理律师广告、推销和营销各州所出台的伦理规则，参见美国律师协会网站。http://www. abanet. org/legalservices/clientdevelopment/adrules.

告委员会的报告中,联邦贸易委员会的成员认为:

> 诚然,使用推荐书和背书的方式可能导致出现误导性的结果,因此采取行动来约束那样做的人是适当的和必需的。但是与特定结果无关的法律职业服务的某些方面,或许只有委托人亲身经历后,才能真实和准确传达出来。而不应该一律禁止,可以采取类似联邦贸易委员会关于该类行为的指南等类似方法,努力确保委托人的推荐是真实的而非具有误导性的……
>
> 很多司法管辖区所要求的免责声明和其他信息公开的禁止性规定,会导致广告费用的增加,因为这些要求会使得广告内容更长或者强迫广告商去除其他信息。如果广告商认为消费者会因信息公开对广告商产生消极印象,那么不论此种认定是否正当,此种信息公开也可能影响到广告业。因为这些原因,不必要的信息公开要求可能会降低消费者获取有用信息的数量。信息公开和免责声明有时是预防欺诈所必需的方式。在权衡利弊的基础上评价信息披露要求就显得更为重要。[445]

各州在禁止"不得体"广告技法方面存在争论和分歧,例如关于歌词、歌谣、动画和戏剧的管理。对于很多法官和律师协会领导来说,这些技法减损了律师的职业主义,贬低了律师公众形象。奥康纳

---

[445] Federal Trade Commission, Submission of the Staff of the Federal Trade Commission to the ABA Commission on Advertising 12(June 24,1994). See also Hornsby, supra note 6, 66–69. Anthony E. Davis, "The Proposed New Rules Governing Layer Advertising", N. Y. L. J. July 3, 2006, at 3 (criticizing proposed changes in New York's advertising rules).

大法官认为,"对于律师广告进行相当严格的限制"是适当的,因为这些广告"对于执业律师来说就像有形的、每日的提醒,提醒他们为什么任何把律师职业当作交易的行为都是错误的"[见夏皮罗诉肯塔基律师协会案件(Shapero v. Kentucky Bar Association, 486 U. S. 466, 490-91(1988))中奥康纳法官的异议观点了。当时的首席大法官沃伦·伯格(Warren Burger)更加强调此种观点]。在他看来,推销法律就像兜售泻药一样,是"'纯粹的讼棍',并且粗暴违反职业主义的行为"。他个人更喜欢使用"干体力活谋生"的律师,他建议消费者"绝不、绝不、绝不接受那些必须通过广告来寻找委托人的律师的服务"。[446]

但是,包括美国律师协会进行的全国调研在内的多数研究显示,广告不是公众对于法律职业形成印象的最主要的因素。[447] 部分律师所作出的一些被禁止的娱乐性电视广告宣传,却容易让电视观众对律师认知产生积极效果。在某些研究甚至表明,煽情的或卡通的广告能真正提高电视观众对于律师专业精神、专业知识、有意性和有效性的评价。[448] 只有很小一部分消费者认为,改变律师做广告的方式可能提高职业声誉,但大多数消费者却认为变更广告策略并不重

---

[446] David Margolick, "Burger Criticism Prompts Defense of Lawyer Ads", N. Y. Times, July 9, 1985, at A3; Warren E. Burger, "The Decline of Professionalism", 63 Fordham L. Rev. 949,953,956(1995).

[447] See surveys cited in Hazard, Koniak, Cramton, & Cohen, supra note 2, at 945; ABA Commission on Advertising, supra note 4, at 3; Hornsby, supra note 4, at 55; Richard J. Cebula, "Does Lawyers Advertising adversely Influence the Image of Lawyers in the United States: An Alternative Perspective and New Empirical Evidence", 27 J. Legal Studies 503 (1998); Wiese Research Associates, Attorney Advertising Perception Study 10-11 (ABA 1994).

[448] Hazard, Koniak, Cramton, & Cohen, supra note 2, at 1033.

要。[449] 多数专家认同,广告对于公众关于律师认知的影响远远低于书籍、电视和电影,以及朋友、家人和同事的描述。[450]

从纯粹保护消费者的观点来看,很多州采取限制律师广告的做法难以自圆其说。实证研究表明,广告总体上有助于增强竞争和降低价格,也并未影响法律职业服务的质量。低收费有助于加剧需求、扩大供给和促进规模经济。在每个消费者平均每天接受近1000条信息的国家,公共传媒广告的有效性可能要依赖于律师界经常声讨的注意获取策略。

在很大程度上,关于广告严肃性的争论所涉及的问题是,如何权衡公众获取信息的兴趣点与律师行业在维护身份、地位和职业认同中的利益。这种权衡清楚地体现在《美国律师协会杂志》中联邦贸易委员会竞争、消费者保护和经济局局长杰弗里·祖克尔(Jeffrey Zuckerman)和美国律师协会广告委员会前主席艾德里安·佛利(Adrian Foley)之间的对话中。在祖克尔看来,严肃性要求反映了"广告的偏见",是对于竞争和信息自由流动的限制。[451] 相反,佛利认为这种要求对于职业的自我形象和认可是至关重要的。一位杂志记者提问道:"如果(一名律师)从电视广告中的游泳池蹦出来,并且询问'当你有麻烦的时候,记得把头浮出水面',是否会有人因此受到伤害? 这是否会戳伤职业的清高?"佛利回答道:"在某种程度上是的。但是,这也会贬低很多律师的奉献精神,而这是很多律师经过多年学习和努力工作获得的。"[452]

---

[449]　ABA Section of Litigation, Public Perceptions of Lawyers: Consumer Research Findings 32 (April 2002).

[450]　Fred Zacharias, "What Direction Should Legal Advertising Regulation Take", Professional Lawyer 45, 52-53(2006).

[451]　"At Issue: Is Dignity Importance in Legal Advertising?" 73 ABA J., Aug. 1987, at 52,53.

[452]　Id.

实施机制

就广告管理及律师界利益和公众利益之间的冲突而言,也会引发一个更为重要的问题:应当由谁来决定如何打破此种平衡。尤其考虑到,在大众传媒交流中牵涉个人利益的律师协会成员的比例很低,通常大约90%对于广告的投诉来自其他律师,有组织的律师协会是否应当起到主要作用?[453] 部分评论家认为,现有的限制反映了等级偏见,使得收入拮据的消费者很难获得法律服务。[454] 有人提出一种替代性建议,就是将职业监督责任赋予更为中立的机构,例如消费者保护组织。[455] 其他可能的改革包括增加潜在委托人获取的信息来源。例如,州或者全国性组织可以建立关于律师基本信息的电子数据库,就像关于医生的资料交换中心。[456] 各州也可以放宽规则,使得其他组织可以推荐,使得潜在委托人能与称职法律服务相匹配。[457]

---

[453] Deborah L. Rhode, In the Interests of Justice: Reforming the Legal Profession 148 (2001).

[454] Hornsby, supra note3. According to Van O'Steen, one of the parties in Bates v. Arizona State Bar, "For those in lower income and less well connected classes, however, advertising is fresh in formation about serious legal need.... Stifiling lawyer advertising is class legislation in the name of professional dignity". Van O'Steen, "Bates v. State Bar of Arizona: the Personal Account of a Party and the Consumer Benefites of Lawyer Advertising", 37 Ariz. L. J. 245(2005).

[455] Rhode, supra note 17, at 144−49; Linda Morton, "Finding a Suitable Lawyer: Why consumers Can't Always Get What They Want and What the Legal Profession Should do About It", 25 U. C. Davis L. Rev. 283,303(1992).

[456] Rhode & Luban, supra note 3, at 739.

[457] 现行规则允许律师非营利性地支付"常规收费"或者"经由适当的规范机构"许可的"合格律师中介服务(lawyer referral service)",见《律师职业行为示范规则》第7.2(b)(2)条。相应的,律师协会提供的法律服务几乎没有获得批准,同时几乎没有当事人向律师事务所提出法律咨询。关于现有方法不充分的讨论,参见 Hazard, supra note 4, at 316-17, and Hornsby, supra note 3. at 300-301.

相关问题还包括,管理机构行使自由裁量权的权限。最近的研究发现广告规则几乎没有实施。从贝茨案件以来,司法管辖区平均每年报告的广告惩戒案件不足 1 件。[458] 甚至在那些经常违反具体规则的司法管辖区内,也鲜见正式的广告惩戒案件。[459] 导致出现这些情形可能有以下因素:

- 惩戒机构缺乏资源;
- 很少有委托人投诉以及因违法而遭受的明显损害也很少;
- 律师行业内对于广告限制的适当性缺乏一致认知;
- 管理官员对于能完全和公正地实施规则缺乏信心。

虽然这些解释具有说服力,但是违反规则的案件频频曝光也引发广泛关注。公然不执行伦理规则阻碍了规则的可预测性,侵蚀了公众对于律师协会管理程序的尊重,使得关于商业言论的看法不能接受公开辩论和审查。至少部分评论家认为,惩戒机构应当界定和捍卫其实施政策,并努力使正式规则与实际情况相符合。

管理与互联网

最后一个争议问题是如何监督互联网上的广告。拥有网站名录列表和宣传资料的律师快速增加,而律师行业的监督步伐却没有跟

---

[458]　Fred C. Zacharias, "What Lawyers Do When Nobody's Watching: Legal Advertising As a Case Study of the Impact of Underenforece Professional Rules", 87 Iowa L. Rev. 971, 992(2002).

[459]　在圣地亚哥,一年内出现 257 件与道德规则不符的实际发生或者推定发生的案件。在加利福尼亚全州,只有 3 件违反广告规则的惩戒案件。同上引第 278-288 页。

上。律师行业的努力因缺乏充分的实施资源以及惩戒机构无法对本州之外的律师进行监管,从而受到限制。[460] 在这个跨司法管辖区执业情形越来越多的年代,各州的监管状况与监管标准不一致就是很明显的问题。完全遵守每一个司法管辖区关于广告的规定,会过分束缚律师的宣传并限制律师事务所的竞争能力。例如,很可能发生这样的情况:在律师事务所主要办公场所所在地的州允许在网站上包含自我炫耀和推荐材料,而在阅读该材料的潜在委托人所在的州却不允许,或者因该广告的诉讼案件所在的州也不允许这样的网站宣传。[461] 律师协会管理机构已经开始着手对付一大堆与互联网相关的问题,不仅包括广告,还包括劝诱、非法执业以及律师与委托人关系的建立。制定符合新科技要求和符合跨司法管辖区执业的适宜规则,是当代法律职业面临的重要挑战。

二、劝诱

禁止律师对委托人进行亲身劝诱的规定可以追溯到中世纪的英格兰。在那个年代,法庭极易腐败,律师行业致力于打击各种形式的劝诱:助讼(帮助他人进行没有正当理由的起诉或者辩护)、揽讼(以

---

[460] R. J. Westermeire, "Ethics and the Internet", 17 Geo. J. Legal Ethics 267 (2004); Richard B. Schimitt, "Lowering the Bar: Lawyers Flood Web, but Many Ads Fail to Tell Whole Truth", Wall St. J. Jan. 15, 2001, at A1; ABA commission on Advertising, White Paper: A Reexamination of the ABA Model Rules of Professional Conduct Pertaining to Client Development in Light of Emerging Technologies (July 1998); Hill, supra note 7.

[461] Westermeire, supra note 24; Jill Schachner Chanen, "Watch What You Say", ABA J., October, 2005, at 59,62. For the ABA's best practices guidelines for websites, see Elawyering Task Force, ABA Law Practice Management Section and ABA Standing Committee on the Delivery of Legal Information Web Site Providers, available at www. elawyering. org/toosl/practice. html. For resources on elawyering general, see www. legalethics. com.

获得赔偿份额作为报酬的助讼)和唆讼(挑起争端和诉讼)。

在美国,劝诱与类似行为相关联,表现出对事故受害人及其家庭隐私的侵犯。但是律师当面接触委托人,在告知委托人享有的法律权利,防止让被告占便宜,支持原告进行公益诉讼等方面发挥积极作用。[462]

伦理规则

《律师职业行为示范规则》第7.3条试图打破平衡,其规定:

(a)如果律师的主要动机是为了获得经济利益,则律师不得通过面谈、实况电话或者实时电子联系手段,劝诱潜在委托人对该律师进行职业雇用。除非该被联系的人:

(1)是一个律师;

(2)与律师具有家庭关系、密切个人关系或者职业上的关系。

(b)在下列情况下,即使第(a)款不予禁止,律师仍不得通过书面、录制材料或者电子交流方式、面谈、电话或者实时电子交流手段来劝诱潜在委托人对该律师进行职业雇用:

(1)该潜在委托人已告知律师其不愿意被劝诱;

(2)该劝诱具有强制性、胁迫性或者骚扰性。

(c)如果律师已知某潜在委托人在某特定事务中需要法律服务,则律师向其发出的旨在劝诱职业雇用的每个书面、录制性或者电子交流材料,应当在信封上以及录制性或

---

[462] See Charles w. wolfram, Modern Legal Ethics 786 (1986) (discussing, for example Abraham Lincoln, the Aaron Burr litigation, and the Dred Scott Case); Deborah L. Rhode, "Solicitation", 36 J. Legal Ed. 317, 325–29(1986) (discussing Brown v. Board of Education).

者电子交流材料的开头和结尾注有"广告材料"字样,除非
该交流的受众是第(a)(1)项或者第(a)(2)项所规定的人。

《律师职业行为示范规则》与美国联邦最高法院接连作出的两份
判决一致,即霍雷肖诉俄亥俄州律师协会案[Ohralik v. Ohio State Bar
Association, 436 U. S. 447(1978)]和普里默斯案[In re Primus, 436
U. S. 412(1978)]。在霍雷肖案中,法院支持向住院医疗事故受害者及
其家人进行亲身业务劝诱的律师给予纪律惩戒。在普里默斯案中,法
院推翻了对美国公民自由联盟律师的纪律惩戒,该律师为滥用绝育手
术的受害者提供免费法律建议,并写信要提供公益代理。在法院看来,
在律师可能获得报酬情况下,弄巧欺人的可能性足以构成理由来禁止
亲身劝诱。相反,若案件中的律师没有任何经济利益,其书面劝诱行为
很少会引发风险。但是美国联邦最高法院也承认,各州可以就任何形
式的劝诱在时间、地点和方式方面作出合理限制。

在佛罗里达律师协会诉"力求它"公司[Florida Bar v. Went For
It, 515 U. S. 618(1995)]案件中,美国联邦最高法院支持这样一项
限制性规定——禁止原告律师在事故发生30天之内,直接向事故受
害者及其家庭寄送邮件。根据大多数法官的意见,各州在提高律师
"不良声誉"和阻止"反复侵犯(当事人隐私)导致对于律师行业信任
的侵蚀"方面具有核心利益(见该案卷宗第625页和第635页)。但
是,正如该份判决的批评者所指出的,最高法院并未对真实言论加以
禁止,是为了防止夸大行骗或者挽回职业团体声誉。例如,在安德菲
尔德诉费恩[Edenfield v Fane, 507 U. S. 761(1993)]案件中,法院推
翻了关于注册会计师进行亲身劝诱的禁止。而且,在"力求它"公司
(Went For It)案件中,支持佛罗里达州律师协会观点的研究发现,只
有1/4消费者报告,定向劝诱会降低对律师行业的看法。尽管各
州有保护受害者隐私的合法利益,很多评论者认同在"力求它"公司

案件中大法官的异议,即此种保护可以以更为限定的方式实施。在异议者看来,各州遵循《律师职业行为示范规则》第 7.3 条的做法,要求在信封上充分披露该信件包含商业劝诱就足够了。

当前的挑战和替代方案

禁止律师在 30 天内定向寄送邮件的规定存在的问题是,上述禁止规定并不适用于保险公司调查员。结果是,在事故受害者及其家人获得法律帮助之前,可能迫于压力接受不充分的和解。与保险公司直接协商的受害者所获得的赔偿,可能远远低于由律师代理的受害者所获得的赔偿。[463]

为了解决这些问题,一些立法规定,在法定期限内,禁止受害者与包括保险公司在内的潜在诉讼当事人之间直接进行信息交流。一个有代表性的例子是 1996 年的《联邦航空再授权法》,该法禁止在航空失事起 30 天内任何与法律诉讼相关的不请自来的信息交流。借用上述例证,部分评论者主张,除了现有禁令之外,劝诱规则可以适用于更为广泛的群体,而不是仅仅涵盖狭隘的范围。所以,例如,各州可以要求潜在诉讼当事人对事故受害者进行不请自来的信息交流时,应当遵守合理时间、地点和方式限制。但是律师职业和公众都会从阻止公然追逐带标识的救护车的行为中获益,这种行为经常会引发人身伤害事件。一般来说禁止亲身劝诱的限制包括:

- 涉及骚扰、强制,或者不当影响;

- 与明确表达不愿被联系的人进行信息交流;

---

[463]　Peter A. Bell & Jeffrey O'Connell, Accilental Justice: The Dilemma of Tort Law 165-66(1997); Richard Zitrin & Carol M. Langford, The Moral Compass of the American Lawyer, 129,135-39(1999).

● 当潜在委托人不能进行合理、深思熟虑判断时作出决定。[464]

与《律师职业行为示范规则》不同,这种做法仅仅关注对于潜在受众的伤害,而不关注劝诱者的动机。这样一种转变着重强调的是,应该认识到,律师的亲身接触即便不是无私的,有时也是有利的。的确,考虑到胜诉可能提高律师声誉以及对胜诉方法定律师费的判赔,现在甚至在很多"公共利益"诉讼中,律师都是有可能获益的。

另一种既能满足个人法律需求,又能防止滥权行为的方式是,禁止亲身劝诱行为,同时增加公益法律服务数量。越来越多的律师协会开始建立大型灾难的救助项目,志愿律师可以提供免费法律服务或者免费代理,带有显著标识的律师协会应对小组出现在灾难现场,可以阻止其他律师的趁火打劫。[465] 例如,在"9·11"恐怖袭击余波中,成千上万的志愿律师为受害者及其家人提供免费法律服务。美国辩护律师协会也要求律师代理个人提起诉讼,并且遵守起诉案件中临时性延期偿付。广泛遵守这些要求保护了受害者的隐私,给予他们充足时间来决定是否寻求联邦基金的赔偿,而放弃其他法律救济。[466] 同样,在卡特里娜飓风的余波中,律师协会设立公益法律服务项目,明确规定志愿律师不能利用他们的参与来对委托人进行有偿雇用的劝诱。[467] 从长远来看,这种将公益法律服务与志愿服务结

[464] FTC, supra note 9, at 151; James L. Kelley, Lawyers Crossing Lines: Nine Stories 157-158(2001); Rhode, supra note 17, at 149.

[465] Solomon Moore, "Lawyers Seek Out Victims of Crash", Los Angeles Times, February 7, 2005, at B3.

[466] William Glaberson, "4 Suits Filed, Despite Calls for Restraint by Lawyers", N. Y. Times, Jan. 15, 2002, at A13.

[467] Louisiana State Bar Association Rules of Professional Conduct Comm. Op. 005-RPPC-005 (September 27, 2005).

合的方式,可能是应对传统劝诱问题的最好的方式之一。

三、跨司法管辖区执业

传统做法

如前述讨论表明,对当前法律服务市场管理的最大挑战就是跨司法管辖区执业问题。律师协会长期所持的观点,已经在《律师职业行为示范规则》和《律师职业责任示范守则》中做了规定,即"律师不应当执业……如果在该司法管辖区执业违反该司法管辖区的有关规定的"[《律师职业行为示范规则》第5.5条、《律师职业责任示范守则》的惩戒规则第3-101(b)条]。根据《律师职业行为示范规则》第8.5条,律师在任何司法管辖区执业时违反了当地的伦理规则,应当受到该司法管辖区的纪律惩戒。

一般来说,任何在被许可执业司法管辖区以外代理委托人的律师,必须将其执业范围限定于简单和偶然性事务,并且必须与当地律师建立合作,如果代理事项涉及诉讼,律师可以请求法庭给予临时批准。尽管宪法上没有赋予法庭给予临时批准的义务,但是法庭经常会这样做,比较有代表性的是在非本州律师与当地律师合作的时候。[468] 如果内部法律顾问(内部律师)已经向当地律师协会进行登记并且接受当地律师协会管理,部分司法管辖区允许内部法律顾问代表其雇主在其办公场所所在地以外的州提供服务。[469] 很多州还允许外国律师取得法律顾问的执照。在这种状况下,外国律师无须

---

[468]　Leis v. Flynt, 441 U.S. 956(1979); Hazard, Koniak, Cramton, & Cohen, supra note 2, at 1125.

[469]　ABA Report of he Commission on Multijurisdictional Practice (Aug. 2002) available at http://www.abanet.org/cpr/mjp/final_mjp_rpt_5-13.pdf.

通过律师资格考试,但其业务限于就所辖区的法律提供咨询。[470] 大约半数的司法管辖区均允许外国律师参加律师资格考试,而无须毕业于被认可的美国法学院。[471]

跨司法管辖区执业的盛行和改革理由

但是,主流的非法执业规则只包含有限的例外,不能满足多数律师跨司法管辖区执业的需求。对于这些律师来说,传统的基于州域的许可执业模式变得越来越难以运转和不可执行。很多律师的专业事项和领域不能局限于州的范围。很多律师通过电话、电子邮件、传真、互联网网站进行联系,不会只在被许可执业的州域范围内进行联系。在这个年代,其他地域的律师很容易了解其他司法管辖区的法律,组织委托人越来越需要在不同地点办公,减少执业地理边界对执业活动限制的呼声越来越强烈,美国律师协会跨司法管辖区执业问题委员会指出:

> 摆在委员会面前的证据一致表明,律师经常从事跨边界的法律服务。进而,委员会一致认同此种执业行为数量正在增加,且这种趋势不仅是不可逆转的,而且也是必需的。科技发展和法律执业日益复杂导致了律师需要跨越州界来为委托人提供称职的代理服务……
>
> 现在的律师监管法规应当而且已经成为很多律师关注的重要问题。即使是在明确适用司法管辖限制的情况下,在州法庭的诉讼程序中也会因下述原因导致出现问题:不同州缺乏统一的临时批准规定,无法预知在个案中

---

[470]　See ABA Model Rules for the Licensing of Legal Consultants (1993); American Law Institute, Restatement of the Law Governing Lawyers (Third) §2 Comment g.

[471]　Hazard, Koniak, Cramton & Cohen, supra note 2, at135, n. 118. 同上引。

法庭会适用什么样的规则,在某些案件中还有条款之外的过多限制。但是,更应予以关注的是,在诉讼之外,司法管辖区限制大多非常含糊,可能还会有更多的限制。律师们可能已经认识到非法执业惩戒程序极少启动,即使违反了禁止非法执业的法律,法庭仍然能够根据现实情况解释这些规则,以适应州际间或者跨州法律问题。然而,一些律师会拒绝委托人或者采取其他手段,以避免或者降低违反非法执业指控或者违反职业规则的风险。

现行的律师管理体系使得委托人必须付出代价。例如,律师可以以跨司法管辖区限制问题为由,拒绝提供在技能上和伦理上可能使其承担赔偿责任的服务……进而,即使在那些关于非法执业的法律规定已经过时,或是在那些关于非法执业的法律规定无法实施区域,律师已达成共识或形成默契,律师可以随意忽略非法执业的法律,但仍不希望保留这些法律的书面规定,希望修改这些法律,使其与当前的共识和实务相符,以更好地服务委托人。保留文本上过时的法律会滋生公众对于法律的不敬,尤其是那些与律师执业行为相关的法律,因为对律师来说,他们有维护法律的职业要责。[472]

当前非法执业规则本身存在的问题已由加利福尼亚州高级法院在毕博威尔等诉高等法院一案[Birbrower, Montalbano, Condon & Frank v. Superior Court, 949 P. 2d 1(Cal. 1998)]的判决进行了说明。在该案中,纽约的一名律师代理了一个家族企业在纽约和加利福尼

---

[472]　ABA Report, supra note 33, at 10-12.

亚设立的分公司与纽约软件制造商的纠纷。该律师多次去加利福尼亚与公司的人员交换意见，与软件代理人协商，并启动仲裁程序。在仲裁之前，纠纷就已经解决，但是委托人随后起诉律师的不当执业。该律师反诉要收回律师费。在驳回律师反诉时，加利福尼亚州最高法院解释说，因为该律师非法执业，因此不必执行律师费协议。根据法院的分析，"首要问题是未被许可在该州执业的律师是否做了充分的工作，或者是否可以与加利福尼亚的委托人建立包括法律责任和义务的持续关系。"根据法院的观点，律师本人在加利福尼亚州是一个相关但不是决定性的因素。律师通过电话、传真或者其他方式提供法律服务可能涉嫌非法执业。

修订后的《律师职业行为示范规则》做法

毕博威尔（Birbrower）案的判决招来了广泛的批评。加利福尼亚州立法机构认定仲裁程序中非法执业的禁止性做法，创设了法律例外规定，一定程度上回应了上述批评。但是跨州执业存在的明显问题需要根本性的解决办法。在毕博威尔案之后，美国律师协会组成了跨司法管辖区执业问题的委员会，并要其对《律师职业行为示范规则》提出修订意见。实际上，该委员会修订建立了禁止非法执业的"安全港"规则。《律师职业行为示范规则》第5.5(c)条允许非本州律师临时提供以下法律服务：

（1）该服务是与在本司法辖区取得了执业资格并且积极地参与了该事务的律师合作办理的；

（2）该服务属于本司法辖区或者另一司法辖区的系属的或者潜在的裁判庭程序，或者与该程序合理相关，律师或者律师帮助的人，根据法律和命令有权出席该程序或者对这种授权有合理的期待；

（3）该服务属于本司法辖区或者另一司法辖区的系属的或者潜在的仲裁、调解或者其他替代性纠纷解决程序，或者与该程序合理相关，该服务源于律师取得执业资格的司法辖区的律师业务，或者与此合理相关，并且该服务不是该裁判机构要求进行临时批准（pro hac vice admission）的服务；

（4）该服务并不属于第（c）（2）项或者第（c）（3）项的范围，并且该服务源于律师取得执业资格的司法辖区的律师业务，或者与此合理相关。

根据《律师职业行为示范规则》第5.5（d）条，律师也可以提供以下服务：

（1）该法律服务是提供给该律师的雇主或者其组织性分支机构的，并且该服务不是裁判机构要求进行临时批准的服务；

（2）该法律服务是联邦法律或者其他法律授权该律师在本司法辖区提供的服务。

替代方案

目前，仍无法界定和证明此种方式在实践中的有效性。[473] 部分评论家认为这种规定过分复杂且过分限制。人们还提出其他各种方

---

[473]　虽然只有一些州采用了美国律师协会《律师职业行为示范规则》，但是相当多的州在运用上采取了合适的做法。See Mark Hansen, "MJP Picks Up Steam: More States Are Looking at ABA Proposals to Ease Rules on Multijurisdictional Practice", ABA Journal, Jan. , 2004,42.

法。可选方法包括：在本书第 11 章讨论中的全国律师资格考试；模仿欧盟做法各州采取许可互惠原则；提供"网络咨询服务"的全国性许可机制。[474] 采用全国律师资格考试系统，执业律师的执业证就类似驾照，如果非本州律师临时提供法律服务，就可以由律师居住地的州测试其能力，其他司法管辖区遵照该州的判断。或者，由联邦政府来管理全国考试，并以此作为全体律师或者只执业联邦业务律师的准入条件。根据类似欧盟的做法，如果律师办理登记手续，不限于执业临时事务，同意当地伦理规则和执法过程，并且办理了职业责任保险，那么律师就可以在其他司法管辖区提供法律服务。[475] 根据网络执照系统，律师可以在各司法管辖区提供电子化的意见，只要证明其基本熟知该司法管辖区的法律即可。[476]

所有这些方案都遇到了困境。待解决问题不仅有律师的称职性和效率问题，而且也包括当地律师经济上的利己主义问题。在那些有大量退休人口的州，很多律师特别担心来自其他州的"流浪"律师来竞争，因为他们不用参加律师资格考试，就可以从事部分兼职执业。全国律师资格考试也引发关于联邦主义的争议，以及如何在集权结构中保障职业的独立性的问题。

上述哪种做法在解决跨司法管辖区执业问题最为有效，律师们就这一问题难以达成共识，但是律师都普遍同意如下两点。第

---

[474] Martha Neil, "Easing Up," ABA J., Feb 2002, at 47, 49; Lance J. Rogers, "ABA Commission Hears Proposals, Concerns Over Expanded Multijurisdictional Law Practice", 17 ABA/BNA Lawyer's Manual on Professional Conduct 133 (2001). See also Anthony E. Davis, "Multijurisdictional Practice By Transactional Lawyers-Why the Sky Really Is Falling", 11 Prof. Law 1 (Winter 2000).

[475] See Geoffrey C. Hazard Jr., "New Shape of Lawyering", Nat'l. L. J., July 23, 2001, at A21; Stephen Gillers, "Protecting Their Own", American Lawyers, Nov. 1998, at 118.

[476] Katy Ellen Deady, Note, "Cyber-advice: The Ethical Implications of Giving Professional Advice Over the Internet", 14 Geo. J. Legal Ethics 891 (2001).

一,正如美国律师协会跨司法管辖区执业问题委员会指出的,面对委托人跨司法管辖区社会经济需求,跨司法管辖区执业不仅是不可逆转的,而且也是必需的。第二,考虑到委托人的需求,为委托人提供更有效的服务,就必须改革现有的非法执业规则。[477] 目前,多数人都能接受的做法是,禁止非本州律师在不被许可执业的司法管辖区"开业",但允许或者默认非本州律师就源于州外的事务在本州进行代理。

四、跨行业执业

质疑律师执业地理界限的社会经济因素,也同样质疑律师执业的行业界限,即法律和其他职业之间的壁垒。根据《律师职业行为示范规则》第5.4条和惩戒规则第3-102(A)条,律师协会的传统做法是律师不可以和非律师分享律师费或者法律服务支配权。虽然律师可以雇用非律师,以及在非律师所有的组织中担任内部法律顾问,但是律师不能与非律师合伙以提供法律服务。这些禁止的理由是,律师职业的独立性是保护职业核心价值所必需的。

过去数十年,这种禁止越来越受到争议。面对日益激烈的委托人竞争和日益增加的对跨行业专家的需求,很多律师都试图与其他职业服务提供者建立紧密关系。关于如何建立此种关系存在争议,争议涉及以下两种组织形式:(1)附属业务,即独立的实体机构与律师一起工作,例如提供财政、游说和房地产服务的公司;(2)跨行业合作(Multidisciplinary Practice, MDPs),例如律师事务所和会计师事务所合作,可以提供多种职业服务就是一个例证。

---

[477]　ABA Commission, supra note 33, at 1.

附属业务

当前争论始于附属业务。这可以追溯到 20 世纪 90 年代初期，当时哥伦比亚地区的规则允许律师拥有附属业务，即在特定情况下允许非律师成为合伙人。[478] 这些规则及其反映的大趋势引发了相当多的讨论，很多其他律师协会也提出了改革建议。美国律师协会代表大会首先投票禁止律师拥有非律师附属业务，之后又废除这项禁令，最终通过了《律师职业行为示范规则》第 5.4 条。该条规定允许律师拥有商业业务，但是不允许非律师成为合伙人。只有很少州采用了这项规则。[479] 但是，律师总是可以拥有或者经营与法律执业无关的业务，例如房地产管理公司。但是，一些欧洲国家禁止律师从事无关业务，因为这些业务被认为是与法律执业"不相容的"。

在美国这一争议牵涉质量、效率、商业化和职业化等一系列问题。认为律师可以拥有附属业务的人认为，此种做法促进了法律专家和非法律专家之间低成本高效益的合作；减少雇用这类专家时的搜寻成本；并且激励律师监督附属业务提供者的服务。相反的，批评者认为，涉及其他业务的多种经营会分散律师的法律执业，消减他们推荐其他职业人员时的客观性，导致滥用保密信息；非律师采用过多利润导向措施，会影响律师事务所的管理；侵蚀法律这一职业（profession）的特殊性，把法律视为商业（business）是不应当的。

---

[478] 《律师职业责任示范规则》中惩戒规则第 5.4 条规定，如果协助律师提供法律服务的非律师合作伙伴可以遵守伦理规则，而且律师对于职业行为承担与合作伙伴是律师时相同的责任，那么律师可以与这些非律师合作伙伴一起执业。

[479] Hazard, Koniak, Cramton, & Cohen, supra note 2, at 1119; Mary C. Daly. "What the MDP Debate Can Teach Us about Law Practice in the New Millennium and the Need for Curricular Refom", 50 J. Leg. Ed. 521(2000).

跨行业合作

类似的问题也出现在关于跨行业合伙的争论中。由于来自会计师事务所的竞争越来越激烈,此种争论引起了越来越多的关注。其他西方国家一般允许非律师雇用律师来提供部分与法律相关的服务,与律师形成合伙关系,或者持有律师事务所的股份。此举导致重要的会计师事务所在全球法律市场中占有很强地位。它们已经存在于 138 个国家,并拥有超过 60000 名雇主。[480]

这些会计师事务所也会逐渐入侵美国市场。美国联邦法律规定,联邦税务咨询和代理联邦税收案件不属于律师法律服务。这种对于传统非法执业的例外规定使得律师可以为会计师事务所的委托人提供服务,只要他们的工作可以被限定为税收帮助,而不是法律帮助即可。律师可以向委托人所从事的非法律服务行业提供法律建议。在过去的数十年内,主要的会计师事务所已动摇了律师工作和非律师工作的区别,拓展了其内部法律雇主的服务,就像律师事务所一样,就诸如税收、金融和财产规划、知识产权、替代性纠纷解决和诉讼支援等方面提供相同的服务。美国的法律职业面临着与这些会计师组织越来越多的竞争,这些组织可以经常性地提供范围非常广泛、更国际化的网络和知名度、更好的规模经济的服务,以及更多的有效行销、信息技术和管理能力。尽管律师协会领导认为,很多跨区域合作组织违反了非法执业的法律规定,但是由于缺少资源以及公众的

---

[480] See generally Rees M. Hawkins, "Not 'If' but 'When' and 'How': A Look at Existing De Facto Multidisciplinary Practices and What They Can Teach Us About the Ongoing Debates", 83 N. Car. L. Rev. 481, 393 (2005); Charles W. Wolfram, "MDP Partnerships in the Law Practice of European and American Lawyers", in Lawyers' Practice and Ideals: A Comparative View 302-50 (John Barelo & Roger C. Cramton, eds., 1998.

支持,法律难以得到实施。[481]

当前的争论

支持放宽跨行业执业规则的人强调,该种措施有利于委托人获得"一站式"的服务,有利于律师更为有效地和其他服务提供者开展竞争。这种优点不仅可以波及大型律师事务所和商业委托人,而且也利于为自然人委托人服务的小型律师事务所和个人执业律师事务所,例如年老的委托人需要的是一系列法律、医疗和社会服务。允许非律师持有律师事务所的股权也可以分散资本投资,能形成性价比更高的法律服务结构。

相对的,反对者担心律师只会向一个不同于传统的,在保密、利益冲突和公益服务方面标准较低的监管者负责。特别是会计师事务所不愿意遵守利益冲突,他们宁可依靠委托人同意和伦理上的屏蔽。在批评者看来,这样的保护往往是无效的,因为委托人很可能是依据盈亏来支付职业工作的报酬。允许律师参与这样的组织就会危害律师核心原则,同时模糊法律和商业的界限。据说,只要委托人付费,律师的职业判断都仅能达到伦理底线[482]。

1999 年美国律师协会跨行业执业问题委员会发布一份报告,承认存在上述伦理问题,但是提出一个不含禁止条款的解决方案。该委员会建议,在跨行业的律师事务所中,非律师人员应当遵循关于普遍适用于律师的利益冲突和保密的相同伦理标准。此外,委员会建议设立特别稽查条款来防止非律师人员干涉律师的职业判断。在此框架下,律师—委托人之间的特免权应当扩展到非律师人员,或者委

---

[481] Daly, supra note 43, at 536; Philip S. Anderson, "Facing Up to Multidisciplinary Practice", 50 J. Leg. Edue 473, 480(2000).

[482] For an overview of these arguments, see David Luban, "Asking The Right Questions", 72 Temple L Rev. 839(1999).

托人可以得到关于不适用这些特权的警告。[483] 会计师事务所提出另一方案,即遵循不太严格的利益冲突程序。根据这些事务所的观点,实践表明了这种方法已足够妥当,老练的委托人对此满意,并不要改革或者采取其他方法。

美国律师协会代表大会完全否决了该委员会的建议,也拒绝考虑任何放宽限制的方案。代表大会成员投票反对放宽关于禁止跨行业合伙的规定,因为没有证据可证明这种合伙能服务于公共利益,不会损害律师的独立性或者忠实于委托人。也无法预测有证据能证明有规定可以达到上述目标。该委员会以重新审议和补充收到的一系列职业和委托人群体的证据的方式作出回应。在该委员会看来,在"违法污点"被消除之前,不可能评价跨行业合伙中的公共利益。在此期间,消费者组织表达了对放宽限制的支持,在该委员会看来,对于律师跨行业执业的市场需求就是跨行业执业具有社会价值的证据。[484] 因此,在特定情形下,该委员会提交了修正后的建议,允许跨行业执业合伙在特定条件下存在。美国律师协会代表大会再一次否决了该委员会的建议。[485]

到了21世纪,这种争论延续到各州,几乎每个司法管辖区都在考虑这个问题。[486] 坊间的评论也出现了。分析不仅直接关注如何

---

[483] ABA Commission on Multidisciplinary Practice, "Report of the Commission on Multidisciplinary Practice to the ABA House of Delegates", reprinted in 10 Professional Lawyers 1 (Spring 1999).

[484] "MDP Rides Again", ABA J., Deb. 200, at 96.

[485] House of Delegates Resolution 10F (2000), reprinted in Daly, supra note 43, at 532.

[486] John B Attansasio, "The Brave New World of Multidisciplinary Practice: Foreword", 50 J. Leg, Ed. 469,470(2000). See also Daly, supra note 35, at 527. For an overview see ABA, Center for Professional Responsibility, Status of Multidisciplinary Practice Studies by State(and some local bars), Feb. 11, 2002, available at http://www. abanet. org/cpr/mdp-state_action. html.

构建法律职业服务,而且集中于如何在竞争日益激烈的全球市场中界定和实现职业价值。[487] 最新的审计业务丑闻又激起了进一步讨论。对于部分评论家而言,像安然公司案件中的不当行为反映出了会计师审计、咨询职能之间的利益冲突,证明了律师与这二者保持距离的必要性。[488] 对于其他评论家而言,这些利益冲突凸显了加紧管制竞争性职业的需求,对那些雇用了越来越多律师且提供了越来越多的法律相关服务相关的相互竞争的职业人员,要进行更为严格的管理。2002 年,国会通过的《萨班斯—奥克斯利法案》部分回应了此种需求,该法案禁止注册会计师事务所在进行正确事项审计时提供与审计无关的法律服务。[489] 但是,很多其他跨行业职业中的潜在利益冲突问题仍在讨论中。

解决这些争论的部分困难在于,就跨行业执业组织的伦理问题,以及提出应对措施后的可能效果,缺少系统性的信息。曾在律师事务所和跨行业合伙组织执业的律师在该委员会作证,以证明这两类组织的伦理文化除了假定的冲突规则外没有重大区别。很多跨行业执业者出席作证,跨行业合伙组织的公共服务的记录与律师事务所

---

[487] Symposia on the subject include: "The Brave New World of Multidisciplinary Practice", 50 J. Leg. Ed. 469 (2000); "Future of he Profession: A Symposium on Multidisciplinary Practice", 84 Minn. L. Rev. 1083 (2000); "New Roles, No Rules? Redefining Lawyers Work", 72 Temp. L. Rev. 773(1993). For other overviews, see Mary C. Daly, "Choosing Wise Men Wisely: the Risks and Rewards of Purchasing Legal Services from Lawyers in a Multidisciplinary Partnership", 13Geo. J. Legal Ethics 217(2000), and Report of the N. Y. State Bar Association Special Committee on the Law Governing Firm Structure and Operation(2000).

[488] Geanne Roseberg, "Scandal Seen as Blow to Outlook for MDP", Nat'l. L. J., Jan 21, 2002, at A1; Seven C. Krane, "Let Lawyers Practice Law", Nat'l. L. J., Jan 28, 2002, at a16.

[489] Sabanes-Oxley Act of 2002, § 201(a), amending § 10A of the Securities and Exchange Act of 1933, 15 U. S. C. §78j-1.

不相上下。[490] 不管怎样,即使可以证明利益冲突和保密问题更有可能出现在跨行业执业事务所中,与律师事务所相比,这些跨行业事务所相对于律师事务所,也不可能为公共服务提供制度性支持,也不可以不证自明地认为完全禁止跨行业职业是最好的解决办法。很多专家认为委托人应当有权利来权衡跨行业组织执业的风险和利益,伦理规则应当严格要求跨行业职业组织对可能的滥用情形进行说明。

但是,即便这些问题得以解决,跨行业执业的某些合作形式可能会继续向前发展。因为存在将法律和非法律资讯一体化的合法且强烈的市场需求社会需要。在律师协会禁止跨行业执业合作的各州,跨行业执业也会采取其他形式。例如,纽约州目前允许律师事务所和其他职业事务所达成"战略联盟",这也是部分美国律所正在施行的。根据这些安排,事务所之间可以分享委托人或分享成本和行销能力。[491] 不论这些安排是否可以以"一站式"服务有效满足委托人的需求,跨行业执业仍会存在。如果经验可以作为指导的话,那么管理法律服务市场的唯一可行及长期的做法是使其充分适应市场竞争。

五、律师收费

在公众对律师的所有抱怨中,律师费用是首当其冲的。很多美国人认为法律服务成本太高,低于5%的美国人认为律师收费是物有

[490]　Phoebe A. Haddon, "The MDP controversy: What Legal Educators Should Know", 450 J. Leg. Ed, 504, 511–12(2000).

[491]　Daly, supra note 43, at 542; Hazard, Koniak, Cramton, & Cohen, supra note 2, at 1122; Hawkins, supra note 44, at 498.

所值的。[492] 这些看法是长期存在的。实际上,所有社会至少都在断断续续地努力限制律师费。[493] 目前,很多国家都以具体法规来控制收费,制定服务的收费标准。美国的管理结构表现得更加复杂,混合了律师行业监管、尊重市场规律、个别立法和司法干预。

实际上长期以来,律师收费都会引起律师和委托人之间的不快。在英国,早期传统是绅士不能向其他绅士为其服务支付报酬,所以需要更为独特的收费形式。作为法律职业的精英,出庭律师不必与他们的委托人讨论收费问题;所有收费事项均由事务律师和职员办理。[494] 在美国,很多律师也试图寻找超出律师协会制定的最低收费标准来收费,并避免"讨价还价"。《律师职业道德准则》鼓励此种行为,并且谴责任何低于标准的收费行为。[495] 1975 年,美国最高法院推翻了最低收费标准,认为其限制交易,违反了《谢尔曼反垄断法》。[496] 但是,公众仍然可以通过各种出版物获取一些关于收费标准的信息。

律师也曾寻求其他方法来避免收费争议。如果律师可能或者已经经历过与委托人之间关于收费问题的不悦,就可能在诉讼之外使用多种办法:大量使用不予退款的聘请费制度、拒绝完成工作或者放弃委托人的文件、非正式地修改账单或者在提出赔偿诉讼中威胁透

---

[492] Public Perceptions of Lawyers, supra note 13, at 14 (2002); Gary A. Hengestler, "Vox Populi: The Public Perception of Lawyers", ABA J., Sept. 1993, at 63.

[493] William Howard Taft, Ethics in Service 4-8, 15(1915); Charles Warren, A History of the American Bar 112-13 (1911); Dennis R. Nolan, Readings in the History of the American Legal Profession 103-05(1980).

[494] W. J. Reader, Professional Men: The Rise of the Professional Classes in Nineteenth-Century England 36-37 (1966); R. E. Megarry, Lawyer and Litigant in England 56-60(1962).

[495] ABA Canons of Ethics, Canons 27 and 28.

[496] Goldfarb v. Virginia State Bar, 42 U. S. 773, 787(1985).

露保密信息。

现在最常见的有四种收费方式。最主流的收费方式是计时收费;其他方式如对于特别事项的固定收费;按比例收费(如根据涉及交易的房地产或者财产的一定比例);风险收费,即如果事项成功解决,律师可以按照固定费率或者赔款的一定比例来收费。这些收费方法也可以合并使用,例如固定收费可以加上按特定结果计算的额外风险收费。

对这些收费的监管采取了不同形式。《律师职业行为示范规则》第1.5条禁止律师收取"不合理"费用,《律师职业责任示范守则》"惩戒规则"第2-106条禁止"明显过度"的收费。但是律师协会道德委员会和惩戒机构一般不会在个案中适用这些规则,除非收费金额明显过度,以至于被认为有悖天理或者等同于滥用资金。[497] 恰恰相反,律师协会很大程度上将注意力集中于某些收费行为的一般适当性上。例如,在其第93-379(1993)号书面意见中,美国律师协会道德委员会制定规则,要求律师不应当根据同一工作时间或者工作量对于委托人重复收费,不应当向委托人收取与办公相关的管理费用;不应当对于服务收取附加费用,例如收取超过成本的复印费。

但是,大体而言,律师协会监管机构已经发现,针对不合理收费可以采取合适的补救措施,包括拒绝付费、提起不当执业诉讼,或者提起违约诉讼。对于多数惩戒委员会成员来说,除非异乎寻常的案件,何种行为构成过度收费的标准太不明确,以至于使得惩戒程序没有法律依据,并且律师协会管理系统一般缺少充足资源来处理普通的律师费用纠纷。

但是,正如本书第十二章中提出的,不当行为诉讼和违约诉讼对

---

[497] Hazard, Koniak, Cramton, & Cohen, supra note 2, at 771; Rhode, supra note 17, at 172.

于阻止或者救济过度收费问题也是不够的。自然人提出与收费相关的申诉，聘请第二个律师来质疑第一个律师的收费问题，并不是一个具有吸引力的选择，特别是所争议的收费金额不是很大的时候。虽然公司委托人可能有充足的知识、经验和手段来使其免受过度收费，但是自然人委托人却没有这个能力。即使是老练的委托人也不可能总是获得充足信息来保证收费公平，从下文讨论的有关过度收费、不返还聘请费和风险收费问题出现的频率，就可以很容易得出这个结论。

过度费用

《律师职业行为示范规则》第 1.5 条列举了决定合理收费的相关因素：

（1）所需要的时间和劳动，所涉问题的鲜见程度、难度以及提供法律服务所必需的技能；

（2）律师接受该特定工作，将没有从事其他工作的可能性，此可能性为委托人显而易见；

（3）所在地提供类似法律服务通常收取的律师费；

（4）所涉及的标的额和获得的结果；

（5）委托人或者由事态本身所限定的时限；

（6）与委托人之间建立的职业关系性质和存续的时间；

（7）提供服务的律师的经验、声望和能力；

（8）律师费是固定的，还是附条件的。

法庭和评论家都认可以上因素，虽然也有人还要加上委托人的支付能力,还有在《律师法重述(三)》中进一步提及的两项因素:"一旦律师与委托人达成协议,律师是否可以给予委托人一个自由、明智的选择?[并且]是否会存在这样的情况,即随后情况的变化使得收费协议变得不合理?"[498]

尽管人们关于收费的相关标准有着广泛认同,但是在个别案件中适用这些标准仍具有难度。与收费相关的滥用行为形形色色,从公然欺诈和"创造性计时"到粗心审计和职员低效工作。这种滥用的频次很难监测,因为很多滥用行为都是"完美的犯罪"。尽管老练的委托人已经越来越擅长监控费用,但是经常不能查证某些工作是不是必要的,是不是必需的,是不是实际消费,律师计费时间是否完全用于该委托人。审计员发现审查的账单有 5%~10% 存在欺诈,25%~35% 的账单有问题。这些问题包括延长时间、人浮于事、进行不必要的工作,就同一工作或者时间对不同委托人重复收费。被调研的 40% 的律师认为,他们的一些工作确实受到延长工作时间想法的影响。[499]

基本问题源于律师和委托人之间的利益存在明显分歧。从纯经济方面考虑,就收费金额而言,律师的目标是利润最大化;委托人的目标是利益最大化和成本最小化。如果律师按照小时收费,并且他的时间没有其他赚钱的方法,律师就有动力去延长项目时间,或者接受超越其专业技能、需要花费委托人金钱去进行大量学习的工作。

---

[498]　Restatement (Third) of Law Governing Lawyers § 46 Comment. For a summary of cases finding clients' lack of resources relevant, see Wolfram, supra note 26, at 518-22. . See also former Canon 12 of the ABA Canons of Ethics, which provided that a client's ability to pay could not justify charges in "excess of the value of … services", but that poverty could justify lower charges.

[499]　William G. Ross, the Honest Hour: The Ethics of Time-Based Billing by Attorneys 65 (1996); Rhode, supra note 17, at 171-72. Lisa G. Lerman, "Blue-Chip Bilking: Regulation of Billing and Expense Fraud by Lawyers", 12 Geo. J. Legal Ethics 205 (1999). Some lawyers have double billed for the same time if, for example, while traveling for one client they do work for another.

律师事务所日益增加收费小时数,收费工作对于律师的地位、晋升和报酬具有重要意义,这就使得问题进一步复杂化。目前律师付费小时数通常在每年1800~2000小时,许多律师事务所的平均收费小时数还更高。很多估算表明,律师有大约1/3的办公时间不能老老实实地只为委托人服务;行政事务、事务所会议、个人需求和紧跟法律的最新发展而学习都占据了律师大块时间。就2000个计费小时来说,律师需要每天工作10小时,每周工作6天。正如首席大法官伦奎斯特所说,如果律师希望按照现在水平收费,那么"一定不会抵制诱惑来夸大实际投入的小时数"。[500]

面对以上压力,律师会虚报工作时数和重新说明花费也就很容易理解。账单滥用的研究表明,律师经常认为他们的工作价值比委托人要求的时间"更值得"。其他律师则向上"调整"小时收费,"调整"他们所花费但是忘记申报的成本,或者因为"调整"工作无须向委托人退款。在某些异乎寻常的案件中,律师每年计费小时数高达6000小时,曾将跑步鞋作为"地面交通"来收费,曾将假发清洁列为诉讼成本。[501] 这种与收费相关的欺诈减损了委托人的信任和律师的形象,也会使得注意力偏离造成过度收费的问题,例如糟糕的时间管理或者过多的管理成本。

律师协会的惩戒程序不足以非常有效监督与收费相关的不当执业行为。如前文所提及,除非是极端案件,多数惩戒机构不愿意介入收费纠纷,委托人也很难去证明不当执业行为。很多律师不愿意事

---

[500]　William H. Rehnquist, "The Legal Profession today: Dedicatory Address", 62 Ind. L. J. 151, 153(1987). See Ross, supra note 63, at 3, 27.

[501]　Hazard, Koniak, Cramton, & Cohen, supar note 2, at 775; Lerman, supra note 63; Barbara A. Serrano, "Lawyers who Flouted Ethics Rules Escape Reprimand", Seattle Times, March 31, 1996, at A1; Gerald F. Phillips, "Reviewing a Law Firm's Billing Practice", Professional Lawyer 2 (2001).

后揣测其同事的收费,或是去支持一个举措使得每名律师的收费都被更频繁地监督。只有少数几个司法管辖区拥有解决收费问题的仲裁制度。实际上,要求律师必须出席仲裁的司法管辖区则更少。[502]《律师职业行为示范规则》只要求律师应当"认真地考虑"把争议提交到仲裁程序解决。[503]《律师职业行为示范规则》还要求仲裁程序排除关于服务质量的问题,即使这些问题是很多收费纠纷的根源。

替代性纠纷解救程序的缺失不但危害了律师的利益,同样也危害了委托人的利益。老练的委托人在应对律师收费时会咄咄逼人,甚至是掠夺性的。例如,部分保险公司通常会很仔细地审查和质疑律师的账单说明。部分委托人也会延迟支付将利息留给自己。相反的,律师与保持合作的委托人之间的收费协议通常都是友好的,尽管不满意或者不愉快的时候也会进行讨论。但是一旦发生纠纷,律师几乎都不会采用诉讼方式来追讨委托人未付费用,诉讼方式被证明很有可能引起不悦,导致重大财政和声誉损失,并会导致委托人针对律师不当执业行为提出反诉。特别是未付费用不是太多,并且委托人资产有限的情况下,律师除了以提供公益服务方式来终止服务没有别的办法,虽然并非情愿如此。

改进律师收费体制最明显的方式,就是所有的州都建立非诉讼的纠纷解决机构,这些机构会应委托人的申请要求律师出席。这些机构应当强调其只处理与收费相关的问题,应当尽可能独立于律师协会。它们应当包括合格的非律师代表,并通过媒体和信息公开方式广而告之。律师协会道德守则应当要求律师向委托人提供标准的"权利法案",包括与收费规则相关的信息和救济信息。以系统性的努力来评估参与者对非诉讼纠纷解决机制的评价,并应当优先考虑,

[502] Rhode, supra note 17, at 181.
[503] 《律师职业行为示范规则》第1.5条,评论9。

因为有限的证据表明,很多委托人对现有机制存在不满。[504]

我们不仅需要为消费者提供更好的救济,而且也需要从律师事务所得到更好的反馈。关于律师收费欺诈问题的研究表明了一种普遍性的体制性冷漠。当出现虚报或者计算问题的时候,监督律师常常视而不见,或者根本不监督。当重大不当执业行为出现的时候,很少会有有意义的回应。对欺诈收费研究发现,律师事务所一般不会向律师协会惩戒机构或者监督者汇报犯罪行为,也很少报告惩罚行为。[505] 在很多案件中,对于过度收费的惩罚仅是降低收费或者退还多余收费,再加上从该委托人处失去业务。因为很难发现这类行为,所以上述惩戒也不具有足够的威慑。

为改变这些动机机制,必然需要更多严厉的惩罚。如果出现严重违反职业道德的案件,作为法律问题,律师收费应当遭受罚款的处罚,其中包括委托人已经支付的费用。没收律师费应当更为容易一些,并且应当对没有报告其他律师存在欺诈行为的律师进行惩罚。发生重大收费问题的律师事务所,应当按照要求采取适宜监管程序,包括内部培训和随机审计。[506]

其他收费制度

最终,法律职业应当鼓励更为现实性的收费小时配额和替代计时收费的其他收费方式。在过去的十年间,人们对于创新的收费制度越来越有兴趣。常见的替代性计费方法包括对于日常工作采取固定收费、降低

---

[504] 《律师职业行为示范规则》第1.5条,评论9。

[505] Lisa Lerman, "A Double Standard for Lawyer Dishonest: Billing Fraud vs. Misappropriation", 34 Hofstra L. Rev. 847, 891 (2006); Kelly, supra note 28, at 182; Lerman, supra note 63, at 278; Ross, supra note 63, at 199–219.

[506] Lerman, supra note 63, at 297–300; Erin White, "More Law Firms Are Auditing Themselves to Catch Billing Errors", Wall St. J., July 14, 1998, at B8.

计时收费并加上基于结果的风险收费、混合收费,混合收费即根据时间或者结果可以进行调整的固定收费。这样的制度安排可以适应委托人的要求,有助于增加可预测性、增加有效性、降低风险或者分担风险。[507]

当然,替代性收费制度也是有某些缺点的。如果固定收费设定过高,委托人可能会决定寻求他处的法律服务。如果固定收费设定过低,律师就有可能降低服务质量。对于不够老练的委托人或者不为律师服务付费的委托人而言,就可能遇到准备不足之类的风险。例如,在律师为贫困人群的刑事辩护中,就长期存在服务质量不高的问题,在这种情况下,就需要律师进行竞标,以一个固定收费来涵盖一个司法管辖区的所有案件。[508] 但是,涉及有经验的公司委托人的委托事项,律师由于有强烈的经济利益而去提高服务质量和声誉,那么固定收费或者混合收费就是不错的选择。[509] 很多律师仍然认为,基于时间的收费制度看起来在预测性、精通性、客观性和盈利性方面具有优势。只有替代性收费制度有了更多经验之后,才有可能使律师和委托人有更大的可能性去尝试可能更具有性价比的方法。[510]

---

[507] ABA Commission on Billable Hours Report to the House of Delegates (2002), available at http://www. abanet. org/careercounsel/billable/toolkit/bil. html. See also Donald C. Massey & Christopher a. D'Amour, "The Ethical Considerations of Alternative Fee Billing", 28 S. U. L. Rev. 111 (2001); The Committee on Lawyer Business Ethics, "Business and Ethics Implications of Alternative billing Practices : Report on Alternative Billing Arrangements", 54 Bus. Law. 175 (1998).

[508] See Rhode, supra note 17, at 61.

[509] See Robert E. Litan & Steven C. Salop, " Reforming the Lawyer-Client Relationship Through Alternative Billing Methods", 77 Judicature 191 (1994).

[510] 调研显示绝大多数商业委托人在绝大多数工作都使用按小时收费。Daniel Lee Jacobs, "Is the Billable Hour running Out of Time?" California Lawyers, April, 2006, at 68 (美国公司法律顾问协会进行的调研中,超过五分之四的内部法律顾问主要使用小时收费,并且其平均四分之三的工作被送交外部律师事务所。) See also ABA Commission on Billable Hours, supra note 72, 7 – 10 (documenting resistance to alternatives).

不予退款的聘请费

律师不予退款的聘请费(retainer)通常有以下两种情形。一种是"受聘"收费或者"一般聘请费"。受聘费用是律师同意办理特定案件时收取的费用,此时收费与律师花费在事务上的时间无关。这种收费固定为补偿律师的声誉、忠诚于特别委托人,律师不再接受对方委托,将未来的时间保留给该委托人。另一种不予退款的聘请费是"特别"聘请费;只有在案件结束时,才能就法律服务从预付的聘请费中收取律师费,在结案前律师应保留好还没有收取的聘请费。

部分司法管辖区禁止任何形式的不予退款聘请费。例如,纽约上诉法院不允许在某案件中使用"特别聘请费"协议,在该案中,在离婚律师几乎未做工作或者根本没有工作去做而试图收取巨额费用。在法院看来,这种协议"如允许蔓延,委托人就会沦于人质",因为委托人会发现炒掉律师的费用无法承受。[511] 基于相同的逻辑,要求对不予退款的聘请费进行更为广泛的禁止,或者如果在代理目标实现之前律师与委托人终止关系的,应要求修改原始协议。

风险代理

风险代理*的收费以案件取得成功结果为条件,也长期备受争议。风险收费目前在人身伤害诉讼中普遍使用,在其他诸如职业人员的不当执业行为、退税、就业歧视、土地征收,商账征讨,股东派生诉讼和私人反垄断案件中广泛运用。费用多少各异,但通常的委托人所获全部赔偿的1/3。

---

[511] In re Cooperman, 663 N. E. 2d 1069, 1072 (N. Y. 1994).
*风险收费又译为附条件收费。——译者注

　　这些收费制度也招致了持续性的批评和断断续续的禁止。英国早期的普通法完全禁止风险收费,包括助讼、唆讼和揽讼(如售卖案件标的股份,挑起无意义的诉讼)。尽管美国一些司法管辖区最初复制了这些禁止性规定,但是到了 20 世纪初期,风险收费在法院的监管下是允许存在的。[512]　相反,其他很多国家已经禁止风险收费,不仅因为担心出现没有意义的诉讼,而且因为担心律师和委托人之间存在潜在的利益冲突。但是,目前趋势是,在某些类型的案件中允许使用某种形式的风险收费,这是考虑到如果要求其承担诉讼失败的成本,普通公民就很难负担诉讼费用。

　　风险代理的支持者通常强调美国更为包容的规则具有以下三个优点。这些优点包括:

　　　　● 在委托人很难评价律师职业服务质量的情况下,鼓励律师更投入地办理案件;

　　　　● 允许经济资源有限的委托人以其诉讼主张的价值与律师进行交易,从而获得称职的法律服务;

　　　　● 让委托人可以将其败诉的大部分风险转移给律师,律师可以与其他索赔人分担成本。

　　但是,盛行的风险收费协议也有批评者,他们反对的是该协议导致律师和委托人之间产生利益冲突。律师的经济利益依赖于其工作成功的最大化;委托人的利益依赖于获得最大限度的和解。考虑到律师在准备案件时投入的努力和花费、使用的时间以及对于风险的

─────────────

　　[512]　在激烈讨论之后,美国律师协会采取了 1908 年《律师职业道德准则》中的观点。由于风险收费的存在而对律师协会有敌意的批评者而言,阶级、宗教和伦理偏见会有助于解释此种憎恨, See Jerold Auerbach, Unequal Justice: Lawyers and Social Change in Modern America 45-51(1976).

态度,律师或多或少比他们的委托人更倾向于和解。很多评论家得出结论,如果诉讼请求金额较低或者适中,风险收费的律师就没有充足的动力准备案件,并且坚持不肯妥协追求最大额度的和解。相反的,在高风险案件中,一旦律师花费大量时间做好准备,他们可能相比那些具有经济压力的委托人较愿意为较高的赔偿放手一搏。

此外,风险收费的批评者反对的是此种收费结构,因为律师的收入与实际工作量或者实际承担的风险无关。在事实简单和损害巨大的案件中,赔偿金额的三分之一会成为律师的收入。在一些众所周知的案件中,律师工作量不多,相当于小时收费在 12500 ~ 30000 美元。偶尔,集团侵权诉讼还会出现更高的收费,烟草诉讼案件有时会出现超过 150000 美元的小时收费。[513]

律师们回应道,这样的收费对于补偿其他高风险案件是至关重要的。就此观点而言,其证据可谓形形色色。一项关于加利福尼亚州诉讼的调研发现,人身伤害案件的原告只有大约 1/3 胜诉,相应的是,普通案件原告有大约一半的胜诉。调研报告的作者观察到,正如大家所预见的那样,如果人身伤害案件采用风险收费,原告律师会接受高风险案件,这也证明风险收费是正当的。[514] 至少一些证据也表明,绝大多数高风险的案件发生在大城市以外的地区,风险收费律师的平均收入并不比按照小时收费的法律顾问的收入高。[515] 但是批

---

[513] Lester Brickman, Michael Horowitz, & Jeffrey O'Connell, Rethinking Contingency Fees: A Proposal to Align the Contingency Fee System with Its Policy Roots and Ethical Mandates 20-23 (1994); Marcia Coyle, "Bill Targets Class Action Fees Sparked by Ire Over Tobacco Money", Nat'l Law Journal, May 19, 2003, at A1.

[514] Samuel R. Gross & Kent d. Syverud, "Getting to No: A Study of Settlement Negotiations and the Selection of Cases for Trial", 90 Mich. L. Rev. 319, 337(1991).

[515] Herbert M. Kritzer, "The Wages of Risk: The Returns of Contingency Fee Legal Practices", 47 DePaul L. Rev. 267, 302(1998); Lester Brickman, "Contingency Fee Abuses, Ethical Mandates and the Disciplinary System: The Case Against Case-by Case Enforcement", 53 Wash. & Lee L. Rev. 1339, 1345(1996).

评者也指出,在太多案件中,律师的意外收入可能远远超过合理收入,这也刺激律师发起大量对于社会没有用的诉讼。[516] 太多委托人只能看到二者择一的风险收费,律师并未告知可以有其他选择。

在集团诉讼中尤其存在滥用风险收费的风险,因为集团诉讼的原告缺乏必要信息或者动机去监督律师的收费。缺乏信息也同样妨碍法官的判断,尽管法官有义务确保公正审判和收费合理。但对于律师收费进行有效监督,往往要求更多法官花费比普通案件更多的时间,使得本已超负荷工作的法官难以承受。很多法庭面临着堆积如山的案件,但是以推翻收费协议来拖延案件却没有什么吸引力。[517] 当辩护律师认可收费要求,则对其进行充分的司法审查就特别困难。虽然为了减少无意义的诉讼,被告有时有意质疑此要求,但是在其他情形中,最简单的方式就是低成本和解加上高额的律师费。在集团侵权案件中,判决数额是非常巨大的,以至于按照标准风险收费协议所获得的收入,与律师的工作量和承担风险都是远不成比例的。

为解决律师意外收费问题,可以采取一些可行的办法。一种办法是,设置法定的律师费上限,并运用渐进式百分比公式。利用这种办法,律师可因案件的进程和耗用时间的多少,而收取全部赔偿金中更高比例的费用。例如,如果案件并未以提起诉讼的方式得以解决,

---

[516] Alison Frankel, "Why People Hate the System: Greedy, Greedy, Greedy", American Lawyer Nov. 1996, at 71; Lester Brickman, "Lawyers' Ethics and Fiduciary Obligation in the Brave New World of Aggregative Litigation", 26 Wm & Mary Envtl. L. & Pol'y Rev. 243(2001); Brickman, supra note 79; and Brickman, Horowitz, & O'Connell, supra note 77.

[517] Jonathan Molot, "An Old Judicial Role for a New Litigation Era," 113 Yale L. J. 27, 52-3(2003); John C. Coffee, Jr., "The Corruption of the Class Action: The New Technology of Collusion", 80 Cornell L. Rev. 851, 855 (1995); Samuel Issacharoff, "Class Action Confilicts", 30 U. C. Davis L. Rev. 805, 829(1997).

律师可以收取全部赔偿的 25%；如果案件在提起诉讼后得以解决,律师可以收取 35%；如果案件进入审判后得以解决,律师可以收取 40%；如果案件通过上诉取胜,律师可以收取 50%。但是,这样的计算公式也存在明显的问题,即这可能鼓励律师拖延审判程序,于是风险也会因此提高。另一种办法是,一些司法管辖区采取了累进制的收费制度,即当事人诉请金额增加,而律师收取费用比例变小。这种办法可以预防意外收费,但是也会使律师不愿接受大额复杂诉讼。另外,日益流行的办法是在某些案件中设置收费上限,如医疗过错案件,此种巨额赔偿会极大地影响保险赔偿,会导致强烈的政治上的反响。[518] 但是还不清楚这种上限规定是否会影响伤害案件的原告获取法律服务。

另外一种广泛讨论的控制意外收费的方法是由曼哈顿研究所提出的"和解要约"。根据这个建议,民事诉讼中的被告可以在原告提出和解要求的 60 天内进行先期和解。如果被告选择不接受和解,该要约就无法适用,原告律师可以就风险收费与原告基于合理的要求自行协商。然而,一旦这种要约被接受,原告律师收费将会被限定于合理的小时收费或者合适的比例收费。例如前 100000 美元的 10%,超过 100000 美元的 5%。如果和解要约被拒绝,则此和解要约为之后评价风险收费是否合理提供了标准。[519]

此种方法的反对者认为,这种方法证明了收费不是过度就是过少;这种方法会使得在没有提出和解要约的情形下缺乏保护,也会使得律师在这些和解案件中得不到合理收费。最终结果是降低律师进

[518] Leonard Gross, "Are Differences Among the Attorney Conflicts of Interest Rules Consistent with Principles of Behavioral Economics?", 19 Geo. J. Legal Ethics 111, 136(206); David Horrigan, "Lawyers, Doctors, Clash on Fee Caps", Nat'l Law Journal, Aug. 8, 2005, at A5.

[519] Brickman, Horowitz, & O'Connel, supra note 77.

行风险收费案件的意愿,限制委托人获得法律服务,减损责任诉讼的威慑价值。但是只有将这种方式付诸实施,才能准确评价这些顾虑。这种影响可因案件种类不同而不同。但是,有限的证据可以表明,部分律师在很早和解但是获得合理费用的情况下降低了风险收费。如果该方法虽然限制了律师的意外收费,但是对于律师补贴投机性案件的能力没有太大影响,那么这种做法就仍是有价值的。[520]

　　法院和律师协会也可能做更多事情来保护委托人,促使委托人有能力在集团诉讼程序中保护自身。是整个指导委员会集团诉讼的代表,可以帮助选择律师,协商签订竞争性收费协议。更多地依靠专家来审查赔偿协议被证明也是有用的。就个案而言,要求律师披露有效的小时收入,可能有助于防止和补救最恶劣的滥收费。[521] 另外一个方法允许一定程度的"隐私化",现在被非法执业规则所禁止:"外行中间人"(lay intermediaries),例如劳工联盟和雇主联盟。此种外行中间人可以辅助性地介入律师—委托人的关系,并对收费协议进行监督。

　　值得考虑的相关改革建议还涉及对专家证人的风险收费问题。《律师职业责任示范守则》的"惩戒规则"第7-109(C)条明确禁止此种支付。《律师职业行为示范规则》第3.4(b)条"法律禁止任何……诱导行为",这种规定经常包含给证人的额外报酬。第二上诉巡回法院驳回了对此种禁止的宪法性质疑,改变规则可能有着合理的政策理由:

交叉询问可以揭示证人与诉讼结果有何利益关

---

[520]　Id. For Debates, over the proposal, see Peter Passell, "Contingency Fees in Injury Cases under Attack by Legal Scholars", N. Y. Times, Feb. 11, 1994, at 1; Lawrence Fox, "Contingent Fees", ABA J., July 1995, at 44; Kritzer, supra note 78.

[521]　Gross, supra note 82, at 144.

系……[而且]专家经常会与雇用他们的当事人保持持久的业务关系,因此,从间接意义上,虽然专家的收费并不是风险收费,也不适用于《律师职业责任示范守则》的"惩戒规则"第7-109(C)条,但是专家也经常和诉讼结果有着利害关系。虽然其他专家按固定方式收费,但除非专家的作证使得雇用他们的当事人胜诉的,否则专家通常不收取费用。[522]

主流收费模式不仅不利于贫穷的诉讼当事人,而且也不利于揭示专家的偏见,因为这种模式鼓励事实上的而不明示的风险收费。这种默契很难在交叉询问中被揭示和展示,这也是修改现行规则的原因。[523]

另一常见的改革建议是,允许律师预付原告医疗和生活费用,原告根据诉讼结果归还上述费用。《律师职业行为示范规则》第8.1条现在禁止此类经济帮助。根据该条注释10,这种帮助"将会鼓励委托人提起本来不会提起的诉讼……会使得律师在该诉讼中有过大的经济利害关系"。相反,很多评论家认为,相对于现行的收费制度,这种"人道主义的帮助"不会威胁到律师的自身利益,预付现金能使得他们提出有价值的、有意义的案件。在目前的收费制度下,需要巨大赔偿的原告经常会为了满足急需的生活费用,而被迫接受不充分的和解。[524] 另外一种方法由一些司法管辖区采用,允许律师预付资金

[522] Person v. Association of Bar of City of New York, 554 F. 2d 534, 539(2d Cir. 1977).

[523] Jeffrey J. Parker, Note, " Contingent Expert Witness Fees: Access and Legitimacy", 64 S. Cal. L. Rev. 1363, 1387(1991).

[524] Jack P. Sahl, "The Cost of Humanitarian Assistance: Ethical Rules and the First Amendment", 34 St. Mary's L. J. 795(2003); Gross, supra note 82.

或者担保贷款以用于合理必需的生活费用,只要这种预付或者担保不被认为是在律师收到雇用之前"获得职业雇用的诱导"。[525]

基于同样的理由,一些评论家建议进行改革,允许第三方帮助或资助诉讼,并获取赔偿的一部分。此种对于诉讼的投资,在普通法中长期以来被谴责为"揽讼",在很多司法管辖区仍然禁止这种投资。[526] 改革的支持者认为,允许这些经济上的做法会增加获取司法救济的机会,能够使得中等收入的诉讼人获得充足的赔偿。现行体制只允许律师根据风险收费协议提供资助,限制了投机市场,使得律师获得一个膨胀的"经济租金"。[527] 因为提供资助的第三方公司没有兴趣投资于赔偿概率很小的诉讼,但是,允许这类经济帮助并不太可能鼓励无意义的诉讼。

保护老练的委托人

关于收费协议最后一个争论涉及适当保护老练的委托人。传统上管理收费协议的理由是很多消费者"由于需求和缺乏经验不能进行有效地讨价还价"。因为他们事前很难搞清楚所需服务,很难监督律师所提供的法律服务。[528] 委托人越是老练,进行司法监督的理由

---

[525]　Louisiana State Bar Association v. Edwins, 329 So. 2d 437, 446(La. 1976) Edwins in the leading precedent.《律师法重述(三)》第48条同样允许人道主义援助。其他州法院规则和裁决,参见 Sahl, supra note 88, at 822-23, and Danielle Z. Cohen, "Advancing Funds, Advancing Justice: Adopting the Louisiana Approach", 19 Geo. J. Legal Ethics 613(2006).

[526]　Saladini v. Righellis, 687 N. E. 2d 1224 (1997); Douglas R. Richmond, "Litigation Funding: Investing, Lending, or Loan Sharking?", Professional Lawyer 17 (2005); Susan Lorde Martin, "Financing Plaintiffs' Lawsuits: An Increasingly Popular (and Legal) Business", 33 U. Mich. J. L. Reform 57 (2000).

[527]　Rudy Santore and Alan D. Viard, "Legal Fee Restrictions, Moral Hazard and Attorney Rents", 44 J. L. & Econ. 549(2001).

[528]　American Law Institute, Restatement of the Law Governing Lawyers (Third) § 34, Comment b.

就越不充分。

实际上法院通过一起有名的收费争议案件表达了此观点,该案件涉及公司业务。在布罗贝克等诉电传公司(Brobeck, Phleger & Harrison v. Telex Corp.)案件中,法院作出要求支付 100 万美元服务费用的判决,实际上律师只就调取案卷提出了申请。[529] 该案是一起反垄断诉讼,该案判决 IBM 公司向美国电传公司支付 25.9 亿美元,但 Telex 公司在要求其支付 1800 万美元的一个反诉中败诉了。在上诉中,IBM 公司胜诉了,推翻了原判决,并且其反诉也得到了支持。面对的巨大责任足以让公司破产,Telex 公司找到了最好的律师向美国联邦最高法院提出审理申请。Telex 公司与 Brobeck, Phleger & Harrison 律师事务所的一名合伙人协商,并同意签署一份复杂的合同,规定根据不同结果付出不同风险收费。在美国联邦最高法院同意了调取案件的申请后,Telex 公司与 IBM 公司各自退让一步,达成和解协议。法院驳回了 Telex 公司认为 100 万美元律师费不合理的请求,并认为合同应当"依据合同订立时情况,而不能依据事后结果"来进行审查。[530]

从实践来看,与老练的委托人进行与费用相关的诉讼是很罕见的。委托人在接受风险收费协议的时候,会考量相关风险因素,律师也会调整其收费,以避免从所取得的结果来看,这种收费被认为不合理。但是,出现未曾预料的情形时,律师也没有减少过度收费,即使是老练的委托人也需要保护。长远看来,无论何种原因,如果一个制度忽略严重的滥收费现象,那么法律职业或者社会公众都不能得到很好的保护。

---

[529]　Brobeck, Phleger & Harrison v. Telex Corp. 602 F. 2d 866 (9th Cir. 1979).

[530]　同上引,第 875 页。

第十一章

律师的职业资质

一、引言

在历史上的大多时候,美国律师界并没有投入太多的努力去保证其成员具有相应的资质。正如第三章所述,传统上对法律服务业的管理,是法院所主张的固有权力。但直到 20 世纪,法院也只提出了一些松散的行业准入条件。法院要求申请者证明其"适合"从事法律服务业(fitness to practice law),但通常只需简单的口试和一些有限的准备。这一时期存在许多不足之处,当时取得律师资格的通行方式是,能够自行"阅读法律"并成为一名学徒。根据传统的学徒制度,新入行的年轻人须为资深律师服务并给付学费,以此换取律师们的"指导"以及日后从业使用该律师法律文书格式的权力。在打字机、印刷表、复印机等服务出现以前,学徒们的大量时间都耗在了抄写文书上[531]。

19 世纪末期,律师协会的壮大以及提高职业标准成为一种文化趋势,促使形成相应的法律职业标准。从此,法学教育的结构和律师准入制度一直备受关注并几经改革。

二、法学教育

在 18 世纪末和 19 世纪初期,正式的法学教育通常集中在小型的营利性学校。尽管少数申请者会远赴英国的律师学院(Inns of Court)学习,或在美国的大学里学习一些法学本科课程,但最便捷的

---

[531] See generally Charles R. McKirdy, "The Lawyer as Apprentice: Legal Education in Eighteenth Century Massachusets", 28 J. Legal Educ. 124 (1976); Lawrence M. Friedman, A History of American Law 97-98 (3d ed. ,2005). 欧洲的制度大体相同。See Geoffrey Hazard and Angelo Dondi, Legal Ethics: A Comparative Study, ch. 2 (2004).

方式是去参加由律师经营的专业的培训机构。当时这种机构有二十多家[532]。然而，在民粹主义盛行的杰克逊时代，律师行业准入标准异常松散[533]，这些独立的学校和那些大学里的法学课程都日渐衰落。

现代法学教育的特征初现于内战后的哈佛法学院，并主要来自院长克里斯托夫·兰代尔（Christopher Langdell）的推动。他和他的学术界同仁一样，都是科学方法论的信徒。在他们看来，法律亦是一门科学，可以通过苏格拉底案例教学法来讲授。就像人们能够通过研究生物样本发现自然规律一样，人们同样可以通过分析司法判决推导出法律原则。然而，这种案例教学法所谓的"客观性"只有在排除了一系列其他关键问题后才能实现，比如立法、律师技能以及现实中司法制度的运行等。但在案例法的拥护者看来，此种方法使得教学课程更加严谨。为此，他们还试图在三年的研究生项目延续这种方法。

这种努力契合了一段时期以来包括法律在内的很多职业对更高教学标准的呼吁。美国律师协会（ABA）于1870年成立，不久后就建议采取更加严格的职业准入标准。正如第二章所述，律师协会的担忧主要在于，当时出现了大量来自社会下层和有移民背景的新的申请者，他们毕业于营利性的夜校，人数也越来越多[534]。为支持和加强法学教育而于1900年成立的美国法学院协会（AALS）也提出了类

---

[532]　J. Willard Hurst, The Growth of American Law: The Law Makers, 277–93 (1950); Robert Stevens, Law School: Legal Education in American from the 1850s to the 1980s 7–10 (1983).

[533]　Stevens, supra note 2, at 7–8. 1860年，39个州中只有9个州要求有具体的法律学习期限。

[534]　Jerold S. Aurbach, Unequal Justice: Lawyer and Social Change in Modern America 62–87 (1976); Herb D. Vest, "Felling the Giant: Breaking the ABA's Stranglehold on Legal Education in American", 50 J. Legal Educ. 494(2000).

似的改革建议。

这场提高学术水平的运动也招来一些批评者。其中最突出的人物是社会学家索斯腾·维布伦(Thorstein Veblen),他认为像法律方面的"职业性"学校"在现代大学教育中,与击剑学校、舞蹈学校无异"[535]。另外一些评论者虽然赞同法学教育应该更严谨,但仍担忧这种变革会使法学教育不再那么容易获得。在20世纪初,全国大约1/3的法学学生参加的是夜校项目,如若要求从业人员必须接受三年的全日制教学,则会将其中的很多人拒之门外。同时,对于律师执业活动中的常规事项而言,这种长期的学习训练并不是明显必要的。卡内基基金会1921年一篇很有影响力的报告——《公共法律职业的培训》——就反映了这些顾虑。报告还建议协会可根据不同的考试和不同的教育背景要求来区别对待不同水平的律师,即受训程度较高的毕业生可服务于商业委托人和政府委托人,夜校和业余课程的毕业生只能承接常规的个人委托。

美国律师协会和美国法学院学会均断然拒绝了上述建议,相反,他们强烈要求对所有的律师适用更为严格的准入要求,并对所有的法学院适用更为严苛的认证标准。这些举措在很大程度上取得了成功,但对于日益多元化的法律职业而言,什么样的教育形式才是恰当的仍存在许多争论。应由谁执教、教授内容该包括什么、受众是谁、教学时间和教学方法为何等,所有的问题均存在争议。本章将集中讨论以下最具争议的问题:教育结构;法学院课程设置、教学方法、学校氛围;职业责任感与公益服务;招生、教员任命、机构文化的多元化。

教育结构

法学院需要服从多个管理系统。美国教育部授权委托美国律师

---

[535] Thorstein Veblen. The Higher Learning in America: A Memorandum on the Conduct of University by Businessmen 211(1918).

协会法学教育和律师职业准入委员会为美国法律职业训练的认证机构。根据该授权，该委员会制定了详细的认证标准，来管理诸如课堂时间、师生比例、图书馆资源等事项。法学院一旦承诺遵循这些标准，它将受到每七年一次的实地考察，以保证该学校持续地遵守了认证标准。在45个州和哥伦比亚特区，律师职业资格申请者必须毕业于经过美国律师协会认证的学校。其他州制定了他们自己的认证标准，加利福尼亚州还允许从未经认证学校毕业但通过了律师资格考试的毕业生从事法律服务。

然而，当前的认证标准饱受诟病。许多评论者认为，教育结构应当多样化，以适应法律服务的多样化。一位华尔街证券专家的日常工作，与一个处理婚姻案件的独立执业律师的日常工作，几乎没有相似之处，显然，他们不需要接受同样的训练。三年的课程时间和耗费，对所有法律服务领域而言，显然也不都是必需的。联邦大法官、法学教授理查德·波斯纳（Richard Posner）同样指出，法学院的结构需要更加多元化：

> 并没有任何实验和经验让我们相信，法学院的学习需要如此之长的时间和如此之多的金钱……商业类研究生院两年就可以授予 MBA 学位，而商业界并没有因为他们的学生只接受了"缩短的"教育而蒙受损失……有人会说，法学院的学生不能判断他们是否需要第三年的法学教育，他们太不成熟，对法律太无知。也许这话是对的。但雇主知道第三年的法学教育是否必要。如果他们觉得必要，就不会雇用那些没有完成第三年学业的学生，或者是给提前毕业的学生较低的薪水……政府没有必要在此固执己见。
>
> 我可以承认这种情况有些家长作风。一些刚毕业的

学生不是去了律师事务所工作,或为其他有学识的雇主工作,而是自立门户开始营业……在此情形下,如果从保护消费者的角度考虑的话,那么可以加强律师执业考试的难度,或者给未完成第三年学业的学生进行单独的考试,或者将"律师"这一头衔只限定于完成三年学业毕业的学生,给未完成三年学业的执业者另一个职业称谓,比如"法律辩护人"或"法律顾问"。

法院同样需要保护,以免缺乏经验和技术的律师来代理诉讼案件。但是,对法院的保护可以通过制定规则来实现,该规则可以要求律师具备技能和经验,而不是完成人为制定的学习期限。[536]

关于法学院适当的学习年限和学习内容的问题,也一直争论不休。起初,人们设想三年制的课程应该能够涵盖一个新律师需要知道的一切东西。但自从 1900 年以来,特别是在近半个世纪中,法律业务中的标的物成倍增加,法律界内部的专业化趋势日益增强,三年制的课程再也不能涵盖律师职业生涯中需要知道的所有事。威廉姆·布罗瑟(William Prosser)院长曾研究过法学教育期望满足的所有要求,并调侃说,那估计需要十年的课程设置。[537]

然而这种分析逻辑或许更支持设置较短而非更长的必修课程时间。法学院可着眼于介绍最基本的法律职业技能和信息,这大可以在

---

[536]　Richard A. Posner, "Let Employers Insist if Three Year of Law School is Necessary", Los Angeles Daily J., Dec, 15, 1999, at A6. See also Stephanie Shaffer, "The First Question on Third Year: Why?", Nat'l Law J., Aug. 22, 2006, at A6.

[537]　这一要求不仅包括要教授基本理论和法律技能,还要涵盖法理、哲学、职业道德、法律史、政治学、经济学、社会学、心理学、国际法、比较法以及法律职业的内容。William I. Prosser. "The Ten Year Curriculum",. 6 J. Legal Educ, 149, 152-55(1953).

三年之内完成。譬如,一个两年制或两年半制的课程,在覆盖财产法、合同法、侵权法、民事诉讼法、税法、刑法、宪法、行政法和公司法等主干课程的同时,可以留一些课时给选修课、跨学科课程和技能训练。

更加专业化的课程设置往往对律师们后来的职业生涯更为有用,因为他们已经有了自己的专攻领域。对于许多执业者来说,其专业领域的确定,一部分是人为的设计,但更多的还是出于偶然。早期的工作安排、任务分配以及工作机遇都在无形中影响着他们的职业生涯,这是个人在法学院时期无法完全预料的。同理,律师们若想日后在自己的专业领域充分履行职责,仅靠法学院讲授的基础调查课程是远远不够的。因此,许多律师反而能够从其专业领域的研究生短期强化课程中有所获益。实际上,这正是一些最成功的法律继续教育项目所采取的模式,美国国家庭审辩论研究所(National Institute of Trial Advocacy)也曾主办过这样的项目。无论如何,只有通过试验其他方案,当下三年学制的相对价值才能得到有效的评估。就像在其他专业和行业中所发生的那样,一个竞争性的过程很可能会催生有效的两年制的课程。

在法庭上以及在更广泛的教育界,也有人提出相似的质疑。20世纪90年代末期,马萨诸塞法学院未能通过认证标准审核,随后便以反垄断为由起诉了美国律师协会和美国法学院协会。其控诉称,当下认证体系的运作如同卡特尔一样,设置了不必要的冗杂标准,不合理地提高了法学教育的成本[538]。法院最后在程序和实体上都驳回了马萨诸塞法学院的诉讼请求,但这种对认证机构权威地位的关注得到了主流教育工作者们的声援[539]。2006年,美国法学院院长

---

[538]　Margo Slade, "A Little Law School Does Battle with the ABA", N. Y. Times, Feb. 4, 1994, at A19; Courtney Leatherman, "Rebellion Brews in Tight-Knit World of Law Accreditation", Chron. Of Higher Educ., June 1, 1994, at A14, A16.

[539]　Massachusetts School of Law at Andover v. ABA, 107 F. 3d 1026 (3d Cir. 1997).

协会要求教育部取消美国律师协会对诊所导师、图书馆负责人、写作教师任期要求的控制权。他们称，美国律师协会对这些教职岗位提出的终身或长期任期合同的要求，使得这些职位的人越来越少，阻碍了教育项目的进展。[540]

这些争议背后的实质是对整个认证程序的质疑。在许多专家看来，目前的制度过于教条僵化，以"一刀切"的法学教育模式扼杀了创新的可能性。[541] 学校投入大量资源以满足认证的各项要求，学费也水涨船高，从而限制了人们进入这一行业的机会，尤其是来自低收入家庭的学生。而这些准入门槛，又进一步增加的法律服务的成本，使得低收入消费者对之望而却步。[542] 此外，学生们为了完成学业负担了高额债务，这限制了他们毕业后的职业选择，使得许多律师很难选择为收入较低的人工作，也就不会服务于那些边缘案件和少数族群[543]。批评者们希望看到法学教育领域有更多的变化和竞争，无论是通过降低认证标准，还是通过废除必须从经过认准的学校毕业这

[540] Leigh Jones, "ABA's Tenure Power is Disputed", Nat'l Law Journal, April 3, 2006, at A1, A12.

[541] Deborah L. Rhode, In the Interests of Justice: Reforming the Legal Profession, 190-91 (2000); Leatherman, supra note 8, at A14, A16（引用了 14 名法学院院长所写的一封信）; Vest, supra note 4, at 497-501.

[542] George B. Shepherd, "Make it Optional: Why Are Accreditation, Thee Years of School, and the Bar Exam Such a Big Deal", Legal Times, September 5, 2005, p. 32; George B. Shepherd, "No African-American Lawyers Allowed: The Inefficient Racism of the ABA's Accreditation of Law School", 53 J. of Legal Educ. 103, 105 (2003).

[543] 大多数学生要依赖贷款，一些参与调查的学生的债务负担达到 6 万~7 万美元。Ronit Dinovitzer, After the J. D.: First Results of a National Study of Legal Careers 71-72, The NALP Foundation for Law Career Research and Education and the American Bar Foundation (2004); George Kub, Bryant Garth, et al., Student Engagement in Law Schools: A First Look (LESSE, Indiana University, 2004). 当然，债务仅仅是影响职业选择的一个因素，迄今为止最全面的研究并没有发现不同执业领域下的法学院毕业生在债务水平上有什么差别。低薪的公益律师与薪水更高的私人法律顾问有着同样水平的债务负担。After the J. D., supra, at 72.

一要求。若按后一种办法,那些经过认证的学校则必须向学生和雇主证明,他们提供的课程物有所值。

同时,现行制度的拥护者回应道,"当今时代,法律比以往任何时候都复杂,并且在经济社会生活领域占据着越来越重要的位置,我们无法认同律师在两三年之内就可以完成其职业训练的说法"[544]。在涉及基础技能和职业价值观的领域,许多律师界的领军人物希望加强而非放松教育标准。美国律师协会的一个法学院与法律职业特别工作组在1992年曾发表了一份颇具影响力的报告《缩小差距》(MacCrate报告),该报告归纳了"一名训练有素、专业称职的法律职业通才"必须具备的十种核心技能和价值观。"律师的基本技能"概括了几乎所有法律执业领域均适用的一些服务功能:(1)解决问题;(2)法律分析与推理;(3)法律检索;(4)事实调查;(5)沟通;(6)提供咨询;(7)谈判;(8)诉讼与替代性纠纷解决机制;(9)法律工作的组织管理;(10)职业伦理困境的识别与解决。"法律职业的基本价值观"是律师执业道德的基本规范,它要求律师:(1)提供称职的代理;(2)致力于推动公平、正义和道德;(3)改进法律服务业;(4)提升自身专业素养[545]。这一雄心勃勃的计划指向的是扩大而非减少当前的教学要求。看来真如Prosser院长所说,只有十年制的课程才能满足这些要求。

法学院的管理人员也同样面临着这样的压力,即提供学费较低、效率更高的课程。迫于当下法律服务行业的经济压力,新入行的律

---

[544] Preble Stolz, "The Two Year Law School; The Day The Music Died." 25 J. Legal Educ. 37, 42-44 (1973).

[545] American Bar Association Section of Legal Education and Admissions to the Bar, Legal Education and Professional Development-An Educational Continuum, Report of the Task Force on Law Schools and the Profession: Narrowing the Gap (1992) [MacCrate Report].

师接受的指导减少,因此提供技能导向的训练就成了法学院的责任[546]。律师资格考试的标准变得更加严格,不及格率较高使得学生和法学院承担着巨大成本,这一切均导致许多法学院在课程设置中增加了"律师资格考试辅导课"[547]。法学院的声望在一定程度上是以《纽约新闻和世界报道》的排名来衡量的,基于其重要性,法学院校也不惜花重金来提升自己在同行和学生中的声誉。很多法学院的教授希望有更多的时间做研究,而不是授课,这样就需要更多的教员来讲课。这一笔财政需求,使得法律教育者们必须支持一个认证体系,这样他们在和大学的决策者们进行资源谈判的时候,才能保持他们的优势。在历史上,很多大学都将法学院视为"摇钱树"——相对较低的成本且能收回高额的学费,它还能补贴给其他缺钱的教育项目。而法学院自身需要遵守关于图书馆、教员规模等方面的认证标准,这又使得他们可以守住自己的资源,以免资源流失到那些缺钱的学院。

法学教育的支持者有相互竞争的不同派别,因此他们很难在观点上达成一致。人们希望法学院培养出来的人才是"集政治家与水管工于一身"(pericles and plumbers),希望律师既能有政治家的韬略,也能本分地做好抄写文员。[548] 然而,法学院的直接受众(学生)的利益和其最终消费者(委托人和公众)的利益并不相同。教育其实是一种罕见的买卖形式,许多买家并不想要太多。[549] 一些学生想以最少的努力来换取一个学位,只要能通过律师考试找到一份工作就足矣;还有一些学生认为法学院设置的太多课程都是对执业不实用或不相关的。如果不存在一个认证标准,那么法学院或许就会降低

---

[546]　Richard Matasar, "The Rise and Fall of American Legal Education," 49N. Y. L. Rev. 465,472–73(2005).

[547]　Id.

[548]　William Twining, "Pericles and the Plumber",83L. Q. Rev. 396(1967).

[549]　Rhode,supra note 11, at 188–92.

教育成本和质量,去争取这些持"少即是多"(less is more)观点的生源。但是,很多执业者和法学教授对"少即是多"的内涵有不同的理解,他们并未被这种观点所吸引。实行较为宽松的教学标准,意味着会有更多的毕业生入行抢生意,法学院筹措资金用于师资、薪水和相关服务的难度也会越大。

不仅法律专业的内部人士有针锋相对的想法,就连接受服务的客户们也有着互斥的需求。受到法学教育直接影响的是学生、教职人员和律师,他们与公众的利益均不完全一致。普通美国民众最为关心的,是以一个他们能够承受的价格获取合理的、称职的法律援助。客户的收入水平不同,需求不同,对服务费用与服务质量的权衡也不一样。法学教育面临的一个核心挑战,就是在公众和职业内部的利益较量之间找到一个适当平衡点。那么,一个允许多样化和创新的教育结构,至少能够为找到这个平衡点提供更全面的信息。

教学内容、教学氛围和教学方法

与法学教育结构相关的还有其他问题,比如课程设置、教学方法、学术研究、学校氛围等,这些问题同样饱受争议。一些批评者指出,法学院提供的理论和实践学习都太少,提供的基本技能训练太少,相关学科(如哲学、心理学、历史、金融和管理)的基础知识讲授也不足。其他一些人还批评了案例教科书和苏格拉底式对话教学的主流授课方式,法学院对执业伦理和公共服务领域缺乏支持,以及法学院的竞争过于激烈、压力过大的文化氛围。

尽管现代法学教育在很大程度上已经摒弃了兰代尔关于法律是一门科学的假设,但他的教学方法常常被认为"仍从坟墓里支配着我们"(rule us from the grave)。弱化了的案例教学法和准苏格拉底式授课风格仍在很多法学院课堂上十分普遍。究其原因,倒不是这种授课方式的效果有多好,而是这种方式适合大班上课,它成本较低,有灵活的互动形式,而且它在包容不同思维方式的同时能够保持其分析方法的严谨。

然而,案例教学法的价值是有限的,其名称本身也有点用词不当。这种方式并不是真正的去研究真实案例,它相当依赖已经公开的司法意见,这样就忽略了整个真实的法律过程的学习——如何将一个争议转化成法律请求;如何进行调查并代表当事人的诉求;可能影响司法判决的潜在因素有哪些;这些判决会对诉讼参与人有什么影响;整个诉讼过程会带来什么社会、政治、经济影响。事实上,学生常常知法律却不知法务,这就类似"知地质却不知岩石"[550]。

一些法学院课程设置同样缺失一块内容,那就是很不重视律师工作实务技能和人际关系处理。培养这些能力的任务往往扔给了法律诊所,而该课程在一些学术圈中仍不被认可。[551] 在接受调查的毕业生中,2/3~4/5 的人相信,像谈判、事实收集、文献准备这些技能完全应该在法学院期间习得,但只有 1/4 的人感觉这些科目受到了足够的重视。类似的差异也存在于问题解决、口头交流、咨询和诉讼这些技能培养中[552]。尽管校方已经认识到了跨文化和跨专业视角的重要性,核心的课程设置仍固执地抵御着"入侵者"。除了法律经济学已经设法渗透到一些法学院的课程中,其他交叉学科的内容仍处于法学院课程设置的边缘地带。一些法学院"借来一些知识的华服装点了法律的旧式衣橱,但风格仍是老样子"[553]。其结果使得学生无法从诸如经济学、管理学、心理学、组织行为学和国际关系等领域学得将

---

[550] Lawrence Friedman, quoted in Rhode, supra note 11, at 198.

[551] ABA Section of Legal Education and Admissions to the Bar, supra note 15; see also Rhode, supra note 11, at 197-98.

[552] Joanne Martin&Bryant G. Garth, "Clinical Education as a Bridge Between Law School and Practice: Mitigating the Misery", 1 Clinical L. Rev. 443, 448(1994).

[553] Rhode, supra note 11,at 198.

来工作中大有用处的方法。在这个越来越强调跨学科和全球化执业的时代里,律师们需要接触到各个领域的真知灼见[554]。

相应的局限性在学术研究领域也很明显。法学院的课程集中在已有案例的学习,对跨学科或经验性的工作扶持力度不足,这也严重限制了学术研究活动。法学学者们的研究越来越囿于本专业,对其他领域的学问缺乏了解,也未能给律师、法官、政策制定者提供有效的智力支持[555]。

准苏格拉底式的教学方法亦存在缺陷。在兰代尔教授创设苏格拉底式教学法之初,绝大部分学生感受到的只有迷惘,甚至觉得被羞辱了[556]。现在的准苏格拉底式教学变得相对人性化了。但仍有拉尔夫·纳达尔(Ralph Nader)这样的反对者认为,该方法仅仅给了学生“在理智的牢笼里漫步”(roam in an intellectual cage)的自由[557],它最多就是帮助学生增强了批判性思维和口头辩论能力[558]。但从另一个方面看,该方法创设了一套对话模式,老师先让学生“猜我在想什么”,然后发现能回答的人寥寥无几。它鼓励敏捷的回答,承认自己被问蒙了——这是一种重要的苏格拉底式美德——并不会让学生取得很大进步[559]。这样的结果往往是,缺乏自信的学生只能保持

[554]　Mary C. Daly, "What the MDP Debate Can Teach Us About Law Practice in the New Millennium and the Need for Curricular Reform", 50 J. Legal Educ. 521, 543 - 44 (2000);Judith Welch Wegner, "The Curriculum: Patterns and Possibilities", 51 J. Legal Educ. 431(2001).

[555]　Deborah L. Rhode, "Legal Scholarship", 115 Harv. L. Rev. 1327(2002); Harry T. Edwards, " The Growing Disjunction Between Legal Education and the Legal Profession", 91 Mich. L. Rev. 34(1992).

[556]　Charles Warren, 2 History of the Harvard Law School 372-73(1908).

[557]　Ralph Nader, "Law Schools and Law Firms",New Republic, Oct. 11, 1969, at 20-21, 23.

[558]　Phillip Areeda, "The Socratic Method", 109 Harv. L. Rev. 917(1996).

[559]　Martha C. Nussbaum, "Cultivating Humanity in Legal Education", 70 U. Chi. L. Rev. 265, 272-73(2003).

沉默,导致了安东尼·阿姆斯特丹(Anthony Amsterdam)所称的 MOPIE 现象——在教育中获得的最大限度的被动(Maximum Obtainable Passivity in Education)[560]。有人评判这种教学氛围削弱了学生的自信,腐蚀了他们的信念,滋生了有害的怀疑。这种去个人化和去情景化的研究方式,同样还会使学生对律师角色的理解更加匮乏[561]。

另一值得担忧的问题是法学院的文化氛围对学生价值观和职业选择的影响。经常有这样的评价说,法学教育腐蚀了当初吸引学生投身法律的那些信仰,他们抱着追求正义的情怀走进校门,离开时却只想着求职就业[562]。或许,这种情况最恶劣的影响,就是使得对穷人的公共法律援助更加薄弱。学生们很快就意识到,法律服务行业的空余岗位已经很少了,薪酬和职业前景也十分有限。但也有评论认为,法律教育中其他方面的问题同样导致了学生对公益法律服务缺乏兴趣。首先,法学院学费高昂,经济援助和贷款减免很少,导致很多学生日后不会选择那些收入较低的职位。尽管也有研究表明,公益服务和私人业务之间的悬殊有一个主要原因,不是学生的负债水平而是收入差距,但债务负担显然加剧了这种悬殊[563]。此外,如下文讨论的那样,法学院几乎没有实行任何公益项目、优先就业等激

---

[560] Anthony Amsterdam, Address Before the Society of American Law Teachers, quoted in Geoggrey C. Hazard, Jr., Susan P. Koniak, & Roger C. Cramton, The Law and Ethical of Lawyering 972(3d ed., 1999).

[561] Rhode, supra note 11, at 197; Roger C. Cramton, "The Ordinary Religion of the Law School Classroom", 29 J. Legal Ed. 247(1978).

[562] See Robert Grandfield, Making Elite Lawyers; Visions of Law at Harvard and Beyond 38-39(1992); Robert V. Stover, Making It and Breaking It: The Fate of Public Interest Commitment During Law School (Howard S. Erlanger ed., 1989).

[563] See Lewis A. Kornhauser&Richard L. Revesz, "Legal Education and Entry into the Legal Profession: The Role of Race, Gender, and Education Debt", 70 N. Y. U. L. Rev. 829(1995); Bruce Buckley, "Public Internet Honor Roll", 9 National Jurist, Jan./Feb. 2000, at 28(在 20 世纪 90 年代后期,公益岗位的薪水中位数是私人执业岗位薪水的一半)。

励措施,也未对公益工作提供支持[564]。

然而,也有实证研究发现,学生对公益事业包括公益性法律的态度,并非是法学院施加了多大的影响,市场的力量反而是影响学生的一个更重要因素[565]。例如,一份针对哈佛大学法学院学生的深入研究发现,学生在校期间对公益利益和社会正义问题越来越感兴趣,但只有非常少的一部分人最后选择了从事这个领域的工作。兴趣与就业之间之所以会产生这样的差异,似乎是因为当前大部分公益岗位的薪酬和声誉较低[566]。

然而,实证研究还表明,法学院对学生生活的其他方面却有着深刻的影响,最值得担忧的是法学教育所导致的压力型功能障碍,比如强迫症、抑郁症、焦虑症和孤独症。在调查的法学院中,20%~40%的学生报告说有这些症状,还有相当一部分学生存在药物滥用的问题[567]。目前最系统的研究还指出,这种情况不仅仅与选择学法律的学

---

[564] See Granfield, supra note 32, at 8; Daborah L. Rhode, Pro Bono in Practice and in Principle 161(2004); and text accompanying note 30, infra.

[565] See J. D. Droddy and C. Scott Petres, "The Effect of Law School on Political Attitude: Evidence from the Class of 2000", 53 J. Legal Educ. 33(2003); surveys discussed in Hazard, Koniak, Cramton&Cohen, supra note 20, at 1019.

[566] Granfield, supra note 32, at 38-48, 88-90. See also Kornhauser&Revesz, supra note 33.

[567] Mariam Alikhan, Note, "The ADA is Narrowing Mental Health Inquiries on Bar Applications: Looking to the Medical Profession to Decide Where to Go from Here", 14 Geo. J. Legal Ethics 159(2000); see Susan Daicoff, "Lawyer Know Thyself: A Review of Empirical Research on Attorney Attributes Bearing on Professionalism", 46 Am. U. L. Rev. 1378,1380(1997); Ann L. Iijima, "Lessons Learned, Legal Education and Law Student Dysfunction", 48 J. Legal Educ. 524(1998); Lawrence S. Krieger, "What We're Not Telling Law Students-and Lawyer-That They Really Need to Know: Some Thoughts-In-Action Toward Revitalizing the Profession from its Roots", 13 J. L. &Health 15 (1998-99); "Report of the AALS Special Committee on Problems of Substance Abuse in Law School",44 J. Legal Educ. 35,44(1994).

生的性格相关,与学生在法学院的学习生活经历也有一定的关系[568]。

尽管很难判断这些压力型功能障碍的确切病因,但大部分研究都确定了下列因素:

- 课业负担过重,在时间管理问题上缺乏帮助;
- 学生人数过多,老师能给的沟通和反馈有限;
- 激励机制的竞争过于激烈,完全以分数衡量个人地位和价值;
- 关于学生的心理和药物滥用问题的信息不足,缺乏咨询和治疗项目;
- 对接受咨询和治疗的学生的隐私保护不够周全。[569]

以上问题均尚未解决。正如论者常常所言,法学教育领域的改革总是姗姗来迟而又过早夭折[570]。空谈无须花费,但实际行动却并非如此。在不增加学费的情况下,能提供的时间密集型或专业化的训练是显然有限。这样也会进一步提高入学门槛,使学生的债务不堪重负。鉴于法律服务本身就是一个竞争高度激烈的行业,这种竞争从毕业生找第一份工作时就开始了,法学院期间的这种竞争氛围也很难改变。然而,并不是所有的课程改革行动都需要大量的额外资源,上面所讨论的很多不足,大可以通过充分利用兼职教员、跨学科合作、网络技术、互动练习和学生合作项目来改善。课程改革以及实证的跨学科研究都理应得到更多的支持,学生也应该获得多种形

---

[568]　Daicoff, supra note 37, at 1380; Alikhan, supra note 37, at 159.

[569]　Report of the AALS Special Committee, supra note 37; Krieger, supra note 37, at 18.

[570]　Thomas Shaffer & Robert S. Redmount, Lawyers, Law Students, and People 24 (1977).

式的反馈和保密的援助服务。

上述的这些策略若要施行,其问题不在于费用投入太高,而在于不能得到足够的回报。课程改革和学生援助服务的效果,并不会充分反映在法学院排名和申请者指南上。对教师个人而言,优秀的教学也不能获得最大限度的认可。法学院课程设置和氛围的重大变革,需要法学院的激励机制进行重大变革,关键的第一步就是形成系统的机制来评价教学效果且能向有关机构问责,至少是能够获得更多信息来对比和监测法学院的教学质量和学生的生活质量。在提高学习环境并作出相应回应方面,教师也需要敦促自己进行自我提升。

职业责任与公益服务

当下法学教育的另一局限表现在其对待职业责任的态度上。1974年,为了对律师非法参与"水门事件"的问题作出回应,美国律师协会命令所有经过认证的法学院都必须给学生提供一些职业责任感方面的指导,越来越多的州也开始将这些指导列入律师准入条件之中,律师资格考试也增加了职业伦理问题的试题。

这些行动虽然有一些显著的效果,还终究还是杯水车薪。大部分法学院仅将职业责任列为一门必修课,且课程只关注行为规则。这种做法往往会遗漏一些关键的问题,比如诉诸公平的途径、执业条件、律师协会的规章等。而且,每一个法律领域都存在职业伦理问题,而未能在整个课程设置中对其加以强调,将会传达出一个负面信息,这是其他任何一门课程都无法应对的。那些认为职业责任事不关己的教员,教出来的学生在其日后的执业中也会如此[571]。

有一部分人反对增加更多法律职业伦理课程,因为他们认为,道

---

[571] Deborah L. Rhode, "The Professional Responsibilities of Professors", 51 J. Legal Educ. 158. 165(2001); Deborah L. Rhode, "Ethics by the Pervasive Method", 42 J. Legal Educ. 31(1992).

德行为是不可能在职业学校里有效地习得的。不少学生和教师都认为给毕业生提供的职业伦理教育已经太少太迟了。一个人的价值观是受家庭、朋友、学校、教堂和其他文化长期的影响而形成的，不可能在短短几个小时的课堂上被重塑。即使课堂教学对一个人的道德观念有一些影响，但我们也无法弄清楚这究竟能否影响他的行为。历史的经验和心理学研究都表明，一个人的道德行为是受环境影响的，环境的压力往往会腐蚀一个人的职业原则[572]。

这种情况的确表明，职业责任课程的潜在贡献是有限的，但这不能成为阻止将职业责任融入整个课程设置的理由。大部分心理学研究也发现，环境的影响固然重要，但道德评判同样会左右一个人的道德行为[573]。个人对其行为结果的评价，会在其作出行为时产生重大影响，而教育正是要作用于评价的过程。教育还能够使人们意识到，经济压力和同行压力、权利结构和责任扩散是如何扭曲一个人的道德判断的。

同时，大量证据还表明，一个人的道德价值观绝不是我们设想的那样一成不变的。心理学研究指出，在成年初期，人们在处理道德问题时的基本策略会发生重大改变[574]。评估思想品德课程的研究还

---

[572]　See research surveyed in Deborah L. Rhode, "Moral Counseling", Ford. L. Rev (forthcoming); David M. Messick&John M. Darley, How Organizations Socialize Zndividuals into Evildoing, in Codes of Conduct: Behavioral Research into Business Ethics 13, 16–25 (David M. Messiclc&Ann E. Tenbrunsel, eds., 1996); Deborah L. Rhode, "Where is the Leadership in Moral Leadership?", in Moral Leadership:The Theory and Practice of Power, Judgment, and Policy 1, 20–33(2006); David Luban, Malcing Sense of Moral Meltdowns, in Moral Leadership, Supra, at 57–77.

[573]　See sources cited in Rhode, "Where is the Leadership", supra note 42, 22–24; Rhode, "Ethics By the Pervasive Method", Supra note 41, at 45 n. 67.

[574]　ames R. Rest, " Can Ethics Be Taught in Professional Schools? The Psychological Research", Easier Said Than Done, Winter 1988, at 22, 23 – 24; James R. Rest, Muriel Bebeau, & Joseph Volker, "An Overview of the Psychology of Morality", in Moral Development: Advances in Research and Theory 3,14(James R. Rest, et al. Eds., 1986).

发现,精心安排和设计的课程可以显著增强一个人的道德推理能力[575]。同理,职业伦理及其管理中的许多问题,同样需要法律和政策分析能力,而这些都是整个课程的标准内容。虽然课堂教学不能完全模拟或隔绝那些导致不道德行为的压力,但它提供了一个情境,使学生有机会去探寻问题的原因以及合理的反应。

　　公共服务领域也存在同样的情况。1996年,美国律师协会修订了它的认证标准,号召学校"鼓励学生参与公益活动,并提供机会让他们参加"。新修正的标准还鼓励学校增加教师的公共责任,包括参与公益活动。然而,只有1/5的学校要求学生参加公益工作,且没有学校这样要求教师[576]。即使有的学校有强制性的公益项目,但要求的工作量也很小,比如有的学校所要求的公益活动一年还不足八小时。很多机构就算提供了志愿公益服务项目,也只有很少一部分学生参加。总之,在大部分学生的法学院生涯里,没有公益法律服务经历。公益服务常常在课程设置中被忽视,而律所里提供的工作机会也往往不足以弥补这个空白[577]。"法学院应该做得更多",美国法

---

[575]　Rest, supra note 44; M. Neil Browhe, Carrie L. Williamson, & Linda L. Barkacs, "The Purported Rigidity of an Attorney's Personality: Can Legal Ethics be Acquired?", 30 J. Legal Prof. 55(2006); Steven Hartwell, "Promoting Moral Development Through Experiential Teaching", 1 Clinical L. Rev. 505(1995).

[576]　Cynthia F. Adcock, Fact Sheet on Law School Pro Bono Programs(AALS:Feb. 20, 2003); AALS Commission on Pro Bono and Public Service Opportunities in Law School, Learning to serve: A Summary of the Findings and Recommendations of the Commission on Pro Bono and Public Service Opportunities in Law Schools 4(1999).

[577]　有研究发现,过半数的学生在法学院时并没有参与公益工作,参见 Law School Survey of Student Engagement in Law Schools 8(2004); AALS Commission, supra note 46。在一个大型的全国抽样中,只有1%的法学院毕业生报告说,在其入学指导和职业责任课程中提到了公益工作;只有3%的人观察到教员们支持公益工作,或者感到他们的法学院就公益工作提供了足够的诊所实践机会。Deborch L. Rhode, Pro Bono in Principle and in Practice 161-62(2004)。

学院协会公共服务与公益机会委员会在其报告中如此总结[578]。

对公益活动的支持不足，使得法律职业和公众都错失了机会。这种工作能够带给法学院师生非常多且非常实在的益处，包括庭审经验、解决问题的技巧和接触职业的机会。对公益活动的参与者而言，这种经历让他们能够最直观地感受穷人眼中的正义是什么样的，并认识到法律改革的必要性。除了以上的教育意义，在法学院积极参加公益活动的经历，也许能激发起一个人长期的奉献精神，这种精神甚至可贯穿于他整个法律职业生涯[579]。基于以上原因，美国法学院协会的委员会建议，学校应该为每一位学生安排至少一次有人悉心指导的、与法律相关的公益服务机会，要么硬性要求学生参加，要么想办法吸引大部分学生做志愿者[580]。给公益服务提供更多的奖励和认可，可以鼓励师生们感受到社会正义，而正是这一点，最初指引他们来学习法律。

多元化

法学教育的最后一个挑战，就是确保师生群体的多元化，并且在法学院中培养一种机会平等和互相尊重的价值观。在这个问题上，法学教育在过去的25年里已经取得了长足的进步，但依然任重道远。

正如第二章所述，大多数法学院长久以来都存在源于性别、种族、宗教的歧视。在19世纪末和20世纪早期，一些提高教育标准的势头就反映了这种偏见。例如，就有人曾经劝说哥伦比亚大学法学

---

[578] AALS Commission, supra note 46, at 2.

[579] 这些经验不需要通过公益活动来获得，这与诊所教育不同，强制性的计划并不总是能保证积极的体验。迄今为止的研究并没有发现强制性计划的参与者在毕业后更可能提供公益服务。See Rhode, supra note 47, at 160-65; Robert Granville, The Pedagogy of Public Service: Assessing the Impact of Mandatory Pro Bono on Young Lawyers 82, 90(Law School Admission Council Report, 2005). 这样的研究提出了改善而不是放弃公益计划的理由。

[580] AALS Commission, supra note 46.

院要求入学申请者必须有大学文凭,或通过一项包括拉丁文在内的考试,企图以这种方式"将那些毕业于杂货店柜台起家的学校的学生拒之门外"[581]。针对移民和犹太学生的歧视一直持续到 20 世纪早期,种族隔离则持续更久。1869 年,第一位黑人从法学院毕业,在同一时期,一些黑人机构创建了法学研究生项目,但这些项目在重建时期之后鲜有幸存,存续下来的也都资源匮乏。

少数族裔面临的种种障碍在 1950 年的 Sweatt v. Painter, 339 U. S. 629(1950)一案中可见一斑,而联邦最高法院就该案作出了一项具有里程碑意义的判决——判定得克萨斯州的法学院施行种族隔离的行为违宪。在那个年代,得克萨斯州有近 7500 名白人律师,而黑人律师仅有 22 名。当一个符合条件的黑人向得克萨斯大学法学院提出入学申请时,得州作出第一回应是在普雷里维尤大学(Prairie View University)里增设一些法学班。这个"大学"是一所贫穷的黑人机构,学校里 2/3 的教室都没有桌椅,学生靠做床垫和扫帚来换取学分。而在斯怀特(bweatt)一案中,州法院得出的结论居然是该学校和得克萨斯大学法学院的设施"大体上是平等的"[582]。在联邦最高法院推翻这一判决后,美国法学院协会通过了一项决议,鼓励(而非要求)其成员废除带有种族歧视的制度,但直到 1964 年,得州的所有法学院才这样做。尽管学校废除了针对非白人申请者的禁止条件,少数族裔的学生仍然缺乏积极的财政支持、平权措施、入学政策和学习环境。

---

[581]　D. Kelly Weisberg, "Barred from the Bar: Women and Legal Education in the United States 1870-1890", in 2 women and the Law 231, 252(D. Kelly Weisberg ed. , 1982);Stevens, supra note 2, at 100-101.

[582]　Douglas L. Jones, "The Sweet Case and the Development of Legal Education for Negroes in Texas", 47 Tex L. Rev. 677,678-85(1969);Richard Kluger,Simple Justice: The History of Brown v. Board of Education and Black Americas' Struggle for Equality, 261 (1975); Edward J. Littlejohn&Leonard S. Rubinowitz, "Black Enrollment in Law schools: Forward to the Past?", 12 T. Marshall L. Rev. 415,431 n. 81(1987).

直到 20 世纪 60 年代,黑人律师在行业中的比例也不足 2%[583]。

白人女性的境遇稍好一些,但即使是那些才智过人、家境富裕的申请者也面临着严重的歧视。整个 20 世纪上半叶,除了"二战"期间,女生在法学院中的比例从未超过 3%。直到 1972 年,所有经过认证的学校才废止了针对女性的禁令。华盛顿的杰出律师索尔·利诺维茨(Sol Linowitz)回忆说:"当时在康奈尔法学院,我们班上只有两位女生,说实话,有她们在时我们会觉得有些不自在。但我们从来没有想过,她们是否也会感到不自在。"[584]

在 20 世纪 60 年代民权运动和女权运动风起云涌的时代背景下,针对种族、民族、性别的歧视也逐渐减少。法学院有了更多经济扶持,扩大了招生政策,使以往被忽视的群体(underrepresented group*)能够有更多机会进入法学院,这些举措使法律职业群也变得更加多元化。如今,女性占了入学人数的一半,在全职教授中也占了20%。占全国人口30%的少数族裔和种族,在法学院的学生人数中的比例达到了20%,在全职教授中的比例亦达到10%[585]。

尽管已经有了上述的显著进步,少数族裔想要完全融入法学院的环境仍是前路险阻。第一个障碍是,少数族裔中很少有人能够完成本科学业并成为适格的申请者,这部分原因是由于他们缺乏经济援助,并且先前得到的教育较少。第二个障碍是,法学院都十分看重

---

[583]　See Geraldine Segal, Blacks in the Law: Philadelphia and Nation, 212 – 13 (1983); Karen Berger Morello, The Invisible Bar: The Woman Lawyer in America, 1683 to the Present 143−47(1986).

[584]　Sol M. Linowitz with Martin Mayer, The Betrayed Profession: Lawyering at the End of the Twentieth Century 6(1994).

*　underrepresented 在此处的直译是,那些在法学院中的人数比例与在所有人口中的比例不相符的群体,譬如上文提到的在 20 世纪 60 年代,占全国人口 1/3 的黑人,在律师行业中的比例不到 2%,亦是属于 underrepresented 的情形。——译者注

[585]　Elizabeth Chambliss, Miles to Go: Progress of Minorities in the Legal Profession 8(ABA Commission on Racial and Ethnic Diversity in the Legal Profession, 2005).

那些客观的入学条件,比如入学考试(LSAT)成绩和学业评估,而大部分少数族裔学生在这些考试中的成绩都相对较低。最后一个障碍就是,长久以来少数族裔在法学院人数的比例较低,这一事实所形成的氛围对学生表现出负面影响。

　　法学院究竟该如何应对这些问题,大家对此争执不下。美国律师协会近日进一步加强了它的认证标准,要求法学院必须"以实际行动","尊重不同的性别、种族、民族",保证学校教员与学生群体的多元化。律协将根据"法学院采取的行动措施及其效果",整体评估其是否满足了该标准[586]。为了扩大种族和民族的多样性,法学院校普遍采取了自主招生和资格保留的策略。他们从少数民族学生中甄选出优秀的候选人,给他们提供充足的经济援助以及教育支持服务。另一种更具争议的方法是平权行动政策,即给予有色人种申请者以优惠待遇。在 Regents of the University of California v. Bakke, 438 U. S. 265 (1978)一案中,联邦最高院裁定,教育机构为了实现学生群体的多元化,在招生时可以考虑种族和民族因素,但不能采取硬性的配额方式。但随之也产生了这样的问题,即那些绩点(GPA)和测试成绩比少数族裔学生高的白人申请者,在法学院入学过程中受到了排斥。联邦上诉法院的法官们对这种基于种族的优惠待遇的合宪性尚存意见分歧。

　　对这一问题,联邦最高院在两个广为人知的案件判决中表明了立场。在 Grutter v. Bollinger, 539 U. S. 306(2003)一案中,五位大法官形成的多数意见是,密歇根大学法学院在招生过程中考虑申请者的种族、民族以及其他有关多元化的因素的做法并没有违反宪法的平等保护条款。在相关的另一案件中[Gratz v. Bollinger, 539 U. S. 244(2003)],六位大法官的多数意见却否定了密歇根大学本科入学计划,原因是它给了少数族裔申请者具体固定的名额指标。

---

　　[586]　ABA　Accreditation Standard 211 and Interpretation 211-3(2006)

　　法院的临时顾问们也对这两个案件提出了大量意见(amicus briefs)。法学院的支持者主要来自高等教育组织,包括美国法学院学会、许多商业组织,还有一些杰出的军队领导人。作为平权行动的坚决捍卫者,他们提出了自己的诉求。首先,高等教育机构,包括职业院校,在招生时考虑种族和民族的多样性事关重大国家利益。在他们看来,美国人口构成的多样性,决定了必须培养不同民族或种族的律师,以便他们将来服务于自己的族群。格鲁特(Grutter)一案的多数意见起草者奥康纳法官说道:"为了培养在公民眼中有合法性的领导者,通往领导者的大门应当在阳光下、向任何民族和种族中的贤能之士敞开。在我们这个由不同族裔构成的社会中,所有的成员都必须对教育机构的公开性和正当性抱有信心。"(539 U. S. at 332.)

　　此外,格鲁特一案的多数意见中还强调了庭审时临时顾问们都提到的一份报告,该报告指出,来自不同背景和视野的学生构成的群体,将丰富所有参与者的学习环境。在教育过程中体验到种族多样性的学生,与人交往时会表现出较少的偏见,更有能力处理矛盾冲突,认知能力也更强,且能够更清晰地理解不同的观点,对自己的学术经历满意度更高。在一份就两所顶尖法学院 1800 名学生进行的调查中,约 90% 的学生认为这种多元化对他们的学习经历大有裨益[587]。

----

[587] American Council on Education and American Association of University Professors, Does Diversity Make a Different? (2000);William G. Bowen&Derek Bok, The Shape of the River: Long-Term Consequence of Considering Race in College and University Admissions (1998); Richard O. Lempert, David L. Chambers&Terry K. Adams, "Michigan's Minority Graduates in Practice: The River Runs Through Law Schools", 25 Law&Soc. Inq. 395(2000); Gary Orfield and Dean Whitla, Diversity and Legal Education: Student Experience in Leading Law Schools, 14 - 16 (1999). But see Stanley Rothman, Seymour Martin Lipset, and Neil Nevitte, "Does Enrollment Diversity Improve University Education?", 15 Internet'1 J. Public Op. Res. 8(2002).有调查结果显示,黑人入学率更高的大学报告称,社会对教育质量和学生的道德更不满意,关于歧视的经历更多。

　　平权行动的支持者甚至还认为,法学院为实现该重大目标所做的努力实则是不够的。格鲁特案的多数意见对此观点表示赞同。密歇根大学法学院的招生政策既没有设定固定的名额,也没有将多元化的考虑限定于种族和民族。相反,法学院会审核申请者的所有材料,力求录取足够数量(critical mass)的有色人种学生。在过去的七年间,每个班的非裔、拉美裔、印第安裔学生人数占 14% ~ 20%。"这个变动范围与配额是不一致的"(539 U. S. 330)。尽管学校也在考虑其他的方式,但目前没有发现一个行之有效的方案,既能保持法学院高水平入学资质要求,又能确保有足够数量的少数族裔学生。

　　上述支持者和法院也都还认为,法学院在制定评估标准时,不应该仅考虑测试成绩和绩点这些因素。尽管这种定量分析的结果有助于预测学生第一年的表现,但很多专家认为这种筛选机制在招生过程中被过度滥用。这种评估结果在法学院分数中占到了 16% ~ 36%,而分数仅能够衡量法律服务所需的部分技能[588]。在目前对毕业生进行的最系统的跟踪调查中,并没有发现法学院期间的成绩和日后的个人成就之间有何显著的联系。密歇根法学院的一项长期研究也发现,入学考试成绩和绩点,与毕业生的收入、职业满意度或者是社会贡献均没有联系。依据平权政策入学的少数民族学生同其他学生做得一样出色[589]。这些平权行动的支持者还进一步希望,将此多元化的改革拓展到教员雇用领域,并且为有色人种学生安排导师和行

---

　　[588]　法学院成绩与本科生考试分数和平均分数之间的关系,在统计学上具有意义。然而,其预测力仍是相当有限的,它强调了入学制度中这样的风险,即将结论性的重要意义赋予这样的成分,将导致招收或者排除某些申请者群体。See Law School Admissions Council, New Modal to Assure Diversity Fairness and Appropriate Test Use in Law School Admission(1999); Jess Bravin, "Law School Admission Council Aims to Quash Overreliance on LAST", Wall St. J. March 29, 2001, at B1; Chambliss, supra note 56。

　　[589]　Lani Guinier, "Confirmative Action", 25 Law&Soc. Inq. 565, 568 (2000); Lempert, Chambers and Adams, supra note 58.

为榜样。

这种优惠待遇也招致了不少反对者——当然,那些人并不否定多元化本身的价值——他们担心对少数族裔区别对待反而会强化他们的自卑形象,这恰恰与法律职业本来的斗争目标背道而驰。他们认为,平权行动违背了众生平等的道德原则,反而是对有色人种的歧视。正如托马斯大法官在格鲁特一案中的反对意见中所述:"宪法拒绝依据种族将人分为三六九等,不仅是因为这种阶层划分同样会伤害受优待的种族,或是出于不法的动机,而且是因为,政府每次对公民进行种族登记,将种族与公民的税负或福利联系在一起时,就贬低了我们所有人……"(539 U. S. at 363 Thomas, J., dissenting)

反对者还进一步指出,仅依种族并不能完全凸显出多元化,这是其一。其二,法学院一边给少数族裔的入学指标一边又对他们的履历进行全面审查,这种做法恰恰暴露了他们的伪善。其三,优惠待遇的做法实则掩盖了而非解决了核心问题,即少数族裔在法学院入学前接受的教育不足[590]。司法研究所诉讼部主任克林特·波力克(Clint Bolick)曾说道:"但凡我们还有任何种族优惠待遇政策,我们其实都是在回避问题。我们追求的目标是扩大合格申请者的范围,而如今的平权行动却在南辕北辙。这种隔靴搔痒的政策并没有为这一严重的社会问题提供系统的解决方案,仅仅是换汤不换药。"在他看来,当下的政策无非是使那些有钱有势的非白人候选人有机会申请到更好的法学院。而仅凭他们的学历资质,这原本是不可能的[591]。

加州大学洛杉矶分校的法学教授理查德·桑德尔(Richard

[590] Charles W. Collier, "Affirmative Action and the Decline of Intellectual Culture", 55 J. Legal Educ. 3(2005).

[591] Tim Wells, "Affirmative Action in Law Schools: Is It Necessary?", Washington Lawyer, Jan./Feb. 2000, at 48(quoting Clint Bolick).

Sander)提出了近似的担忧。桑德尔在一篇著名文章中指出,平权行动对非裔美国人而言是事与愿违的。优惠政策让他们进入了超出他们资质的法学院,使得他们的学习成绩、毕业率以及律师资格考试通过率更低。如若当初他们进入的是排名较靠后的法学院,情况反而会比现在好。桑德尔曾计算过,如果取消平权政策,黑人律师的数量反而会增加[592]。这一文章发表后招致了大量的批评。专家们依据更广泛的数据得出的结论是,取消平权政策会大大减少黑人律师的数量,特别是在那些领导岗位。桑德尔的假设亦遭到了质疑,即如果取消了平权政策,非裔申请者会去排名较低的法学院,而不是选择其他的专业学习或选择就业[593]。

有关平权行动的争议很可能会继续发酵。加利福尼亚、佛罗里达、华盛顿三个州的选民议案已经禁止州立学校实施以种族为依据的优惠政策,其他州也有这样的考虑。批评者还对此提出了法律上的质疑,认为各种种族优惠政策,比如少数族裔奖学金项目和辅助教育计划,与格鲁特一案设定的标准不符[594]。有关平权行动的争议引出了一个更加值得深思的问题,即什么才是一名律师最重要的资质?这种资质又该怎样评估?许多学校正在尝试减少过度依赖硬性量化标准,转而开始强调申请者的其他品质,比如领导能力、工作经历、社区服务以及在面对经济等困境时表现出的毅力。重视这些因素能否在保证多元化的同时又不会导致主观臆断,这也是一个有待观察的问题。

---

[592] Richard Sander, "A Systematic Analysis of Affirmative Action in Law School", 57 Stan. L. Rev. 367(2004).

[593] See the symposium devoted to response to Sanders' article in 57 Stan. L. Rev. 1807 et seq. (2005) and Cheryl Harris&William Kidder, "The Black Student Mismatch Myth in Legal Education: The Systemic Flaws in Richard Sander's Affirmative Action Study", J. Blacks in Higher Education, Winter, 2004/2005, at 102.

[594] See Rachel Moran, "Of Doubt and Diversity: The Future of Affirmative Action in Higher Education", 67 Ohio St. L. J. 201, 228-33(2006).

然而,在此期间,是否要提高有色人种学生的教育环境,这一问题对争议双方都利害攸关。许多研究都表明,包括非裔在内的很多少数族裔学生,相对于其入学时的履历而言,在法学院的表现差强人意,并且不合群、孤立、边缘化的问题也普遍存在[595]。当务之急,是要开设更多结合种族和民族问题的课程,采取更多反歧视反偏见的积极措施,以及任命更多有色人种的教员。最重要的是,法学院应当创设正式的制度,来收集更多与多元化问题以及解决方案有关的信息。

对广大女性而言,这些举措也是必要的。尽管招录过程中的性别歧视已经大有改观,但改革的脚步还未走向教员、行政人员以及学生领导岗位。全职教授中仅有 20% 为女性,女性法学院院长也仅占 10%,而这些岗位上的有色人种女性大概只有 3%[596]。女性教职员工仍集中在最低端的专业和岗位,比如图书馆管理员、研究写作指导员、临时的诊所导师等[597]。学术成就或履历等客观因素,并不能完全解释这种性别差异的局面[598]。第三章中论述的法律职业中女性存在的一般性问题,在法学教育领域也不例外,比如无意的性别歧视以及对女性承担过重家庭责任缺乏理解[599]。法学院若不能扫除这些性别障碍,

---

[595]　Kevin R. Johnson& Angela Onwuachi-Willig, "Cry Me a River: The Limits of A Systemic Analysis of Affirmative Action in American Law Schools", 7 Afr. –Am. L&Pol'y Rep. 1, 15–20; Nancy Dowed et al., "Diversity Matters: Race, Gender and Ethnicity in Legal Education", 15 J. L. &Pub. Pol'y 11 (2003).

[596]　Association of American Law Schools, Statistical Report on Law School Faculty and Candidates for Law Faculty Positions(2004–2005), at http://www.aals. org/statistics/0405/html/0405.

[597]　Id; Deborah L. Rhode, "Midcourse Corrections: Women in Legal Education," 53 J. Legal Educ. 475, 481(2003).

[598]　Rhode, supra note 67, at 482.

[599]　例如,在接受调查的女性教员中,2/3 的人认为工作与家庭的冲突是一个重要问题。Catalyst, Women in Law: Making the Case 60(2001).

不仅会使每个女性的平等机会大打折扣,整个学术群体也都会蒙受损失,他们会失去一大批杰出的女性行为模范、学者以及她们独有的洞察力。

在教育界,女性学生若要获得平等机会仍需大刀阔斧的改革。近十年的研究一直发现,女性,尤其是有色人种的女性,比男性更容易在课堂上保持沉默。她们往往不愿意主动发言,她们的观点也常常被忽视、贬损甚至张冠李戴[600]。法学院课堂上那种激烈竞争的氛围,往往使那些缺乏自信的学生默不出声,而这些学生中大部分都是女生。在核心课程中女性和性别问题通常不受重视,加之一些师生的轻蔑言行,加剧了女性在课堂参与中的边缘化。法学教授凯瑟琳·麦金农(Catharine MacKinnon)亦曾指出,"关注女性和性别问题总被视为狭隘;而忽视她们往往无可厚非"。[601] 这些陋习都帮助解释了,为何女性会比男生缺乏自信,为何她们对法学院的教育经历更加不满和疏远[602]。

为了解决上述问题,很多人从不同的角度提出了改革方案。就像应对多元化的问题那样,我们要从一开头就创设一种能够识别并回应性别问题的制度。譬如,法学院需要及时掌握其给学生的家庭政策是否足够,投诉渠道是否畅通,女性在课堂上是否有平等参与的机会,她们在领导岗位选举时是否被充分代表,以及课程设置中是否有充足的、与性别相关的内容。改革政策的落实也需要得到监管,比如先前提到的构建一种更多合作、更少竞争的学习环境。毕竟,法学

---

[600] See e. g. , Adam Neufeld, "Costs of an Outdated Pedagogy?: Study on Gender at Harvard Law School", 13 J. Gender, Social Policy&L. 511, 517, 531-32(2005); Linda F. Wightman, Law School Admission Council Research Report Series, Women in Legal Education: A Comparison of the Law School Performance and Law School Experience of Women and Men 25, 36, 72-74(1996); Elizabeth Mertz, Wamucii Njogu&Susan Gooding, "What Difference Does Difference Make? The Challenge for Legal Education", 48 J. Legal Educ. 1, 6-7(1998).

[601] Catharine A. Mackinnon, "Mainstreaming Feminist Theory", 53 J. Legal Educ. 199, 200(2003).

[602] Wightman, supra note 69, at 25, 36, 72-74. 有色女性报告说有最大的疏离感。Id.

教育的责任是培育能够践行机会平等信仰的法律职业人。因此，我们有义务成为践行平等的表率。

这项事业不可能一蹴而就。尽管当下的教育制度存在诸多问题，但也不能因此就否认它也有可圈可点之处。在过去的半个世纪里，法学院的生源、声望、资源以及多元化都取得了长足的进步，法学毕业生在全国的公共和私人领域都身居要职。传统法学教育能取得这样的成就必定也有其道理。

三、律师职业准入

执业能力

律师资格考试由来已久，但其早期的形式与现今大不相同。美国南北战争之前，律师资格考试主要是口试，由州法官以及法院特别任命的律师担任面试官。考试的形式十分随意，下文就是林肯曾参与的一次考试。应试者乔纳森·伯奇（Jonathan Birch）在一家酒店房间洗澡时遇到了他的考官，而整个面试过程就在洗澡的同时完成了。伯奇说到：

> 林肯漫不经心地问了合同的定义以及其他两三个简单问题。这些问题我都早有准备，而且感觉都回答正确了。我印象中，除了这些简单的询问，他就没再问别的了。在此期间，他坐在床边，开始跟我打趣，讲述了很多他自己的执业经历，大多是他刚入行时遇到的各种奇闻逸事。他讲得十分生动，饶有趣味。整个面试过程都是如此的轻松愉悦，以至于有些荒诞，我自己都怀疑我到底是不是真的在考试[603]。

---

[603] Len Young Smith, "Abraham Lincoln as a Bar Examiner", B. Examiner, Aug. 1982, at 35, 37.

最后,伯奇离开时林肯给了他一个便条,让他交给考试委员会的其他考官,而那些考官看到便条后没有再问其他的问题就直接核准了伯奇的律师资格。便条中写道,"持信者是一个立志要做律师的年轻人。我已经面试过他,并且认为很满意。如果你们觉得还有必要,可以继续对他进行考试。他本人比他看起来要机智。此致敬礼,林肯"[604]。

在 19 世纪末期,各州都成立了律师资格考试委员会,并要求笔试,希望以此来提高律师职业的准入门槛。但是,早期的考官大多是兼职的或临时的,他们本身专业知识也十分有限,他们设计的考题往往只需要死记硬背和掌握基本的读写技能就可完成。几乎所有的应试者最后都通过了考试[605]。就依现在有限的信息,我们不得不质疑当时的考试到底能否有效地考核应试者的执业能力。更有甚者,一些地区进行律师选拔考试并不是想要考核申请者的执业能力,而更多的是出于提升公众形象和防止僧多粥少的考虑。律师界许多精英人士把律师考试当作阻挠底层申请者入行的一种手段,尤其是那些宗教少数派和少数族裔申请者,因为他们担心这些人的进入可能会动摇律师行业的社会地位[606]。还有一些律师希望通过准入门槛来减少新入行者带来的竞争[607]。

---

[604] Len Young Smith, "Abraham Lincoln as a Bar Examiner", B. Examiner, Aug. 1982, at 35, 37.

[605] See e. g., Esther Lucile Brown, Lawyers and the Promotion of Justice 117(1938)(80%~90%的申请者最终通过了考试);Hurst, supra note 2, at 292-93(90%的通过率)。

[606] See Auerbach, supra note 4, at 49, 112-14(1976);Randall Collins, The Credential Society: An Historical Sociology of Education and Stratification 149-56(1979).

[607] William C. Kidder, "The Bar Examination and the Dream Deferred: A Critical Analysis of MBE, Social Closure, and Racial and Ethnic Stratification", 29 Law &Soc. Inquiry 547, 555-556(2004).并非巧合的是,在大萧条时期,律师资格考试的通过率也比较低了。Richard L. Abel, "The Contradictions of Professionalism", in Lawyers in Society Volume One: The Common Law World 186, 195(Richard L. Abel and Philip S. C. Lewis, ed., 1988).

1931 年,全国律师考官会议首次召开,旨在提升考试标准,推进各州律师考试的统一化,此后一些核心科目实行跨州举行,以多项选择考试为主,这也反映了这一趋势。但当前的考试形式能否恰当地评估考生的执业能力,仍是一个很有争议的问题。

这些考试建立在以下理论基础之上。按照一部分支持当下考试模式的人的说法,律师资格考试应当测试考生的基础分析和写作能力,以及相关核心科目的知识,这些都是执业所必需的[608]。律师资格考试激励学生将其所学进行整合,"较为熟练地掌握法学院期间可能没有学过的部门法和特殊的法律规则"[609]。与某些技能评估不同,这种标准化的考试提供了一种相对客观高效的评估形式,尽可能避免了那些对申请者个人特征的偏见[610]。

有人还担心,其他可能的替代考试的方式或许会更糟。比如说,如果所有经过认证的法学院毕业生都可以直接执业,那国家就必须对这些法学院的课程设置、毕业要求或者入学标准实行更多的干预。鉴于当前大学教员都不愿意给学生不及格,也不要求他们掌握所有的重要课程,一旦取消律师资格考试,那将没有任何机制能够保证从业者具有最基本的执业能力[611]。学徒实习方案也未必是更好的解决办法。其他国家采取的制度在质量和客观性上都层次不齐,并且以先例来看也未必适用于美国。当下考试模式的支持者也承认,考试在客观性方面存在缺陷,但他们希望能够完善而非直接废除现在的考试程序。

律师资格考试的反对者则对上述观点嗤之以鼻,他们认为现在

---

[608]　Suzanne Darrow-Kleinhaus,"A Response to the Society of American Law Teachers Statement on the Bar Exam",54 J. Legal Educ. 442, 444(2004).

[609]　Restatement of the Law Governing Lawyers(Third) § 2. Comment e. See also ABA, Report of the Task Force on Law Schools and the Profession, supra note 15, at 27.

[610]　Susan Case,"Licensure in My Ideal World", Bar Examiner, Nov. 2005, at 26, 27.

[611]　Erwin Griswold,"In Praise of Bar Examinations", 42 B. Examiner 136(1973).

的考试考核的那些技能并不能很好地预测一个律师将来的执业表现。这种标准化的考试高度重视死记硬背的东西,而这些东西在实务中并不太重要。相反,那些在实务中十分关键的技能,比如法律检索、谈判、访问、起草律师函、口头辩论、与他人的有效合作等,却在考试中没有体现[612]。一知半解是件很危险的事,而这反而是现在的律师考试所要求的。这种筛选机制会把在某些领域有经验有能力的申请人排除在外,同时又不能保证通过考试的人能够胜任其择业领域。在这种机制的影响下,申请者对各个法律领域都是浅尝辄止,多而不精,这给行业本身以及公众都带来了不安。

第二个问题涉及考试的评分程序。

尽管律师资格考试考查了部分相关技能,但目前的评分制度却没能抓住相关的区别。目前尚未有任何人尝试过将考试中表现与申请者的实务表现联系在一起,考官们最多也就考虑到了律师资格考试分数和法学院成绩之间的关系,而这两者之间有关系绝对没什么令人惊讶的,因为这两者考查的是相似的技能。它们能否预测一位律师是否称职需要另当别论,当然也是有待考证的。查尔斯·休伊斯(Charles Evans Hughes)六次都没有通过纽约律师资格考试,但最后却成为了联邦最高院的首席大法官,这样的例子不一而足。

---

[612] Society of American Law Teachers〔SALT〕," SALT Statement on the Bar Exam", 52 J. Legal Educ. 446(2002); Rhode, supra note 11, at 150; Kristin Booth Glen, "When and Where We Enter: Rethinking Admission to the Legal Profession", 102 Colum. L. Rev. 1646(2002); Chief Justices Committee on Professionalism and Lawyer Competence, A National Action Plan on Lawyer Conduct and Professionalism 15(1998); ABA, Report of the Task Force on Law Schools and the Profession, supra note 15, at 273, 277-82.

考试成绩和工作表现之间并没有太大的联系,这是一个十分值得关切的问题,因为很多少数族裔申请者的通过率异常偏低。这部分是由于,这些申请者中很少有人能负担得起考试课程和多次面试机会的时间和费用。有人向法院申诉,考试过程具有种族歧视性,并且不能充分预测今后的执业能力。尽管该申诉被法院驳回,但其论证却有事实依据:考官们自以为所提的问题不含偏见且很重要……分数线的选择引出了进一步的难题。使用同样的多项选择考题的州,最后的分数线和通过率却大相径庭,30%~90%不等。律师最集中的州最不欢迎新人,通过率最低也是预料之中的。其他地区的通过率就相对较高……但也没有证据表明,这些州的律师有什么明显不称职的问题。如果各州交换分数线,那些在较宽松的地区通过考试的人可能就会落榜,而那些在较严格地区的落榜者很多人都会通过。因此,正如统计学家指出的,在这样一个95%的人都最终能通过的考试制度下,高分并不代表高能。在那些通过率较低的州,学生们也无非需要"再勤奋一些",申请者再多考几次而已[613]。

分数线和通过率的合理性问题,在亚利桑那州一起针对律师考试考官委员的反垄断诉讼中充分显现出来。在 Hoover v. Ronwin, 466U. S. 558(1984) 一案中,一位未能通过资格考试的考生申诉称,

[613] Rhode, supra note 11, at 151-52(2000). 关于评论可参见 Kidder, supra note 77, at 569-77; Glen, supra note 82; Deborah J. Merritt, Lowell L. Hargens, &Barbara F. Reskin, "Raising the Bar: A Social Science Critique of Recent Increases to Passing Scores on the Bar Exam", 69 U. Cincinnati L. Rev. 929(2001).

委员会在考试评分结束后才设定分数线的做法是为了限制执业律师数量,遏制竞争,而这样做是违反《谢尔曼反垄断法案》的。联邦最高院最终驳回了他的诉讼请求,依据判决的多数意见,律师准入的事项由亚利桑那最高院管辖,属于州的行为,因此不能适用《谢尔曼垄断法案》。但是,多数意见也承认了分数线设定过程中存在主观因素。"这种打分型的考试,其本质上并不能完全区分申请者是否有足够的执业能力,抑或合格与否。律师资格考试最多就是能够筛选出那些更能胜任法律服务行业的人。"(466 U. S. at578 n. 31)

　　律师资格考试的成本是其饱受诟病的另一问题。谴责的矛头大多指向对少数族裔申请者的不当排斥,浪费时间和精力的填鸭式课程,对有学习障碍的学生辅导不够,学生不愿上课以及教授不愿意提供那些对执业有用但对考试无用的资料[614]。同时,要求其他州的律师必须重新参加本州的资格考试,也对律师的跨州执业造成了很大障碍,这给律师行业以及公众都增加了负担。这种障碍很难看出有何与执业能力相关的正当性,尤其是在那些实行互惠原则的州,也就是说,仅有来自互惠州的律师可以免除考试要求[615]。如果一名纽约州的律师足够优秀,可以不参加跨州律师考试而在康涅狄格州获得执业资格,那这

---

　　[614]　就律师资格考试通过率在种族和族裔方面的差异,参见 Law School Admission Council, National Longitudinal Bar Passage Study (Newtown, Pennsylvania: National Law School Admission Council, 1988)。就驳回以种族歧视为由对律师资格考试提出的质疑的案例,参见 Delgado v. McTighe, 522 F. Supp. 886 (E. D. Pa. 1981); Richardson v. McFadden, 540 F. 2d744 (4 th Cir. 1976); Parrish v. Board of Commissioners of Alabama State Bar, 533 F. 2d 942(5th Cir. 1976); Harper v. District of Columbia Comm. on Admissions, 375 A. 2d 25 (D. C. App. 1977)。关于某个批评,参见 Cecil J. Hunt II, " Guest in Another's House: An Analysis of Racially Disparate Bar Performance", 23 Fla. St. U. L. Rev. 721(1996)。涉及存在学习障碍的学生的案例,参见 Geoffrey C. Hazard, Susan P. Koniak, Roger C. Cramton, & George F. Cohen, The Law and Ethics of Lawyering 1052-53 (4th ed. , 2004)。

　　[615]　Andrew M. Perlman, " A Bar Against Competition: The Unconstitutionality of Admission Rules for Out-of-State Lawyers", 18 Geo. J. Legal Ethics 135, 150(2004)。

跟纽约州是否以同样的方式对待康涅狄格州的律师又有何关系呢?

这些批评的声音渐渐引起了一些适当的变革。一些州,包括加利福尼亚和缅因州,开始设法扩大考核的技能范围。威斯康辛州已经允许州内法学院的毕业生不参加律师资格考试即执业。佛蒙特州、缅因州和新罕布什尔州的律师界领头人和法官成立了一个三州律师准入特别工作组,开始推行一个试点计划以取代以往的律师资格考试制度。依据新计划,申请者需要接受深入的技能训练和评估,完成一个旨在提升律师执业能力的综合课程[616]。新罕布什尔州已着手对一小部分学生实行新的试点计划,一个由法官、考官和教员组成的委员会将对他们在法学院期间的长期表现作出评价[617]。最近又有一项新的提案建议,监管学生毕业后所从事的公益工作来替代律师资格考试[618]。

这些改革的前景尚不明朗。律师协会对降低或重新调整行业准入门槛兴趣索然,相反,目前大有提高律师资格考试分数线的趋势[619]。或许,有关州外律师制度的改革更容易找到切入点。正如第十章所述,美国律师协会最近通过了一项示范规则允许有限的跨州执业,如果这样仍然收效甚微,那只有从政治上寻求根本性的改革。律师界同样也越来越支持通过积极主动的措施来增加申请者的多样性,比如各种专题研习班、暑期学校、辅导活动,以及在少数族裔聚集的大学和中学的添设与法律相关的课程[620]。

---

[616]　Chief Justices Committee on Professionalism and Lawyer Competence, supra note 15.

[617]　Hon. Linda S. Dalianis&Sophie M. Sparrow, "New Hampshire's Performance-Based Variant of the Bar Examination: The Daniel Webster Scholar Program", Bar Examiner, November 2004, at 23-26.

[618]　Glen, supra note 82.

[619]　Kidder, supra note 77, at 547-48.

[620]　Elizabeth Rindskopf Parker& Sarah E. Redfield, "The Educational Pipeling from Preschool to Professional School: Working to Increase Diversity in the Profession", Bar Examiner, May 2006, at 7-20.

但不可否认,传统的律师资格考试不失为一种成本相对低而简略"高效"的监管律师资质的方法,尤其是对那些有着成千上万申请者的州而言。同时,不管我们怎样定义一名成功的律师,考试或许真的与"执业中的成功"没有直接联系。因此,律师资格考试存废之争仍在持续,考试也将继续进行。

品行与适合度

美国每一位律师执业有一个先决条件,那就是其本人的道德水准适合从事该行业。这一道德要求由来已久,早在古罗马和13世纪的英格兰就存在近似的要求[621]。什么样的道德品行适合从事法律服务,这种品行应怎样被评估,有关两个问题的争论旷日持久。18和19世纪的美国法院对此持有不同的看法,一些法院要求申请者必须有法官或牧师的宣誓证明,另一些依靠对申请者进行面试[622]。不管这一要求怎样被落实,其目的都是要排除各种不同的人,包括移民、少数族裔、曾经的重刑犯、通奸犯、政治激进派以及破产者[623]。在这种排斥的势头最盛时,宾夕法尼亚的一个委员会甚至对那些被认为是"愚钝"、"无趣"、"弱智"、"不起眼"、"靠不住"、"圆滑"、"激进"、"狡诈"、"傲慢"、"自负"、"粗暴"、"邋遢"的申请者一律加以拒绝。同样被拒绝的还有那些"宗教信仰不坚定",或其家庭成员"名声或

---

[621]　Deborah L. Rhode, "Moral Character as a Professional Credential", 94 Yale L. J. 491(1985). See also Geoffrey Hazard and Angelo Dondi, Legal Ethics: A Comparative Study, ch. 2(2004).

[622]　Gerard W. Gawalt, The Promise of Power: The Emergence of the Legal Profession in Massachusetts 1760–1840 10 (1979); 2 Anton-Herman Chroust, The Rise of the Legal Profession in American 247–48, 267–68 (1965).

[623]　Rhode, supra note 91, at 500–03.

商誉不好的"申请者[624]。

在冷战和越战时期,持左翼政治观点的申请者均被排除在律师门槛之外,以至于联邦最高院作出了一系列的裁决,对这些品行要求加以宪法上的限制。在 Schware v. Board of Bar Examiners of New Mexico,353 U. S. 232(1957)一案中,原告在 13 年前曾是共和党的一员,在申请律师资格时却因此遭到拒绝。法院最后推翻了考官委员会的决定,并由此设立了一个沿用至今的标准,即"任何限制条件都必须与申请者执业的适当性或能力有合理的联系"(Id. at 246-47)。在后来的案件中,法院允许品行委员会询问申请者是不是暴力反政府组织的一员("knowing members"),并有权驳回拒绝回答的申请者的入会申请[625]。但是,委员会不可盘问申请者自进入法学院以来都加入过哪些组织[626]。19 世纪 70 年代早期后,联邦最高院就没有再就这一问题作出过任何裁定。没有最高院的指导后,一些州法院和委员会对品行要求的解释就开始前后不一、恣意妄为。

原则上,存在道德品行要求合情合理,公众也明显需要得到这样的保护,以免受不良律师的侵害。但有些证据却表明,较其他申请者而言,如今一些遵纪守法的律师更有可能曾经有过行为不端的历史[627]。实际上,在淘汰不道德的候选人方面,现在的律师筛选机制

---

[624] Walter C. Douglas, Jr. , " The Pennsylvania System Governing Admission to the Bar", 54 Rep. ABA 701, 703-05(1929).

[625] Konigsberg v. State Bar of California, 366 U. S. 36 (1961) ; In re Anastaplo, 366 U. S. 82(1961) ; Baird v. State Bar of Arizona, 401 U. S. 1(1971) ; Application of Stolar, 401 U. S. 23(1971).

[626] Law Students Civil Rights Research Council Inc. v. Wadmond, 401 U. S. 154 (1971).

[627] Carl Baer& Peg Corneille, "Character and Fitness Inquiry: From Bar Admission to Professional Discipline", Bar Examiner, November 1992, at 5.

的作用是十分有限的。造成现有问题的原因是时机不对,当前的程序开始得或者太早,或者太晚——申请者还未面对将来执业中可能的情况,筛选就已经开始了;而在他们为法学教育投入了如此之多的时间和金钱之后,考官们又不忍拒绝他们的申请。目前最系统的研究表明,约有99%的申请者最后都拿到了律师资格[628]。但是,这个程序确实也给申请者增添了麻烦,相当数量的申请都因品行审查而被延迟或拒绝。同时,还有一些证据表明,常春藤名校的毕业生接受的品行调查远比其他人草率,而有色人种申请者受到的审查较白人又更为严苛[629]。

各州一般都会设计一些冗长的问卷,涉及任何不诚实、不守法的事件,心理疾病,或者是一些"不光彩"、"不道德"、"不恰当的"行为。律师协会的问卷往往还会涉及青少年犯罪、违章停车、子女抚养费和非暴力不合作等问题。在递交申请十年前若有一次违反钓鱼执照法的行为,就足以导致密歇根州的地方委员会拒绝授予律师资格。但在同一时期的同一州,却有考官接受了曾经被判儿童性骚扰罪以及阴谋炸毁公共建筑罪的申请者[630]。尤其是在涉及破产、吸毒、酗酒、不端性行为、精神健康等问题时,各州的决定各不相同[631]。

当然,也有一些案件中,法院是支持拒绝或延迟准入申请的,尤其是当有些申请者对自己先前的错误不知悔改的时候。在加州近期

---

[628] Rhode, supra note 91, at 156.

[629] Mike Allen, "Beyond the Bar Exam", N. Y. Times, July 11, 1999&4, at 3; Abdon M. Pollasch, "Screening Process May Become Screening Process for Bar Applicants", Chicago Lawyer, Sept. 1997, at 4; M. A. Cunningham, Comment, "The Professional Image Standard: An Untold Standard of Admission to the Bar", 66 Tul. L. Rev. 1015, 1037-39(1992).

[630] Rhode, supra note 91, at 538.

[631] Id., at 537-42, 574; Rhode & Luban, supra note 27, at 788-92.

的案件中,有一名申请者称自己做银行柜员时的偷盗行为只是"年少无知",并认为"银行又从不缺钱";还有一名申请者,曾犯过六七项罪名,却认为这些"陈年旧事"不值一提[632]。但在其他一些案件中,申请者罪责程度以及适当的裁决都尚有争议。

当代争论最激烈的一个案件发生在伊利诺伊州,诱因是白人至上主义者马休·黑尔(Mathew Hale)的申请被拒绝。黑尔曾是"造物主世界教会"(World Church of the Creator)的领导人,并负责运营教会网站。该网站的言论多在妖魔化犹太人和其他"劣等种族"(mud races),并拥护希特勒的思想[633]。该组织的一些成员曾被判暴力仇恨罪,但黑尔称自己并没有煽动暴力行为,他只是因烧毁以色列国旗等抗议行为而受到过轻微指控。伊利诺伊州审判委员会认为:

> 黑尔有自由按照自己的意愿鼓动种族仇恨,以及实践其人生目标剥夺自己厌恶的人的法律权利。但在我们看来,当他作为法庭的一员时,他就不能这么做了。煽动种族仇恨以剥夺特定人群的法律权利在任何一个文明的国度都是有损道德公义的。而作为一名律师,其恰恰肩负着全社会的法治责任[634]。

相反,另外有一些律师领袖和考官却认为,因道德信仰差异而

---

[632]　Debra Murphy Lawson, " Tales From the Character and Fitness Trenches", The Bar Examiner, may 2002, at 31, 33–34.

[633]　Pam Bellick, " Avowed Racist Banned from Practicing Law", N. Y. Times, Feb. 10, 1999, at A12.

[634]　Committee on Character and Fitness for the Third Appellate District of the Supreme Court of Illinois (1998).蒙大拿州律师协会也拒绝了其入会申请。See Montana Human Rights Network Newsletter, March 2001, at 1.

拒绝申请者与整个体制所信仰的原则是背道而驰的[635]。但后来的事实证明,拒绝黑尔的申请是没有错的。他不久后就被判妨害司法罪,并教唆他人谋杀联邦大法官。而该法官只是在一起涉及造物主世界教会的名称商标侵权的案件中,作出了对黑尔不利的判决[636]。

　　总体来看,这些准入决定的确存在不一致和不准确的问题。心理学的研究已表明,人的道德行为很大程度上取决于环境因素。尽管每个人面对诱惑有不同的反应,但环境的压力对个人的道德行为确实影响重大。律师是否尊重伦理规范,很大程度上是由那些入职时无法预测的因素决定的,比如客户的施压、同行的做法、健康状况或家庭困境等。申请者的先前行为确有参考价值,但有时也会误导考官。考官只有充分了解了个人是怎样以及为什么如此应对先前的情况,才能正确预测他们在未来不同的环境下会如何反应。但考官在这方面的知识往往有所欠缺[637]。

　　对心理健康以及相关问题的预测也是如此。很多地区在进行品行考核时对有关心理健康治疗的提问事无巨细,甚至要求申请者出具他们所有的病历[638]。但根据《美国残障人士法》,这些要求日益受到挑战,因为该法要求,如果残障人士能够达到执业的主要资格要求,行业许可组织必须认定残障人士为"合格"的执业者[639]。在这

　　[635]　George Anastaplo, " Lawyers, First Principles, and Contemporary Challenges: Explorations", 19 N. Ill. U. L. Rev. 353(1999).

　　[636]　See Hazard, Koniak, Cramton, &Cohen, supra note 84, at 1047 n. 16.

　　[637]　Rhode, supra note 91, at 566 - 62; Walter Mischel & Yuichi Shoda, " A Cognitive-Affective System, Theory of Personality; Reconceptualizing Situations, Dispositions, Dynamics, and Invariance in Personality Structure", 102 Psychol. Rev. 246(1995).

　　[638]　Alikhan, supra note 37.

　　[639]　Department of Justice Analysis, 28 C. F. R. & 35 104 (1991), interesting 42 U. S. C. &12132(1991).

种情况下，考官就不能依据申请者以往的心理疾病来预测他将来执业可能产生的问题[640]。通常来讲，多半寻求心理帮助的人都没有一个确切的诊断。即使是确诊的人，他们的风险也比一些疾病未公开未治疗的申请者要小[641]。除了少数极端案例，心理健康专家也不能依据过往的治疗对将来的问题作出可靠的预测。那些未经训练的考官不见得能做得更好，他们在品行考核过程中常常问一些冒昧的、没有事实依据的问题，这其实是对申请者的极大羞辱[642]。由于品行考核过程中存在这一经济和心理压力，以及申请有可能面对被拒绝或延迟接纳的风险，许多学生未能选择恰当的专业帮助[643]。

有人曾将律师准入制度与律师惩戒制度加以对比，结果引起了人们对品行要求的一系列怀疑。律师协会的惩戒官员并不会要求执业律师汇报他有违章停车、延误给付抚养费、接受心理辅导的行为。那么，既然这些行为与申请者的资质联系如此紧密，为何对有执照的律师而言又无关紧要呢？更进一步讲，美国律师界为何不投入更多

[640]　Rhode, supra note 11, at 156; Stanley S Herr, "Questioning the questionnaires: Bar Admission and Candidates with Disabilities", 42 Vill. L. Rev. 635, 669-674, 721, nn. 65-69(1997); Hilary Duke, "The Narrowing of State Bar Examiner Inquiries into the Mental Health of Bar Applicants: Bar Examiner Objectives Are Met Better Through Attorney Education, Rehabilitation, and Discipline", 11 Geo. J. L. Ethics 101, 105-07 (1997); Clark v. Virginia Bd. of Bar Examiners, 880 F. Supp. 430. 436 (E. D. Va. 1995).

[641]　Phyllis Coleman & Ronald A. Shellow, "Ask About Conduct, Not Mental Illness: A proposal for Bar Examiners and Medical Boards to Comply with the ADA and Constitution", 20 J. Legis. 147, 162 n. 83 (1994); see also Duke, supra note 110, and Herr supra note 110.

[642]　Jon Bauer, "The Character of the Questions and Fitness of the Process: Mental Health, Bar Admissions and the Americans With Disabilities Act", 49 UCLA L. Rec. 93, 164(2001).

[643]　See Coleman&Shellow, supra note 11; Bauer, supra note 112; and Herr, supra note 110.

的资源去制裁涉及委托人的不当行为呢？律师取得执照以后的行为，显然比进入行业之前的行为，更能反映他是否适合从事该行业。然而，现在的情况却是本末倒置：申请者必须满足比执业者更高的要求[644]。律师准入程序存在的理论基础就是保护公众，而当下的双重标准却难以自圆其说。

　　如何才能解决上述问题目前尚无定论。当下体制的支持者认为，律师违背行业管理很大程度上都与个人道德沦丧、心理疾病以及药物滥用有关[645]。考虑到违规事实发生之后再去查证和救济的成本，考官们觉得事前通过品行考核来防范更符合公众的利益，尽管执行起来不尽如人意。许多专家却反驳道，品行考核本可以在一个缩小的范围内以一种不那么怪异冒昧的方式进行。在很多评论者看来，申请者应该更早、更清晰地被告知，什么行为会导致申请被拒绝或延迟。调查应限于近期的严重不法行为，或当前的精神健康问题，并避免过度询问，尤其是涉及心理咨询、政治信仰等方面的事项。譬如，在心理健康方面，一些地区通常不会询问或仅仅询问入院情况。还有一些州将他们的问题限定在一定的时间范围内，比如两年或五年内，并且对披露的信息不会鲁莽作出决定，除非有记录能证明，某些相关问题，比如财务管理问题或刑事犯罪等，表明申请者可能会作出对委托人不利的行为[646]。

---

[644]　Frasher v. West Virginia Bd. of Law Examiners, 408 S. E. 2d 675（E. Va. 1991）（与已经取得资格的律师相比，对律师资格申请者适用更高的行为标准是允许的）。

[645]　Erica Moeser, "Personal Matters：Should Bar Applicants be Asked About Treatment for Mental Health? Yes：the Public Has the Right to Know About Instability", ABA J. , Oct. 1994, at 36.

[646]　Mary Elizabeth Cisneros, "A proposal to Eliminate Broad Mental Health Inquiries on Bar Examination Applications；Assessing an Applicant's Fitness to Practice Law By Alternative Means", 8 Geo. J. Legal Ethics 401（1995）；Heer, supra note 110, at 641-42；Duke, supra note 110, at 107.

不论各州选择了什么方法,他们的努力都是有意义的,只要他们不再那么依赖对不端行为作出预测,而是更关注哪些机制能够阻止和补救该不端行为。只有对道德品行要求实行更有力和更持续的监管,我们所追求的公义才不会受到损害。

第十二章
执业能力与行业管理

一、引言

律师的行为受到多种形式的管理,其中最为重要的一种非正式的制约来自委托人。委托人有权按照自己的意愿挑选律师,有权无理由地解雇律师,并且会与他人分享自己对律师的评价。由此产生的职业声誉将会决定一位律师或一家律所能否在法律服务市场取得成功。同时,律师还受到更多正式的管理,包括法院和行政机构就其监管的程序中发生的不良行为进行的处罚;行使司法监督职能的管理机构实施的处罚;雇主的内部监督;因失职或违约产生的民事责任;以及保险公司就执业过失保险的承保范围设定的条件。本章的内容主要关注律师的行业管理以及失职诉讼,因为这些方面的管理最为正式也最受争议,同时也是改革的突破口。同时,就如下文所阐述的那样,这些程序的局限性使得其他形式的管理同样重要。

长期以来,法院都将管理律师行为、监管法律服务市场视为其固有权力的一部分。取消律师资格的做法起源于 13 世纪的英格兰。出庭律师若被判渎职,则会被驱赶出"栅栏"(bar)——一个将法官与律师、诉讼当事人、证人隔离开来的木质围栏。

在 18 世纪和 19 世纪的美国,法院很少行使他们的惩戒权。当时制裁律师渎职的主要做法是业内的反对,而这种方式显然不足以达到惩戒的目的。就在 20 世纪初,律师协会由此应运而生,大部分律师协会都成立了投诉委员会来应对律师渎职问题。然而,事实证明,仅设立这些委员会还不足以完成这项任务。投诉委员会作为自愿治理制度的一部分,无权要求证人强制到庭或对其施加惩戒。它可以向法院建议对某律师实施惩戒,但委员会的成员往往又不愿因这种建议而得罪人。鉴于律师协会鲜有作为,几乎也就没有律师或委托人会向他们提出投诉[647]。

　　随着 20 世纪的到来,律师协会渐渐获得对律师渎职行为的调查权和惩戒权,但仍需受到司法审查。如今各州监管律师行为的程序虽然都符合宪法的要求,但具体规定各有不同。由于这种制裁程序其本质上是"准刑事"的,它必须包含基本的正当程序保障,例如,被指控的律师必须有进行质证和交叉询问证人的机会,以及拒绝自证其罪的权利。然而,律师即使在刑事程序中有豁免权,但也有义务在监督机构进行渎职调查时提供信息,否则调查机构作出反向推断。同理,享有刑事豁免权的律师在法庭上做归罪证言,在律协的制裁程序中是可以采纳的[648]。其他的程序要求在州法律、法院规则和律师道德规范中均有规定。大部分州要求,对律师的渎职指控需要有确凿有力的证据,也有小部分州只要求相当优势证据。

　　根据美国律师协会《律师失职与惩戒程序标准》第 1.1 条的规定:"制定律师失职与惩戒程序的目的是,保持职业行为的适当标准,使公众和司法系统免于被那些(可能)不称职的律师妨害。"[649]

　　对律师失职的另一种补救渠道,就是受害方提起的民事渎职诉讼。提起该诉讼的核心要素就是律师没有遵守公认的职业行为标准,而这些标准大多数都反映在律师的职业道德规范中。如下文所述,道德规范的条款在律师失职诉讼中至关重要,即使违反道德规范

　　[647]　See general James Willard Hurst, The Growth of American Law: The Law Makers 286-93 (1950); George Martin, Causes and Conflicts: The Centennial History of the Association of the Bar of the City of New York 1870-1970(1970).

　　[648]　Willner v. Committee on Character and Fitness, 373 U. S. 96(1963); Spevack v. Klein, 385 U. S. 511(1967); In re Ruffalo, 385 U. S. 544(1968). See Geoffrey C. Hazard, Jr. & Cameron Beard, "A Lawyer's Privilege Against Self-Incrimination in Professional Disciplinary Proceedings", 96 Yale L. J. 1060 (1987).

　　[649]　最为流行的标准是《1999 年律师惩戒示范规则》[The Model Rules for Lawyer Disciplinary Enforcement (1999)]。

本身并不会产生民事责任。

然而,不管是内部惩戒程序还是失职诉讼,都不能完全有效地捍卫职业标准。法律的执行也是如此。至于其他的监管机制,其整体的局限性也一直困扰着法律界。在受访的美国人中,只有四分之一的人认为律师界在管理其成员方面做得不错[650]。"效率低下"、"行为诡秘"、"软弱无力"、"过于自治",这就是民众对于当下惩治机制的看法[651]。律师们大多对于目前的程序也有疑义,但他们所关心的与公众恰恰相反。根据美国律师协会的研究,律师们大都认为当下的程序过于严苛,并且对一些无关紧要的申诉反应过于激烈[652]。然而,即使是对当下制度持反对意见的律师,也不赞同对它进行结构上的根本变革[653]。

公众与律师界观点的分歧进一步引发了对行业自治的疑问,就如第三章中讨论的那样。由被监管的人来运作整个监管机制,这样做是否有其内在问题呢?如果有,会导致什么结果?正如有人常常评论到的,律师与公众的利益既有重叠的部分,也不完全相同。大多数律师希望有一个既能保护委托人利益又能维护律师职业形象的监管机制,同时,还可以在州立法进行干涉之前占得先机。但很少有律师愿意多交会费,去扩大对自己行为的监管,增加自己受到制裁的风险。这种公众与律师利益的对持局面,也解释了下文提到的整体监管结构的局限性。目前最大的挑战就是,如何在不损害律师行业独

---

[650]　ABA, Perceptions of the U. S. Justice System 77 (1999).

[651]　ABA Commission on Evaluation of Disciplinary Enforcement, Lawyer Regulation for a New Century 12−16 (1992), See also " Lawyer Disciplinary Hearings", ABA J., Jan. 1990, at 109.

[652]　"Lawyer Disciplinary Hearings", supra note 5, at 109.

[653]　例如,只有 20% 的加利福尼亚州律师认为惩戒制度有效,但大约 90% 的人希望律师协会继续它的惩戒行为。Nancy McCarthy, " Pessimism for the Future", Calif. B. J., Nov. 1994, at 1.

立性的情况下，设计适当的矫正机制。

二、管理标准与体制

渎职的定义

《律师职业行为示范规则》第8.4条创设了律师渎职行为的基本要件。

律师有以下行为的构成渎职：

（1）违反或者试图违反《律师职业行为示范规则》，故意帮助或者引诱他人从事上述行为，或者通过他人的行为从事上述行为；

（2）从事犯罪行为，违背了律师的忠实性、可靠性或其他作为律师的适格性；

（3）从事了涉及欺骗、诈骗或失实陈述等行为；

（4）从事了有损于司法行政机关的行为。

《律师职业道德规范》DR1-102条也规定了近似的禁止条款。

举报义务

法律本应是一个自治的职业，往往只有律师才能知道其同行的渎职行为。因此，《律师职业行为示范规则》和《律师职业道德规范》都规定了律师的汇报义务。《律师职业行为示范规则》第8.3条规定："律师如果知道另一名律师有违反本规则的行为，并且该行为很可能违背了律师的诚实性、可靠性，以及作为律师所应具备的适格性，该律师应该向有关管理机构举报。"除非他的行为受到委托人保密协定的保护。《律师职业道德规范》DR1－102 条的规定更为全面，它要求律师上报他们所知晓的任何违规行为。

然而，这些汇报要求往往被忽视，甚至从未被执行过。有人说，律师很少会举报同事，这种情况是不可避免也是情有可原的。曾经做过法学教授的现联邦大法官加拉德·林奇（Gerald Lynch）就认为，不强加给公民举报义务是我们社会的价值支撑，这种价值观同样适用于律师的惩戒。在他看来，"人都有保护自己的朋友和同伴免受伤害的冲动，即使这是对方应得的惩罚。这种冲动是高尚且对社会有益的，因为它超越了个人私利的局限，使人们休戚与共"[654]。林奇还认为，如果监管机构不能胜任，律师协会应该致力于增强监管机构的能力，而不是将举报义务强加给律师个人[655]。

同时，也有评论者，包括美国律师协会职业化委员会，坚持认为，为了保护委托人和公众免受律师滥权之害，对同事渎职行为的举报制度至关重要，因为这类渎职行为往往不可能通过其他途径发现和阻止[656]。律师的披露义务也经常不被遵守，但在很大程度上，该义务还是鼓励了那些想要挺身而出却又害怕同事记恨或报复的人。同理，举报义务的存在也让律师们感觉自己"不是一个爱打小报告的人"。[657] 无论如何，行业自治的理论与拒绝履行举报义务之间总存在固有的矛盾。为了证明由行业本身执行惩戒程序的正当性，律师界的领导人不断强调，必须确保"对律师执业行为进行评判的人，其

---

[654]　Gerald E. Lynch, "The Lawyer as Informer", 1986 Duke L. J. 491, 531 (1986).

[655]　Id, at 537－38.

[656]　ABA Commission, supra note 5.

[657]　Arthur F. Greenbaum, "The Attorney's Duty to Report Professional Misconduct: A Roadmap for Reform", 16 Geo. J. Legal Ethics 259, 271 (2003).

本身对法律服务领域有充分的了解"[658]。既然如此,那投诉程序的存在就毫无必要了,因为其合理性基础与上述内容恰恰相反,完全是依赖委托人来提供律师违反职业伦理的信息。

伊利诺伊州是目前唯一真正落实了举报义务的地区。在史上公布的第一起因律师没有举报同事渎职而受到惩戒的案例中[In re Himmel, 533 N. E. 2d 790(Ill. 1988)],一位女士的前任律师私自扣留了她的人身损害赔偿金,因此她雇用了詹姆斯·希梅尔律师与前律师交涉。希梅尔最初的策略是跟他谈判和解,提出该律师只要返还赔偿金,就不再对他提起刑事与民事诉讼,也不向律师协会投诉。但那名律师并不买账,希梅尔便起诉了他并打赢了官司,帮委托人拿回了应得的赔偿金。但是,希梅尔却因此被暂停执业一年,原因是他没有向律协的管理机构报告那名律师的渎职行为。这一决定引起了广泛热议,有人注意到,自该案公布之后,伊利诺伊州律师对同行渎职行为的举报大大增加了[659]。同时,也有一些人考虑到揭发可能会招致报复,不赞同创设这种先例。但法院在一些重大案件中,似乎更支持强化律师的报告义务。例如,在 In re Riehlmann 891 So. 2d1239(La. 2005)一案中,一名前检察官*就遭到了法庭的公开训诫。该检察官得知,他的一位前同事在一起死刑案件中擅自扣留了被告的无罪证据,但直到这位同事去世之后,被

[658] Commission on the Future of the Legal Profession and the State Bar of California, The Future of the California Bar 103 (1995).

[659] See Lisa Lerman, "A Double Standard for Lawyer Dishonesty: Billing Fraud vs. Misappropriation", 34 Hofstra L. Rev. 847, 891 (2006) (指出伊利诺伊州惩戒机构现在每年收到 600~900 份来自律师的报告);Laura Gatland, "The Himmel Effect," ABA J., April 1997, at 24-28.

* 美国的律师、检察官、法官都是由统一的司法委员会管理的,法官和检察官往往是选拔一些优秀的律师担任,三者之间可以相互转换岗位。因此,检察官也可称作广义的律师。——译者注

告即将被执行死刑的时候,瑞尔曼(Riehlmann)才将此事告发。

举报人保护

由于对举报人缺乏足够的保护,举报他人的职业风险进一步加剧。曾有一起被广泛报道的案子, Bohatch v. Bulter& Binion, 977 S. W. 2d 543(Tex. 1998),在该案中,一名律师怀疑她的一个同事可能存在滥收费的情况,并向律所管理层进行了报告,之后她的合伙人资格被终止,但法院撤销了陪审团对该律师的赔偿金。法院的观点是,"一旦发生了这样的诉讼,律所合伙人之间的共益关系将难以维系,也不可能再齐心为委托人利益服务。而取消举报人的合伙人资格又可能招致侵权诉讼,他们又不得不继续维持这种进退维谷的处境,工作时互相猜疑互相恼怒,最终只会导致自身和委托人的利益受损"。同时,法院还强调了"拒绝给合伙人赔偿,绝不意味着律师们可以因此免除举报义务"(Id, at 547)。

大部分伦理专家都认为,法院这样推理显然是有问题的。律师们本来就不愿意去举报同事,即使举报了,只是对整个行业有好处,自己什么也捞不着,为什么他们还要冒着被报复的风险去这样做呢?而法院又未能给予被不当解雇的律师法律救济,这样做更加剧了律师举报的风险。因此,越来越多的法院和评论者支持加强对举报人的保护,无论是通过立法还是合同条款[660]。他们注意到,这些措施对鼓励律师履行举报义务十分必要。伯海奇(Bohatch)一案中的反对

---

[660]　Wieder v. Skala, 80 N. Y. 2d 628 (N. Y. 1992). 关于 Bohatch 案件的来龙去脉和对其分析所进行的审视,参见 Leslie C. Griffin, " Bohatch v. Butler&Binion: The Ethics of Partner", in Legal Ethics: Law Stories 55 (Deborah L. Rhode & David Luban eds., 2006)。就对所有职业人员和管理雇主进行更有力的告密保护,参见 Lynne Bernabei & Jason Zuckerman, " Protect the Whistleblower", Nat'l Law Journal, June 19, 2006, at 26. 关于必须通过立法而不是法院来提供保障的建议,参见 Snow v. Ruden, McClosky, Smith, Schuster & Russell, 896 So. 2d 787 (Fla. App. 2005).

意见中,就有法官引用了《哈克贝利·费恩历险记》中的一段话直接表明了该观点:"当你试图做正确的事时,总是困难重重;做错误的事时却又轻而易举,回报也是一样的,那学做正确的事又有什么用?"

体制问题与改革

与此同时,为了使惩戒机制更能满足委托人的需求,其他根本性的变革也是至关重要的。律师协会和法律职业伦理学者在研究中发现了当前制度中存在三个结构性问题:一是监管机构收到的委托人投诉太少;二是监管机构往往忽视了一些轻微的渎职行为,比如过失或佣金争议,这些行为理论上是可以通过民事诉讼获得救济,但实际上却很难实现;三是受理的举报申诉中,最后真是给予了严重处罚的很少。

很少有律师和法官会检举揭发,委托人也不愿意或者不能够启动违规惩戒程序。有经验的委托人往往也没必要这么做。很多机构委托人和商业委托人在与律师交涉时都处于足够的优势地位,有能力去防范和补救律师的渎职行为。而律师考虑到个人职业声望以及招揽回头客,都会有令人满意的表现。即使发生了纠纷,这些委托人也有能力更换律师或者提起渎职诉讼,至少可和律师谈判以减少酬金[661]。那些没有经验的委托人常常更需要保护,因为他们无从知晓自己的律师是否有失职、滥收费等其他违规行为。即使他们对律师产生了怀疑,他们也不确信律师协会的机构能够作出有效的回应。同时,复杂的投诉程序往往也令他们望而却步,因此产生的经济损失也不一定会得到补偿。职业责任领域的专家也不建议采用这种不胜其烦的投诉制度,尤其是在律师的渎职行为可以通过诉讼解决的情况下。

---

[661] State Bar of California, Investigation and Prosecution of Disciplinary Complaints Against Attorneys in Solo Practice, Small Size Law Firms, and Large Size Law Firms 105 (2001); Geoffrey C. Hazard, Jr., and Theodore J. Schneyer, "Regulatory Controls on Large Law Firms: A Comparative Perspective", 44 Ariz. L. Rev. 593, 599 (2002).

有时候,委托人反而会从律师的渎职行为中获利,比如过度的证据开示或谈判时虚假陈述,而此时,他们就更不可能向管理机构举报其律师了。

当前的惩戒机制在对待已经递交的投诉方面也是差强人意。多于90%的投诉未经调查即被驳回;仅有4%的的投诉使违规律师得到公开惩戒;1%的投诉中,律师被取消执业资格[662]。之所以有这么多投诉被驳回,一部分原因是许多投诉人不可理喻,或者他们其实是对诉讼结果不满意而非律师的行为不当。当然,执行能力不足以及司法资源有限也是原因之一。委托人最常碰到的问题,诸如滥收费、各种各样的疏忽等,反而又是最不可能得到监管机构的重视的。只有那些频繁发生或者滥用职权极其严重的案件,管理机构才有可能会介入,他们认为委托人可以通过追究违约责任或渎职诉讼来获得救济。但是,对委托人而言,因这些事由提起诉讼过于费劲,而很多州又没有任何替代性纠纷解决机制(ADR)。这种替代机制往往也是自愿性的,而很少有律师会予以配合[663]。资金限制也使得管理机构无法展开积极独立的调查,帮助可怜的委托人提交投诉或者对财力雄厚的大所律师提起诉讼均需要大量花费,他们对此也无能为力。

同样,程序延误和绝对优势证据的要求,也导致大量投诉被驳回。很多地区的法院都没有案件审理时限限制,并且会在民事诉讼尚未作出判决时"中止"律协的惩戒程序。而在经历了让人筋疲力尽的诉讼之后,委托人也不愿意再向律师协会投诉。过分的拖延还可能导致关键证据丢失,使更多的委托人蒙受其害。除了个别州,大部分律师协会的管理机构不会披露已受理的申诉,除非他们已经发现

---

[662] See sources cited in Deborah L. Rhode & David Luban, Legal Ethics 952 (4th ed., 2004); Geoffrey C. Hazard, Jr., Susan P. Koniak, Roger C. Cramton, & George P. Cohen, The Law and Ethics of Lawyering 1142-43 (4th ed., 2004).

[663] "ABA Committee Proposes Rules for Lawyer Client Mediation", 13 ABA/BNA Lawyers' Manual on Professional Conduct 398 (Dec. 1997); ABA Commission, supra note 5, at 129; Ken Armstrong & Maurice Possley, "The Verdict: Dishonor", Chi. Trib., Jan. 10, 1999, at A1.

或有充分的理由相信律师存在违规行为。当有委托人需要律师的相关信息时，即使某律师身上已经有几起正在接受调查的投诉，他在证明上也会还是清白的[664]。即使调查程序已经完结，潜在的委托人也无从得知制裁结果。不是所有州都会公布律协惩戒结果的相关信息，更没有州将这些信息刊载于公开发行的刊物上。

　　这些局限性并非仅仅是律协惩戒机制独有的，其他法律制度也存在类似的缺陷[665]。这个国家存在诸多问题，引发了各方纷纷提出改革建议。首先，有专家倡议给管理机构提供更多资源，使其能够未雨绸缪，而非全部依赖委托人投诉和检察机关提起公诉。管理机构的工作人员应当依据渎职申诉、司法制裁以及信托基金随机审查来启动调查。同时，管理机构还应致力于公开投诉流程，帮助委托人递交投诉，开发低成本的替代性纠纷解决机制，包括强制性的律师费仲裁。已经实行这些措施的地区，工作已卓有成效。譬如，一些州开展了委托人援助计划，帮助审查他们的疑问，解决或者移交他们的一些轻微投诉[666]。其他普通法法系国家，例如英国和澳大利亚，也实施

---

　　[664]　Rhode & Luban, supra note 16, at 953. For delays, see Michael S. Frisch, "No Stone Left Unturned: The Failure of Attorney Self-Regulation in the District of Columbia", 18 Geo. J. Legal Ethics 325, 342, 360 (2005). For a general critique, see Leslie C. Levin, "The Emperor's Clothes And Other Tales About the Standards for Imposing Lawyer Disciplinary Sanctions", 48 Am. U. L. Rev. 1, 20 (1998).

　　[665]　See Geoffrey Hazard and Angelo Dondi, Legal Ethics: A Comparative Study, ch. 7 (2004).

　　[666]　马萨诸塞州设有律师和消费者帮助计划，非正式地解决了大约四分之三向惩戒机构提出的投诉。Ann Kaufman, "Five Years of ACAP", reprinted in Conference Materials for the ABA Conference on Professional Responsibility 779 (2006)。俄勒冈州律师协会的委托人帮助办公室在两周之内也非正式地解决了大约 3/4 的投诉。Oregon State Bar, "Annual Report of the Oregon State Bar Client Assistance Office", (2005) reprinted in Conference Materials, supra, at 797, 804。关于纽约州轻微不满调解程序的讨论，参见 Vivian Berger, "Mediation: An Alternative Means of Processing Attorney Disciplinary Complaints", 16 Professional Lawyer 21 (2005).

了类似的、以委托人为中心的救济制度[667]。然而,并非全国的委托人援助计划都有较高的满意度,因此,对这些计划的独立评估以及对最成功模式尽快推广成为当务之急[668]。同样重要的还有预防政策以及更多的支持,比如,改进办公室管理,减低案件负荷,解决辅助支持不足的问题以及物质滥用及心理疾病等问题[669]。

　　第二套方案建议增加公众对律师职业道德记录的了解。有人提议建立一些数据库和免费热线,向公众提供律师的司法制裁、惩戒措施以及渎职判决情况。从申诉被递交开始,整个惩戒程序就应该受到公众的监督。很多律师反对程序公开,理由是,如果那些没有根据的申诉公开,会减损他们的职业声誉。尽管如此,俄勒冈州经过长期实验却没有发现这些问题。鉴于调查表明委托人对封闭制度存在疑虑,美国律师协会的惩戒执行评估委员会建议向公众公开所有投诉[670]。

　　第三套方案建议增强管理机构的独立性和责任性。目前,所有的州都将这种管理机构置于州最高法院的管辖之下,只有一半的州使之独立于律师协会。美国律师协会的一个委员会建议采取自治制

---

[667]　Rhode & Luban, supra note 16, at 953-54.

[668]　例如,大多数委托人对俄勒冈的委托人帮助办公室并不满意,但是不清楚的是,这种不满在多大程度上与不现实的期待有关。See Oregon State Bar, Client Assistance Office Survey (2004), reprinted in Conference Materials, supra note 20, at 807, 817. 在其他律师协会主办的律师费仲裁项目中,参与了该项目的委托人中 30% ~ 40% 对其经历感到不满。See Deborah L. Rhode, In the Interests of Justice: Reforming the Legal Profession 181 (2000).

[669]　Leslie C. Levin, "The Ethical World of Solo and Small Law Firm Practitioners", 41 Houston L. Rev. 309, 385-88 (2004); source cited in Fred Zacharias, "A World of Caution for Lawyers Assistance Programming", 18 Geo. J. Legal Ethics 237 (2004).

[670]　ABA Commission, supra note 5; Mary Devlin, "The Development of Lawyer Disciplinary Procedures in the United States", 7 Geo. J. Legal Ethics 911, 931 - 32 (1994).

度来避免两者在事实上和利益上的冲突[671]。还有人提出一些策略，以保证管理机构不受本行业的影响。一个可行的方法就是，由不同的机构来任命管理程序的负责人，例如，由最高院的首席大法官、州长、州立法会议长来指定。任命的标准是，候选人必须在消费者保护和职业管理领域有所专长[672]。此做法相比各州的现行制度可获得公众更多的支持，现行制度的做法只能由几名律师挑选的非律师人员参与到管理程序中，无法更好地对公众负责。

三、惩戒措施

关于惩戒措施的改革同样很有必要。目前已有的措施包括：

● 取消律师资格——永久或无期限地吊销法律执业执照
● 暂停执业——在某一时期内（几个月到几年不等）或者在达到特定条件并获法院允许之前暂停执业
● 公开或者不公开申斥、谴责、训诫、警告、告诫——对律师的行为表示反对并记录在个人档案
● 可恢复的制裁——留职察看、强制教育，要求参加药物滥用矫正课程

有些州允许正在被调查的律师主动辞职，但该辞职行为将被视为认罪。辞职的律师日后若想复职，则必须与那些被取消律师资格的人一样，证明自己已经改过自新。

---

[671] "Supreme Court Team to Study ABA Finding", Cal. St. B. J. , Oct. 2001, at 5.
[672] 关于这样的建议，参见 Rhode, supra note 22, at 162.

关于实施制裁的要素,目前,法律界形成了以下抽象的共识:(1)律师的行为对他人的损害程度;(2)该行为的可归责性(blameworthiness);(3)该律师的总体品行、言谈举止,以及先前的惩戒记录;(4)取消资格的必要性;(5)一般或特殊的违法阻却事由[673]。但在一些个案中,审理人员往往很难在可归责性程度和适当的救助措施方面达成共识。

制裁的严厉性

人们对制裁力度的问题一直争执不下。一方面,法院和惩戒机构往往不愿意断了律师的生计,无论是通过取消资格还是暂停执业。另一方面,很多评论者和公众却抨击现在的制裁过于宽大,尤其是在那些涉及政要和顶尖律师的多次失职、失实陈述、不称职案件中。譬如,检察官身居要职,其不当行为的后果往往不堪设想,但他们却几乎不会受到管理。一份针对几百起检察官严重渎职案件的调查发现,没有一人受到了公开的惩戒[674]。还有一些惩戒不严的例子也常被人诟病,比如,许多华尔街的顶级律所合伙人在法庭上宣誓后仍对自己销毁文书的行为信口雌黄,或者伪造账单记录等,但他们的这种行为只会导致被暂停执业,而不会被吊销执照[675]。此外,政府官员受到的制裁也较为轻,以比尔·克林顿为例,在其总统任期内,他曾

[673] Charles W. Wolfeam, Modern Legal Ethics, 110 - 11 (1986); see also ABA Joint Commission on Professional Sanctions, Standards for Imposing Lawyer Sanctions (1986).

[674] Armstrong & possley, supra note 15, at A1. See Fred C. Zacharias, "The Professional Discipline of Prosecutors," 79 N. C. L. Rev. 721, 755 (2001).

[675] In re Cooper, 586 N. Y. S. 2d 250 (App. Div. 1992); Leslie Levin, "The Emperor's Clothes and Other Tales About the Standard for Imposing Lawyer Disciplinary Sanction", 48 Am U. 20, 83, n. 57 (1998); Lerman, supra note 13; Julie O'Sullivan, "Professional Discipline for Law Firms: A Response to Professor Schneyer", 16 Geo. J. Legal Ethics 3, 55 (2003). 关于其他不当宽免的例子,参见 Frisch, supra note 18, at 346-50.

在一起性骚扰案件中做了"虚假含糊的"陈述[676]，但最后只被判暂停执业 5 年以及 2500 美元罚金，而这点儿钱还不及其一次晚宴致辞的酬金。

与此相关的问题还涉及永久性取消律师资格。在 33 个州以及哥伦比亚特区，被取消执业资格的律师在一定的时期（通常为 3~6 年）之后可以申请恢复资格，而近一半的复职申请都会被批准。剩下的州当中，有 8 个州允许法官行使自由裁量权以永久性地取消律师的执业资格，7 个州已经有了永久取消资格的先例[677]。有批评者认为，复职程序损害了惩戒的威慑作用，辜负了公众的信赖，纵容了累犯泛滥。有一项研究发现，那些因经济违规而受过惩戒但未被取消执业资格的律师，有 1/4 的人后来都在继续犯同样的罪行[678]。还有一些律师，曾多次因严重滥用职权而被取消执业资格[679]。

但也有人认为，复职程序不失为一种选择。法学教授罗纳德·罗汤达（Ronald Rotunda）就说到：

> 实施惩戒的目的既然是为了保护公众，那么当法院发现当初实施制裁的依据已经发生了变化或者不复存在，或者对公众有害的威胁已经解除时，就应该重新评估惩戒的必要性。有些人永远不会醒悟，但我们也不应该拒绝给醒悟较晚的人一个改过自新的机会……复职制度是一个很好的政策，因为它的存在使那些律师有动力去修正自己的

---

[676] Jones v. Clinton, 36 F. Supp. 2d 1118（E. D. Ark. 1999）.

[677] Nancy McCarthy, "Board of Governors Committee Seeks Input on Permanent Disbarment", Cal. Bar J., Dec. 2005, at A1, A7.

[678] David E. Johnson, Jr., "Permanent Disbarment: The Case For...", The Professional Lawyer, Feb. 1994, at 22.

[679] Id., at 27.

所作所为。当复职的可能性不存在时,律师也就没有动力去这样做了……支持永久性取消资格的人宣称这样做会提升律师的公众形象,但我们恰恰应该抵制以下观念:律师界倡导改革的出发点应该是改革本身的正当性,而非是要提升公众形象[680]。

大众朴素的道德观念也认为,严苛的法理有时应该让步于情理。正如大多数州的领导人总结的,律师们能够改过自新,不要认为这是不可能的。

减轻情节

舆论旋涡中另一富有争议的话题是减轻罪行的情节。美国律师协会的《律师惩戒标准》中列出了一些可减刑的因素,包括悔过心理,与惩戒机构合作,没有前科,及时补偿,参与了矫正项目,私人或感情问题,心理健康问题,已受其他惩罚等。但是,在个案当中这些因素应该如何衡量,人们对此莫衷一是。有一些法院和民众对那些因私人问题或残疾导致的违规行为持一种同情的态度[681]。但优先考虑保护委托人的另外一些法院和民众,却不愿意将这些问题视为可以减轻罪行的情节。对律师的悔过情节以及提供补偿的意愿,同样存在争议。根据《美国法律改革》的说法,惩戒机构的职责就是确保委托人的风险已经"消除或最小化,而非被原谅。对律师的宽大处理在别的地方是行不通的,好比说,一个柜员如果偷了银行数千美元,难以想象银

---

[680] Ronald D. Rotunda, "Permanent Disbarment: The Case Against", The Professional Lawyer, Feb. 1994, at 23-24.

[681] See Wolfram, supra note 27, at 96-97 (讨论了涉及诸如情感紊乱、诉讼业务压力、疲惫、家人患病、强迫性赌博、创伤性恋爱等问题的条件);Levin, supra note 29, at notes 49-50.

行会因为顾及该柜员酗酒、有心理问题或愿意归还赃款就同意他继续在银行工作"[682]。然而，另一部分人确实已经有了这种恻隐之心，并准备了很多有名的例子来证明，很多人在被原谅之后都能改过自新。

人们讨论的另一个相似的问题还包括，律师是否"已经受到了足够的惩罚"。一些法院和民众坚持认为，对很多有名的大律师来说，取消执业资格是没有必要的，因为他们已经受到了公开惩戒带来的羞辱，尤其是那些伴随着的刑事调查或被迫辞职的人。上文提到了对克林顿和很多华尔街律师的处罚决定，就受到这种观点的影响。另一部分人却对隐藏在这些裁决背后的阶级偏见深感忧虑[683]，在他们看来，作为已经有了大量财富和社会地位的律师，他们应该坚持更高的行为标准，尤其是当他们的案件更受关注，他们的经济状况也都尚佳的时候。法律职业往往有一种威慑力和执掌公平的形象，因此，更不应该为那些"堕落的强者"作出特别的让步。

经济制裁

下一个要讨论的问题就是经济制裁是否妥当。与其他国家不同，美国的惩戒制度中往往不包括罚款[684]。理由之一是，经济制裁只是一种对律师的惩罚，而惩戒程序的目的在于保护公众。同时，罚款会使惩戒程序变得与刑事司法程序十分相似，因而就有必要实施正当的程序保护，例如排除合理怀疑的证明标准。然而，也有一部分

---

[682]　HALT（Americans for Legal Reform），Attorney Discipline 16（1988）.

[683]　许多单独执业者和小型律师事务所的律师感受到了这种偏见，这破坏了该制度的合法性，表明律师协会执行程序需要更多的透明度。See Levin，supra note 29，at 382-84，就加利福尼亚州律师协会对这种关切的回应，参见 State Bar of California，supra note 15。

[684]　只有少数州——例如，加利福尼亚州和内华达州——明确允许罚款，每年只有少数罚款案例报告给了美国律师协会全国律师管理数据库。相反，在英国和加拿大的惩戒程序中，长期以来可以进行罚款。

人认为罚款是一种有效的威慑机制,在民事刑事领域都可广泛采用。他们说到,美国司法体制预设的前提就是,个人在谋划不法行为的时候,制裁的严厉性以及他们受到制裁的可能性会影响他们的决定。增加严重经济制裁的可能性,会使律师在行为前重新计算自己的成本和收益,尤其是当法院常常不愿用暂停执业或取消资格来剥夺律师生计而倾向于罚款的时候[685]。同时,如果罚金能用来补偿受害人,就会有更多人来举报律师的不法行为并感觉受到了公平对待。

对律所的惩戒

与上述问题相关的是,律师事务所是不是也应该受到惩戒。律师曾经在许多要求追究机构责任的运动中担任过领导者,比如证券、反垄断、环境监管等运动。许多人都认为,由机构承担责任的原则同样适用于法律职业领域。在一些情况下,单独挑出个别人施以惩戒是不可能或不公平的。集体责任的存在可以促进律所形成一套适当的机制,来预防和处理律所的不当行为,同时还能避免在责任不清或责任共担的情形下让个别律师当替罪羊的情况[686]。

纽约州和新泽西州已经率先出台了允许对律所进行惩戒的规则,其他州也在考虑效仿。但这些规则的效果却难以衡量,部分原因是由于其很少被执行[687]。一名纽约律协的惩戒顾问谈到,对律师的

---

[685] See generally, Steven G. Bene, "Why Not Fine Attorneys? An Economic Approach to Lawyer Disciplinary Sanctions", 43 Stan. L. Rev. 907 (1991).

[686] The Committee on Professional Responsibility, "Discipline of Law Firms", 48 The Record of the Association of the Bar of the City of New York 628 (1993); Taniana Rostain, "Parters and Power: The Role of Law Firm Organizational Factors in Attorney Misconduct", 19 Geo. J. Legal Ethics 281(2006); Ted Schneyer, "Professional Discipline for Law Firms?" 77 Cornell L. Rev. 1 (1991).

[687] Elizabeth Chambliss & David B. Wilkins, "A New Framework for Law Firm Discipline", 16 Geo. J. Legal Ethics 335, 340 (2002).

惩戒或许会有一些负面作用,因为这使得监管者有了"捷径",不必再追查直接责任人员[688]。由于机构并不能吊销执照或暂停执业,像警告或轻微罚款这种惩戒措施并不足以达到管理的目的。

正是出于上述考虑,美国律师协会伦理规范 2000 年委员会才放弃了对律师事务所加以惩戒的建议。很多出席听证会的律师都认为,这种制裁"对贯穿《律师职业行为示范规则》的个人责任原则"有所损害[689]。机构责任的支持者则回应道,可以由律所建立审查机构来监督道德标准的落实,以补充罚款和警告。在他们看来,这种做法赋予了《律师职业行为示范规则》中提到的监管律师实权,恰恰强化了个人责任原则。《律师职业行为示范规则》第 5.1 条要求,有管理权力的律师须"尽力确保律所采取了行之有效的措施,来合理保证律所的所有律师都遵守了《律师职业行为示范规则》"。执行这一规则,显然会强化惩戒程序在某些场合下更具权威,比如在滥用证据开示、滥收费或在个人与委托人利益产生冲突时未采取有效措施时[690]。

职业领域以外的行为

针对律师职业关系以外的行为所实施的惩戒,引发了一些不同以往的讨论。就如十一章所述,律师协会对法律执业资格申请者的道德品行要求远远多于对律师的要求,而从公共政策的角度看,这种双重标准是很难站住脚的。诚然,与申请者相比,律师对职业执照有更多的既得利益。但是,成为律师之后的所作所为往往比获得准入

---

[688] "Law Firm Discipline: Easy Way Out or Getting More Bang for the Buck", 15 ABA/BNA Lawyer Manual on Professional Conduct 410 (! 999) (quoting Robert J. Saltzman).

[689] "Ethics 2000 Commission Unveils Late Changes to Recommendations", 69 U. S. L. W. 2780 (2001).

[690] See Rostain, supra note 40, at 285-87; 就这种会受到处罚的、存在缺陷的监督机制的案件历史发展,参见 James L. Kelly, Lawyers Crossing Lines: Nine Stories 183 (2001).

之前的行为,更能检验其是否对公众有潜在威胁。现在的问题是,非职业性的违法行为究竟有多大的参考价值,各州内部和各州之间对此无法达成一致意见。争议尤其集中于律师酒驾、逃税、轻微毒品犯罪、不端性行为等问题上[691]。

为了使各方就非职业性违法行为形成统一意见,有人提出了不少建议。有一种方案建议由各州事先就一些特定的行为说明其会受到什么制裁,除非有正当理由否则不可变更[692]。还有一种方案是要求律师所犯的"不法行为与工作职责之间存在一定的联系"[693]。这样的话,律师的不诚实行为,与其不端性行为或个人吸毒行为就有很大差别了。

心理健康与药物滥用

当心理健康问题或药物滥用问题影响到律师的职业表现时,惩戒机制显然需要作出回应。据估计,有 1/3 的律师都患有抑郁症或者酒精毒品成瘾。律师患有抑郁症的概率大概是普通人的三倍,有药物滥用问题的概率是普通人的两倍[694]。这些问题在许多惩戒和渎职案件中时有发生[695]。尽管该问题已经如此肆虐,但法律界竟然

---

[691] Barrie Althoff, "Ethics and the Law: Lawyer Disciplinary Sanctions," Wa. St. B. News, Jan. 2002, at 1; Carrie Menkel-Meadow, "Private Lives and Professional Responsibilities? The Relationship of Personal Morality to Lawyering and professional Ethics", 21 Pace L. Rev. 365 (2001); Deborah L. Rhode, "Moral Character as a Professional Credential", 94 Yale L. J. 491, 551-54 (1985).

[692] See Levin, supra note 18, at 61-68 (主张对所有不端行为适用该方法,这是以美国律师协会《犯罪行为量刑指南》为模板的)。

[693] Menkel-Meadow, supra note 45, at 338.

[694] Blane Workie, "Chemical Dependency and the Legal Profession: Should Addiction to Drugs and Alcohol Ward Off Heavy Discipline?", 9 Geo. J. Legal Ethics 1357 (1996).

[695] Zacharias, supra note 23, at 241, n. 15; John Mixon & Robert P. Schuwerk, "The Personal Dimension of Professional Responsibility", 58 Law and Contemp. Probs. 87, 96 (1995).

至今也未就惩戒案件中的成瘾及其他心理问题的作用形成一致意见。

人们争议的问题之一就是惩戒程序中应当如何评价上述问题的影响。有一些法院和律师机构将毒瘾和酒瘾视为可以减轻罪行的情节,而另一些人却认为这恰恰证明该律师不适合从事法律职业。部分判决中假设了律师的酒瘾和毒瘾与其不当职业行为存在联系,然而其他人却要求法院证明,如果没有那些上瘾行为该律师就不会有违规行为[696]。另一棘手的问题就是保密。如果那些接受援助项目的律师的个人信息能被有效保护,将会鼓励更多需要帮助的律师参与其中,并使其行为得到矫正。但这种保密又产生了另一问题,律师不能称职代理将对委托人造成很大风险,他们的利益又该如何保护呢?[697]

在这些争议的背后还存在着更深层次的问题。法学教授大卫·鲁班(David Luban)发现:

> 酒瘾确实是一种疾病,但它又不同于其他疾病那样突然就降临在某位病患身上。有酒瘾者是自己饮酒造成的,这种行为是自愿的。即使仅从纯医学角度判断一个曾酗酒的律师是否已经恢复到了适合工作的状态,那也是一个对其意志力的判断,因此也可算作对品行的判断。医学专家们尽其所能地依据外界因素来作出诊断,包括该律师的援助团队(比如嗜酒者互诫协会)、他在咨询时

---

[696]　Workie, supra note 48; Compare In re Kersey, 520 A. 2d 321, 326 (D. C. 1987)(判定酒瘾是减轻因素) with In the Matter of Crowley, 519 A. 2d 361, 363 (N. J. 1987)(拒绝判定酒瘾是减轻因素);see ABA Commission, supra note 21, at Standard 9. 3 (h)(允许将"身体或者精神残障或者疾病"作为惩戒时考虑的减轻因素,但是在注释中说明各州法院对这一因素的适用是不一致的,并且不能用于宽免不端行为)。

[697]　Zacharias, supra note 23, at 243-46.

的表现、他对曾经导致自己酗酒的压抑环境所做的改变，以及他的生活是否稳定幸福等。但总而言之，酒瘾是一种疾病，而非性格缺陷。而戒酒则是对个人品行的一次巨大考验。[698]

尽管上述观点得到了许多法院和惩戒机构的认同，他们各自的应对措施却不一样。一部分法院愿意给律师一次留职察看的机会，前提是造成其渎职行为的首要原因是他的药物滥用问题，并且他参与了系统的矫正项目。而另外一部分法院则暂停或吊销了酗酒律师的执照，但允许他们在一定期限内康复后可以复职。

人们对那些存在心理健康问题的律师的态度也有分歧。其中最著名的案例就是乔尔·格林伯格（Joel Greenberg），1998年7月，他在新泽西州被取消了律师执业资格，但在1999年7月，又被宾夕法尼亚州授予资格。格林伯格第一次在新泽西州丢了执照是由于他从工作的律所里偷了近35000美元。格林伯格申诉称，他的偷盗行为是因他抑郁症引发的自我毁灭行为导致的，而不是出于贪婪，并且经过后续治疗他已经能够重新胜任法律职业了。可惜州惩戒审查委员会和州最高法院都没有接受该申诉。州最高院认为，若不取消其律师资格，则会削弱公众对法律职业的信心，并会助长那些因个人困难就盗用公款的行为。有心理疾病和药物滥用问题的律师，应该在他们作出这些将给自己和行业的名誉抹黑的行为之前就去寻求帮助。恰恰相反，宾夕法尼亚州的律师协会考官欣然接受了格林伯格的复职申请，但出于保密需要没有对此加以评论[699]。

---

[698] David J. Luban, "Commentary: A Professional Tragedy", Nat. Rep. Legal Ethics and Prof. Resp. (1998).

[699] In re Greenberg, 714 A. 2d 243 (N. J. 1998); Wendy Davis, "Advice for the Disbarred, Go West", 157 N. J. L. J. 217 (1999).

这类案件不管最后如何解决,法律界专家最为关心的还是发挥治疗项目的作用。尽早启动治疗项目能有效地防患于未然,避免发生声名狼藉、心理疾病、不法职业的行为。接受充分治疗律师会有很高的康复率[700]。每个州都有一些类型的药物滥用辅助项目,还有一些州创立了一些分支项目针对不太严重的渎职行为[701]。依照这些项目,惩戒程序将会中止,直至矫正项目完成。鼓励更多的人参与到这些项目中,对法律行业至关重要。

防止惩戒的过程中产生问题以及强化律师协会惩戒机构的责任,也是应当被逐渐重视的问题。为了使救济机制更加统一并打消公众的顾虑,可能需要进行上文提到的体制性改革。

四、执业能力

人人都希望自己能够胜任法律职业,但却没人清楚地知道,怎样提升自己的执业能力才是最有效的。当下倡导提升律师执业能力的运动始于 19 世纪 70 年代早期,当时的联邦首席大法官伯格断言,在那些大案当中,有 1/3 ~1/2 的律师"都是没有充分资质去代理当事人的"[702]。尽管我们对伯格法官的判断建立在什么经验基础之上不得而知,但有越来越多的人也作出了类似的评价。在接下来的 25 年中,各个律师组织都在想办法作出回应。

---

[700] See sources cited in notes 48 and 49, supra; Michael J. Sweeney, "A Return to Counselor", 18 GP Solo 57 (2001).

[701] Commission on Lawyer Assistance Programs, American Bar Association, 2002 Survey of Lawyer Assistance Programs (2002).

[702] "Chief Justice Burger Proposes First Steps Toward Certification of Trial Advocacy Specialists", 60 ABA J. 171, 173-74 (1974).

问题的界定

应对律师失职问题的首要挑战就是如何界定这个概念。律师职业伦理规则以及现有公开判决中对称职的定义都是高度抽象的。《律师职业行为示范规则》要求律师要"适当勤勉、高效",具备"法律知识和技能、缜密的思维以及充分的准备"(规则 1.1 和规则 1.3)。美国律师协会的《职业责任守则》中禁止"玩忽职守",并要求"在相应的情况下要做充足的准备工作"[DR6-101(A)]。《律师职业行为示范规则》和《职业责任守则》中都规定了,缺乏足够专业知识技能的律师,可以在与资深律师合作或者接受相应的培训并合格后被聘用。《职业责任守则》的道德条款中还增加了这样一条,"律师个人的额外准备不应该给委托人造成延误或向委托人收费"(EC6-3),《惩戒规则》和《律师职业行为示范规则》并未对此做要求。

人们常常推测律师们的表现是否满足了以上要求,但至今没有准确的数据。目前,一些零散的研究表明,律师和雇用单位十分重视的那些品质,法学院的课程恰恰并未讲授,资格考试中也没有考核,比如,调研能力、有效的口头表达能力、经营与委托人和同事的关系的能力、文献起草、勤勉、果断以及监督能力[703]。根据美国律师协会法学院与法律职业特别工作组的报告(《缩小差距》),律师们在接受其第一份工作的时候往往是准备不足的;随着法律的日益复杂以及市场对技能要求越来越多元化,律师们的不足之处还在继续增加[704]。

---

[703] See Joanne Martin & Bryant G. Garth, "Clinical Education as a Bridge Between Law School and Practice: Mitigating the Misery", 1 Clinical L. Rev. 443 (1994);还请参见前述第六章的讨论。

[704] ABA, Section on Legal Education and Admission to the Bar, Legal Education and Professional Development: An Education Continuum: Report of the Task Force on Law School and the Profession-Narrowing the Gap (MacCrate Report) (1992).

　　为了解决这些问题,律协的领导人大体上建议:在律师资格考试和法学院课程中更加关注技能培养;开设继续教育课程;增加"缩小差距"的训练,为新入行的律师提供指导项目;为个人或小型律所配备特殊助理;由雇主提供法务培训等。然而这些建议都还是纸上谈兵。同时,有一种失职是不言而喻的,这种失职与其说是律师的知识和技能不足,不如说是其个人问题和经济因素所致。有些律师的表现糟糕,是因为他的贪婪以及对委托人的利益漠不关心,而这种情况,是上述的常规建议不能解决的。

法律继续教育

　　针对执业律师的法律继续教育早在半个世纪之前就开始了,当时是为了帮助那些退伍军人重操旧业时能跟上法律服务业的发展。20世纪70年代的"水门事件"牵涉当时的大批杰出律师,之后该问题重新获得关注。现在大约有4/5的州都要求律师参加法律继续教育课程,课时10~12小时不等。在绝大多数州,课程的部分内容必须与职业道德相关。也有一些要求课程覆盖其他领域的问题,比如职业中的偏见和药物滥用。

　　这些要求似乎得到了一致认同,因为律师能够以最少的付出让自己与时俱进,并掌握行业的伦理规则,大家没有理由不这么做。但近期的一项分析指出了许多问题:很少有地区会对继续教育课程的质量严格把关,而且没有一个州能够证明其继续教育项目具备效果。为了获得律师协会的认可,大多数项目的教育要求都十分简单,并且是用户友好型的。比如说,有关药物滥用和心理压力的课程主要教授如何减压、如何放松,体育法的课程都是在各种体育赛事上讲授的,学员还能享受到热狗和花生米[705]。这些课程似乎不仅将"法律

---

　　[705]　Rhode, supra note 22, at 156.

教育"概念过度泛化了,而且就像哥伦比亚特区工作组所说,"没有任何可靠、科学的依据能证明这些课程的功效"。这才是最根本的问题。对医学、工程等其他学科的研究中,并没有发现继续教育会对职业表现产生影响[706]。被动地参加没有任何评估的课程,能否显著提高律师的执业能力,这个问题仍待考证。

这并不是说,所有的继续教育课程都是徒劳的。一位专家就曾说到,"这些课程最大的好处就是那些业务熟练、较为称职的律师的职业技能有了进一步提升"[707]。为了使法律继续教育课程对真正需要的人有切实帮助,人们提出了一系列改革建议。一种可能是减少授课时间,但对教学质量严格把关。律师协会的官员可以要求学员必须通过考试,并且不承认那些与执业关系不大的课程的学分。课程提供者也可以自行设立一些课程要求,以保证教学的基本功效。或者说,各州可以将强制的方式与自愿的方式结合起来:新入职的律师以及违反了职业道德规范的律师必须强制参加继续教育课程,其他律师则可以用自愿选择参加,完成考试就可以获得课程认证。越来越多的律师都愿意参加这些课程,这样他们就可以在特定领域更加专业。各州也应该通过拓展专业项目,宣传培训的价值,提高教学质量等方式,鼓励这种趋势[708]。

五、渎职行为

30 年前,对律师提起的渎职诉讼十分罕见,律师也从未考虑过他

[706] Task Force on Mandatory Continuing Legal Education, Report to the Board of Governors of the District of Columbia Bar 26-28 (1995); Rhode, supra note 22, at 156.

[707] Susan R. Martyn, "Lawyer Competence and Lawyer Discipline: Beyond the Bar?", 69 Geo. L. J. 705, 725-32 (1981).

[708] Rhode, supra note 22, at 156-58.

们的法律责任,以至于国内律师的执业过失保险市场几乎空白。如今,情况已经发生剧变,对律师的索赔案件激增,尤其是大型索赔[709]。由于保险公司都拒绝披露赔付情况以及许多和解协议的保密性,我们不可能得到准确的数据。然而,有人估计,每年都有10%~20%的律师被曝光有渎职行为,保险公司每年的赔付总额达到40亿~60亿美元[710]。在不同的州以及法律专业领域,购买保险的律师数量各有不同,据估算是50%~90%[711]。

这种趋势是何原因造成的还没有定论。有人认为确实有越来越多的律师存在不当执业的行为。随着法律服务业的竞争越发紧张,边际效益递减,客户对律师服务的期待增加,律师在处理法律事务之外还承受着更大的压力。还有一些人认为,渎职诉讼的激增其实与律师本身的渎职行为关系并不大,反而主要是由于客户的期望值变高,且其他律师乐意帮人提起针对同行的这种诉讼。在他们看来,律师界的情况并不罕见,其他行业同样也存在各种失职诉讼[712]。

对律师索赔案件的增多,反映了整个法律服务行业结构和局势上的巨变。近年律师界人数激增、层次参差不齐,这使得律师们更乐于在渎职诉讼中去跟自己的同行对峙。金融舞弊同样引发了更多民事责任诉讼。在风险投机中丢了钱的人要寻找有钱人来索赔,他们

---

[709] "Law Firms Face Sharp Rise in Malpractice Suits", Legal Times, May 10, 2005.

[710] Hazard, Koniak, Cramton, & Cohen, supra note 16, at 854; "Figuratively Speaking", ABA J., Oct. 1996, at 12; Manuel R. Ramos, "Legal Malpractice: No Lawyer or Client Is Safe", 47 Fla. L. Rev. 1, 5 (1995).

[711] James M. Fischer, "External Controls Over the American Bar", 19 Geo. J. Legal Ethics 59, 63 (2006).

[712] Richard Perez-pena, "When Lawyers Go After Their Peers: The Boom in Malpractice Cases", N. Y. Times, Aug. 5, 1994, at A1; Jonathan Gaw, "Lawyers Shed Reluctance to Sue Their Own", L. A. Times, Dec. 14, 1992, at B1; Ramos, supra note 64.

便瞄准了律师,因为这些律师曾作为交易的中间人,还负责撰写投资者十分信赖的法律意见书。

尽管对律师的索赔案件数量逐渐增加,但胜诉的阻碍依旧很大。很多人对律师不满,但他们不愿意承担起诉所需的时间和金钱成本。除非纠纷的责任明确,有大量的损害赔偿金,并且被告律师有足够的保险赔付和资产确保判决能够执行,专职办理渎职诉讼案件的律师大多不会轻易接案。

举证责任也是一个很大的障碍。通常来讲,原告需要证明:

- 律师在委托关系或其他导致信托责任的关系中负有关注义务;
- 律师未能履行一个相对称职律师在相似情形下会履行的职责,因而违反了上述义务;
- 律师违反义务的行为给委托人造成了法律上认可的损失,通常限于经济损失。

尽管有关渎职诉讼胜诉率的数据还不完善,现有的证据却可表明,近一半的诉讼达不到上述标准,因此原告也没有获得救济。在大多数胜诉的案件中,律师都犯了明显的错误,比如说错过了截止日期,疏忽大意未提交文件,或者没有询问委托人的意见、没有遵循委托人的指示[713]。在那些客观证据较少的案件中,委托人很难证明律师做过什么、没做什么,以及律师的行为有没有达到行业内的平均标准。

---

[713]　Ramos, supra note 64; ABA Committee on Lawyers' Professional Liability, Legal Malpractice Claims in the 1990s (1996). 然而,这些胜诉率远远低于对其他职业人员提起的不当执业诉讼的胜诉率。

现在有关律师渎职责任的讨论主要集中于以下几个问题:如何制定执业标准;有哪些必要证据能证明因果联系;可行的救济方式有哪些;谁有权起诉;哪些预防机制是最有潜力的。

行为标准

将"业内平均标准"作为律师归责参照的做法是否妥当,法院和评论者对此各执一词。如果是的话,如何界定所谓的"业内"也是一个问题,其范围是包括本地的还是全州的律师? 是特定领域内的律师还是广义上的所有律师? 佛蒙特州的一个著名判决曾认定,此处应当以州为参考界限。在法院看来,"(律师的)基本知识要求在一定的地域范围内是相同的……如果某地通行的注意义务标准和律师的执业能力都较低,那这种情况不应当成为全州的参考标准"[714]。但以全州为参考基数的做法同样受到了质疑。还有人甚至反对将行业内部的通行标准作为律师的归责依据,不管这个行业的内涵如何界定。按他们的观点,这种做法给了法律行业设立自身行为标准的权力,而这种特权是其他职业都没有的。他们认为的较为合理的标准是,包括委托人的期待在内的综合大环境下的合理行为表现。

但是,在现实中,涉及重大责任、巨额赔偿金、被告负有经济赔偿责任等抢手的案件,律师都愿意接,且都采取风险代理收费制度。而在这种情况下,律师往往会有(或被指控有)一定的滥权行为。这些行为不仅违反了现有规范,也违反了业内认可的行为标准。因此,大多数渎职诉讼的难题不是在于业内标准的宽严程度,而是委托人和律师之间存在的事实争议,以及法院按惯例不愿将律师责任拓展至委托人以外的受害人。

---

[714]　Russo v. Griffin, 510 A. 2d 436, 438 (Vt. 1986).

因果联系

举证责任的另一难题涉及因果联系。事实上,委托人不仅要证明律师的渎职行为存在过失或故意,还要证明其违反职业标准的行为导致了可量化的经济损失。这一举证责任往往会导致审判中的审判,因为委托人必须证明,如果不是律师的失职行为,他本可以在原来的诉讼中胜诉。这一要求招致了大量的批评。有人建议借鉴英法医疗事故诉讼中的做法,制定一个替代性的标准,即原告如果能证明被告的行为剥夺了他获得救济的现实可行性,则原告有权获得与其前案胜诉可行性相匹配的赔偿[715]。在针对刑事辩护律师的渎职案件中,有人也提出了相似的标准。当前的标准要求投诉者证明他们确实是无辜的,而其律师的失职行为导致了他们被定罪[716]。即使是这样,该标准也难以达到,就像第九章中提到的,很多刑事辩护律师的表现都是让人难以接受的。

职业行为守则

在讨论律师的失职行为时律师协会的职业伦理规范也有很重要的意义。美国律师协会的《律师职业行为示范规则》前言中拒绝给律师行为的民事责任界定任何标准,在“适用范围”中也写到:

> 违反本规则本身并不构成起诉律师的事由,也不能以此推断律师违反了某法定义务……本规则旨在为律师

---

[715] John Leubsdorf, "Legal Malpractice and Professional Responsibility", 48 Rutgers L. Rev. 101, 111-19(1995). 关于通常的标准,参见 Charles W. Wolfram, "A Cautionary Tale: Fiduciary Breach as Legal Malpractice", 34 Hofstra L. Rev. 689, 716-19 (2006).

[716] Ang v. Martin, 114 P. 3d 637 (Wash. 2005); Wiley v. Country of San Diego, 966 P. 2d 983 (Cal. 1998); Wolfram, supra note 27, at 218-27.

提供行为指导,给惩戒机构管理律师行为提供一个框架,而不是用来作为民事责任的依据。当对方援用本规则作为诉讼武器时,本规则的宗旨就会被曲解。尽管如此,该规则也确立了律师的行为标准,律师对本规则的违反可以作为其违反了相关行为规范的证据。

在部分地区,违反职业道德规则可以作为证明律师存在过错的证据,抑或用以证明律师未达到相应的注意标准。而在另外一些地区,法院仅允许间接使用,比如,专家在就注意义务标准作证时援引这些规则[717]。这种限制方式很难印证职业道德规范所宣称的宗旨:保护公众。以民事救济来弥补律师协会惩戒机构在资源上的不足为何会颠覆该宗旨,我们不得而知。尽管如此,即使在那些对职业道德标准缺乏尊重的地区,专家证言中也常会间接地援引到这些标准。在大多数渎职案件中,这种证言要么是法定要求,要么是交由陪审团审理的现实条件。一个称职的专家必须证明律师的行为未能到达"公认的职业标准",而这些标准都或直接或间接地反映在现行的职业道德规范当中。事实上,由于"称职"法定概念已经反映了现行的执业标准,那些限制援引职业道德规范的规则在实际中的效用并不大。

救济

对律师渎职案件的法律救济也是一大难题。长久以来,证明律师责任就需要耗费大量的诉讼成本。律师作为被告为自己的行为辩解时总是巧舌如簧,这是可以预料的。由于很多案件极具争议性,最

---

[717] Gary A. Munneke & Anthony E. Davis, "The Standard of Care in Legal Malpractice: Do the Model Rules of Professional Conduct Define It?" 22 J. Legal Prof., 33, 69 (1998).

后能到受害人手中的保险赔付不到 1/2[718]。而更大的问题是,相当一部分律师没有投保——具体比例 30% ~ 40% 不等,各州情况不同[719]。为了补偿那些不能从律师那里获得赔偿的当事人,各州的律师协会都会提取一部分委托人保护基金作出帮助。该基金的款项来自律师的义务捐献,大多数基金都非常有限,对当事人的救助只是杯水车薪。此外,基金只对故意的渎职案件进行赔付,且赔付上限很低。

为确保更有效的救济,现有的几个改革方案都是可行的。一种是通过加收律师协会会费或在惩戒程序中施加罚款,用以扩大委托人保护基金。另一种前文曾提到,就是为律师费纠纷和渎职索赔案件建立成本较低的替代性纠纷解决机制。

俄勒冈州还曾提出过一个方案,即要求所有的律师必须购买足额的执业过失保险。该方案在其他地区引发热议,一部分强烈的反对者来自非全职律师,或那些因其他原因认为支付保险费用确有难处的律师。批评者还担心强制保险会滋生很多轻率的索赔,一刀切的做法无法明确律师个人的责任状况。

强制保险的支持者回应称,俄勒冈州并没有因此出现索赔增加的情况,并且保险费用较为合理,费率还低于其他相近水平的地区。这其中的部分原因是由于俄勒冈州建立了非营利性的强制职业责任基金为全州的律师购买保险,另外还结合了一些有效预防机制,以此省去了昂贵的市场和中介费用。该制度获得了州内 4/5 以上律师的支持[720]。其他国家也有一些硬性的执业保险要求,他们的成功经验进一步说

---

[718] Manual R. Ramos, "Legal Malpractice: Reforming Lawyers and Law Professors", 70 Tul. L. Rev. 2583, 2600 (1996).

[719] Id., at 2610; Rhode, supra note 16, at 167.

[720] ABA Committee, supra note 5, at 81—82; Rhode, supra note 22, at 163; Harry H. Scheider, Jr., "At Issue: Mandatory Malpractice Insurance: Has the Time Come to Require Coverage? -No: An Invitation to Frivolous Suits", ABA J., Nov. 1993, at 45.

明了强制保险将是改革的一个重点。现在,越来越多的州已经规定
或者正在考虑,律师必须向委托人披露其是否购买了最低限度的执
业过失保险。在一个接受调查的州中,大多数律师在实行该规定后
购买了保险[721]。还有一些州要求律师向律师协会披露其保险信息,公
众通常可以在网站上查询该信息或者经请求而获悉。然而,加利福尼亚
州的一个特别工作组指出,大多数委托人是不会向律师协会核实这种信
息的,因为他们大多想当然地认为其律师已经购买了保险[722]。

对第三人的责任

最后一个有争议的问题是,除了委托人之外,还有哪些人可以起
诉律师的违规行为。依据传统的合同相对性原则,律师仅对与其有
委托合同关系的委托人负有民事责任,而对"关系太远"的第三人不
负有责任。基于合同的相对性,除委托人以外的第三人通常不可能
提起诉讼,但法院逐渐也创设了一些例外。一些地区的法院判定,律
师对可预见的会受影响的第三人也负有注意义务。譬如说,律师可
能会有某位死者的指定受益人负有责任,因为起草遗嘱时如果出现
错误将会妨碍他们取得遗产。在与欺诈交易相关的尽职调查中律师
玩忽职守,或者在法律意见书中有不实陈述误导了第三方,法院也逐
渐开始判定律师对此负有责任[723]。法院作出这些判决的依据主要

---

[721] Hazard, Koniak, Cramton, & Cohen, supra note 16, at 871;"Massachusetts
Adopts Insurance Disclosure; California Bar Task Force Releases Proposal", 22 ABA/BNA
Law. Man. Prof. Conduct 62(2006)(指出 5 个州制定了要求向委托人披露保险额度的
规则)。

[722] See "Massachusetts Adopts Insurance Disclosure", supra note 75(指出许多州
要求就此向律师协会进行披露)。

[723] Joan C. Rogers,"Speakers Spot Trends, Assess Changes in Malpractice Claims
and Insurance Market", 22 ABA/BNA Law. Man. Prof. Conduct, 115(2006). See John M.
Freeman & Nathan M. Crystal,"Scienter in Professional Liability Cases", 42 S. C. L. Rev.
783(1991);Stephen Gillers,"Cleaning Up the S & L Mess", ABA J., Feb. 1993, at 93.

是信托或代理原则或第三方受益理论,或者是考虑了诸如损害的可预见性和确定性、律师的主管过错等因素后作出的权衡[724]。这种做法背后,实则是法院希望由那些最有能力阻止损失发生且有足够保险金额的人来承担相应的责任。

然而,也有一些法院在处理律师对第三人责任时十分谨慎。这种对失职诉讼的担忧,会降低律师对委托人的忠诚度,妨碍律师提出那些可能暴露出不利信息的问题[725]。同时,这种扩大责任或许会给那些破产客户的律师增加不合理的负担,而保险成本又最终会转嫁给其他法律服务的消费者。

预防

无论行为标准以及责任范围的问题如何解决,预防可能引发渎职诉讼纠纷和律师同样利害攸关。保险公司与此也有利害关系,因此它们经常会审计大投保人的执业风险,并将不当执业预防机制作为承保的条件之一。关键的预防机制就是利益冲突识别制度以及重要时限提醒制度。如果这些制度将监督工作分配给了律师以外的人,通常会事半功倍。另一项重要的预防机制就是同委托人沟通。律师应该坦诚地告知委托人诉讼成本、律师费、延迟和诉讼结果的现实评估。如果律师与委托人有详细的书面聘请协议,并且及时向委

---

[724] Restatement（Third）of the Law Governing Lawyers, of the Law Governing Lawyers, §30; Leubsdorf, supra note 69, at 111, 130－35; Geoffrey C. Hazard, Jr., "The Privity Requirement Reconsidered", 37 S. Tex. L. Rev. 967（1996）; Forest J. Bowman, "Lawyer Liability to Non-Clients", 97 Dick. L. Rev. 267, 276（1993）.

[725] Schatz v. Weinberg & Green, 943 F. 2d 485（4 th Cir. 1991）（否定了对购买者承担的责任,该购买者依据的是结算文件,包含就委托人/出售者的净值所作的严重不实陈述）; Talton v. Arnall Golden Gregory LLP, 622 S. E. 2d 589（Ga. App. 2005）（否定了因警告标志不足而对被伤害的购买者承担的责任）。See Fred C. Zacharias, "Coercing Clients: Can Lawyer Gatekeeper Rules Work?" 47 Boston College L. Rev. 455, 472－73, 494－95（2006）（讨论了第三方责任的成本和好处）。

托人报告案件进展(比如主要文件的复印件、重大进展的通知),纠纷同样也可以得到预防。越来越多的律所还专门聘请了内部顾问,负责监管律师的执业道德遵守状况以及渎职风险控制[726]。

意想不到的是,现在面临渎职诉讼最多的不是那些年轻的、没有经验的律师,而主要是有着十年以上执业经验的律师。引发惩戒投诉的经济因素和心理问题——案件负荷过重,药物和酒精滥用,离婚或破产导致的个人压力——同样也导致了律师的不当执业行为。只有行业内部形成明确统一的行为标准,以及针对个人需求提供专业帮助,辅之以全面的执业过失保险,律师和委托人才能得到最好的保护。

---

[726] Elizabeth Chambliss, "The Professionalization of Law Firm In-House Counsel Positions", 84 N. Car. L. Rev. 1515(2006).

结　　语

对法律职业的管理在 21 世纪面临空前挑战。法律职业的商业竞争以及商业化倾向日趋严重;法律人之间的袍泽之谊以及互谅互让之情日益式微。随着律师数量的增加以及专业化程度的提高,律师同气相求的感觉已经荡然无存,对律师采取非正式的声望处罚无疑是缘木求鱼。尽管上述情况迫切需要对律师行业进行正式管理,但是,法律服务市场上的一些新发展趋势使得实施管理措施难以奏效。越来越多的律师跨州执业,这就让仅监督本州律师的那种自扫门前雪式的管理结构面临新的局限。法律职业的内部竞争以及与其他行业的外部竞争越来越激烈,逼着律师业对那些相互冲突的价值观不得不低头。还有一个挑战是法律服务的对象分布问题。律师的商业竞争及职业争夺促成了所谓"适者生存"的现象,也就是律师或者争相为家道殷实的委托人服务,或者从事能够带来丰厚代理费回报的执业形式。低收入者常常得到的是降格以求的正义或者根本得不到正义。

法律执业的上述发展趋势引发了广泛的担忧,而对于应对之道并无太大共识。律师界的人员背景以及执业环境的差别越来越大,这就使得职业责任问题也千差万别。于是造成了这样一个结果,即对律师采取形式多样而有时又互不相容的管理形式。有些州开始摒弃美国律师协会《律师职业行为示范规则》而另起炉灶;在监管机制不足的领域,立法机关及行政当局开始摩拳擦掌要染指其中。上述政出多门的情况给跨州执业越来越普遍的律师界带来了更大的挑战。

然而,美国律师界总是能华丽转身来满足美国民众日益增长的需求,律师界自身的管理问题也概莫能外。在美国律师业发轫之初,职业伦理问题也许得不到多少关注,但当代律师界已经清醒意识到法律服务对象的分布问题以及法律执业的状况。今天的律师界也已意识到,假如律师界不积极寻求应对之道,他人自然会替律师界清理门户。假如律师界要将律师自我管理的制度合理化,则必须正视本书所揭示的这些问题。

律师对于上述使命绝对会不负众望。美国历史上,法律职业的领军者在每次重大社会变革运动中总是挺身而出。当下面临的挑战就是要激发以往的领袖精神,使法律职业伦理建设成为原则以及实践方面的当务之急。

译后记

本书中文版出版在即，作为主译者，我愿意借此机会和读者分享翻译中的一些事项。我初次接触此书是几年前在香山举办的一次会议上，那是中国政法大学主办的"中美法学图书馆馆长会议"。出版此书的原出版公司敏锐地抓住这个推广产品的机会，展出的图书很多，琳琅满目，卷帙浩繁，不少书是大部头的判例集。当我看到跻身在大部头中、初看上去毫不起眼的原版书的时候，不禁眼前一亮，该书作者是业界的两位顶尖学者，该书提纲挈领，简明扼要。鉴于法律职业伦理教学研究在国内较为薄弱，我觉得有必要将该书翻译成中文出版，使法学界同行有机会分享美国业界的相关经验。我当即向出版公司的业务代表提出要购买该书，业务代表对我的要求面露难色，他说展出的书是非卖品，希望我向国内图书馆推介他们公司的书。也许被我拿着这本书爱不释手的样子所打动，他当即向上级请示，最后满面春风地对我说："许老师，老板说这书确实不卖，但我们公司决定送给您了，当然，希望您以后要多向图书馆推荐我们公司的书。"我拿到得之不易的书并通读两遍，更加觉得这本书值得翻译。由于诸事缠身，凭我一人之力难以很快完成翻译工作，于是我邀请法大同事参与翻译。尽管该书的翻译以及出版过程出现了许多波折，但最终在诸多师友的协助上，障碍被逐一克服，最终得以大功告成，这也算是好事多磨吧。首先要要感谢参与翻译的各位同事，他们齐心协力，任劳任怨，使这本书最终大功告成，他们认真负责的工作态度令我非常感动。在此，也要感谢提供相关协助的出版界好友陈先生。翻译是个比较困难的事情,囿于译者水平,本书必定存在某些不完美之处,但我坚信译者已努力将差错降到最低。当然,这个译本的质量如何,出版之后,它就在那里,它的质量高下交付读者评说。读者如有任何意见,请不吝赐教。我的邮箱是:shenjianx@cupl.edu.cn。

本书出版得到了"法律职业伦理教育提升及教学材料编写项目"(develop a new legal ethics curriculum and to promote professional ethics education for Chinese law students and legal professionals)的资金支持,感谢魏梦欣女士支持,感谢本书责任编辑牛洁颖辛勤的编辑工作。

本书译者的具体分工如下:第1~5章、结语,许身健;第6章,程滔;第7章,姜登峰;第8章,郭晓飞;第9~10章,袁钢;第11~12章,郭竞绚、许身健;全书译校由许身健负责。

许身健
2014 年 10 月 6 日于中国政法大学